College
Writing for Foreign Students

유학생을 위한

한국어 대학 글쓰기

책머리에

– 이 책의 구성과 학습 방법 –

2000년대 들어, 국제화시대가 빠르게 진행되면서 우리나라에 유학을 오는 외국인 학생들이 급증하고 있다. 2004년부터 정부가 추진한 유학생 유치 정책 '스터디 코리아 프로젝트(Study Korea Project)'의 결과 전문대학 이상의 과정에 재학 중인 외국인 학생 수가 8만 3천여 명에 이르고 있다(2013년 4월 현재, 교육부 집계) 이들 외국인 유학생들은 한국어 능력을 제대로 갖추지 못한 채 입학하거나, 대학부설 한국어 교육기관에서 한국어 기본 과정만 수료하고 입학하고 있는 실정이다. 사정이 이렇다 보니 유학생들의 한국어 글쓰기 능력에 우려를 나타내고 대학에서의 수학 능력에 대해서도 걱정하는 목소리가 높다. 실제 교육 현장에서의 경험에 비추어 볼 때 일반목적의 한국어 학습 과정을 수료하고 입학하는 유학생들은 보고서와 학술에세이 등 학문목적의 글쓰기 과정을 따라가는 데에 많은 어려움을 겪고 있다. 이런 상황에서 학술적 글쓰기 과정을 수행해나가야 하는 유학생들의 한국어 글쓰기 능력을 키워주기 위해서는 학생들의 한국어 수준과 학습 능력을 고려한 글쓰기 교재가 필요하다.

이미 여러 종류의 학문목적 글쓰기 교재가 나와 있지만 학생들의 수준을 고려하고 단계별 글쓰기 과정을 도입하고 있는 교재는 많지 않은 실정이다. 이런 맥락에서 이 책의 집필진들은 학습자의 요구조사를 토대로 학생들이 학술적 텍스트를 읽고 그 텍스트에 친숙해질 뿐만 아니라, 주어진 텍스트의 주제에 쉽게 접근하여 글쓰기를 진행해나갈 수 있도록 교재 내용을 구성하였다. 학습자 요구조사를 검토한 결과 유학생들이 학술적 글쓰기 과정을 통해 궁극적으로 배우고자 하는 것은 주로 '보고서 쓰기와 대학원 진학 후에 논문을 잘 쓰는 것'이었음을 확인하였다. 이런 전제에서 이 책은 한국어 대학 글쓰기의 기초 과정을 공부하는 단계로부터 한국어 고급 과정이나 대학원 수준의 학술적 글쓰기에 이르기까지 한국어로 대학 글쓰기 전 과정을 체계적으로 학습할 수 있도록 내용과 체재를 구성하였다.

§ 체재 및 구성 내용

이 책은 크게 1부 '한국어 글쓰기의 기초', 2부 '주제를 활용한 글쓰기', 3부 '학술적 글쓰기의 실제' 세 개의 부(部)로 구성되어 있으며, 각각의 장(章)에서는 다음과 같은 내용의 흐름으로 학습의 과정을 전개하고 유도한다. 특히 각 장에서는 학습자들이 주로 외국인이나 재외국민 학생들임을 고려하여 예문에 나오는 핵심 어휘 및 표현들을 효율적으로 학습할 수 있도록 영어와 한자를 함께 제시하였다. 각 장의 체재는 다음과 같다.

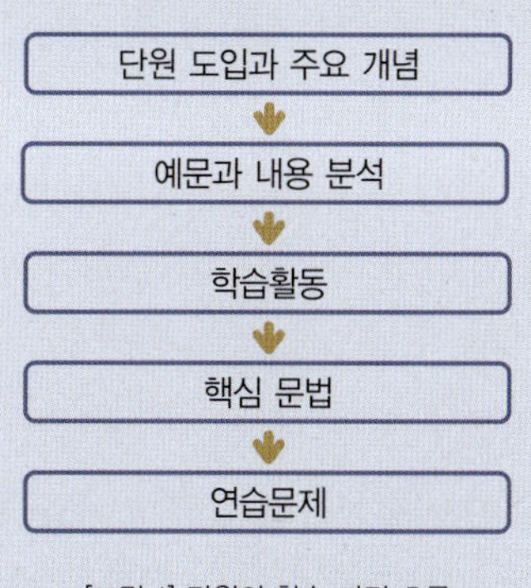

[그림 1] 단원의 학습 과정 흐름

1부에서는 한국어의 '글'과 '문장'이 지니는 특성을 이해하고 세 단락 이상의 짧은 글을 쓸 수 있는 방법을 학습한다. 1부의 세부 구성 내용을 제시하면 다음과 같다.

- 1장: 문장 바르게 쓰기
- 2장: 문장과 문장 연결하기
- 3장: 단락 만들기
- 4장: 글의 화제와 주제 찾기
- 5장: 구상하기
- 6장: 짧은 글쓰기

1부의 여섯 개 장은 한 문장 쓰기에서 출발하여 한 편의 짧은 글을 완성하기까지의 과정으로 구성되어 있다. 먼저, 전반부에서는 글에 맞는 정확하고 완결된 문장에 대해 이해하고, 문장과 문장을 연결하는 어미나 접속 표현을 정확하게 쓰기, 그리고 글의 논리적 연결 관계를 생각하여 문장을 이어 쓰는 방식, 단락을 구성하기 위해 문장과 문장을 엮어 단락을 이루는 방식 등을 학습한다. 이어서, 후반부에서는 글의 내용을 생성하고 계획을 세워 실제로 글을 쓰는 연습을 진행한다. 자신의 주변과 일상 속에서 글의 화제를 찾고 그에 대한 문제 제기와 해결하기의 과정을 통해 자신만의 생각과 주장을 발전시켜 주제를 확정한다. 나아가, 구상 단계에서 자신의 생각을 뒷받침해 주는 사례와 근거를 찾아 논리적이고 설득력 있는 글이 되도록 구성한다. 이 모든 과정에서 한 편의 글이 갖춰야 할 문법과 구조를 익히고 그것을 표현하는 방식을 배워 한 편의 완성된 글을 작성하는 것이 1부의 목표이다.

1부의 각 장에 제시된 '학습활동'에서는 학생들이 주어진 텍스트를 읽고 이해하며, 각 장에서 목표로 하는 쓰기의 지식을 활용하여 실제로 글을 만들어 나가도록 활동 내용을 구성하였다. '연습문제'는 '학습활동'에 이어서 정확한 문법과 어휘 및 단락 구성에서 더 연습이 필요한 기본 사항을 확인하고 이를 실제로 연습해 보도록 배치하였다.
이 책에서 특별히 강조하고 싶은 것은, 외국인 유학생이나 재외국민 학생들을 대상으로 하는 학문목적의 대학 글쓰기 교육에서는 비판적이고 창의적인 사고를 함양하는 교육 내용이 뒷받침되어야 한다는 관점이다. 유학생들에게 이러한 글쓰기 교육은 학습 과정에서 다소 시간이 걸리고 어려울 수도 있지만 읽기 학습을 통해 접근해나갈 때 효과적으로 이루어질 수 있다. 다양한 장르와 주제의 한국어 문장의 읽기 경험은 유학생들에게 한국어를 능숙하게 구사할 수 있도록 도와줄 뿐만 아니라 창조적으로 사고할 수 있는 능력을 길러줄 수 있다. 이러한 목적에서 이 책의 2부는 '읽기-쓰기' 연계 학습과 장르 중심의 과정 교육 방법을 도입하여 구성하였다. 2부의 각 장들은 특정한 주제와 하나의 글쓰기 장르를 결합한 체재로 이루어져 있다. 각 장별로 특정한 주제를 배치하고, 읽기 자료를 읽은 후 실제의 글쓰기로 이어지는 읽기-쓰기 연계 수업 모형에 기반을 두고 있다. 또한, 2부의 각 장은 대학 글쓰기에서 많이 접하는 글의 장르와 이를 구현하는 과정 및 기법 등을 연습할 수 있도록 구성하였다.

2부의 세부 구성 내용들을 제시하면 다음과 같다.

- 7장: 현대 사회와 '나'
- 8장: 디지털 혁명과 매체 변동
- 9장: 세계화와 자본주의
- 10장: 서구 중심주의의 극복과 동아시아의 역할
- 11장: 글로컬 시대의 한류와 다문화사회
- 12장: 과학기술과 생명 윤리

7장에서는 현대사회와 '나'라는 주제로 서사문을 학습하고, 이를 바탕으로 자기 이야기를 쓰는 과정으로 구성하였다. 8장에서는 디지털 혁명이 우리의 문화에 어떤 변동을 주고 있는가를 논제로 삼아 설명문 쓰기를 학습한다. 이와 함께 정의, 비교, 대조, 분류, 예시, 인용 등의 설명 절차와 방법에 대해서 공부한다. 9장에서는 세계화와 신자유주의를 다룬 책들을 대상으로 서평 쓰기의 절차와 방법 등에 대해 익힌다. 10장에서는 서구 중심주의와 근대를 극복하는 동아시아의 역할이라는 논제를 중심으로 주제를 정하고 한 편의 학술에세이 쓰기를 진행한다. 11장에서는 글로컬(glocal) 시대의 한류를 주제로 삼아 비평문 쓰기의 과정과 방법을 학습한다. 12장에서는 과학기술과 생명 윤리에서 논점을 찾고 내용을 구성하는 한편, 구체적이고 합당한 근거 제시를 통해 논증해나가는 글쓰기 과정을 연습한다.

3부에서는 1부와 2부의 학습 내용을 바탕으로 학술적인 글쓰기를 수행해나갈 수 있도록 구성하였다. 3부의 내용을 제시하면 다음과 같다.

- 13장: 글쓰기의 윤리
- 14장: 보고서 쓰기
- 15장: 학술 논문 쓰기

학문목적의 글쓰기 과정으로서 한국어 예비 교육기관인 한국어학당에서의 교육 내용과 구별되는 단원이 바로 3부의 구성 내용이다. 3부에서는 글쓰기의 윤리를 바탕으로 학생들에게 필요한 요약문, 학술에세이, 보고서, 논문 등의 글쓰기 방법을 학습할 수 있도록 내용을 구성하였다. 특히 한국어 글쓰기 고급 과정과 대학원에 재학 중인 유학생 학습자들에게 필요한 학술적인 글의 대표 장르들을 포함하였다. 14장에서는 본문의 '학습활동'을 통해 보고서의 종류와 형식, 그리고 그것을 쓰기 위한 구체적인 절차 및 방법을 제시하였다. 이를 토대로 주어진 화제에서 주제를 이끌어내고, 해당 주제로 보고서를 작성할 수 있도록 하였다. 마지막으로 15장에서는 대학 글쓰기에서 많이 이루어지는 학술에세이 이외에도 학술 논문에 대한 이해와 쓰기의 방법 및 논증의 사례들을 소개하고, 이를 활용하여 글쓰기 연습을 할 수 있도록 유도하였다. 3부 전체의 학습 과정과 내용은 1부에서 학습한 한국어 글쓰기 기초와, 2부의 '읽기-쓰기' 방법과 주제를 활용한 글쓰기를 바탕으로 3부의 학술적 글쓰기의 실제 과정과 연계시킴으로써 '단계별 학습'으로 이어질 수 있도록 구성하였다.

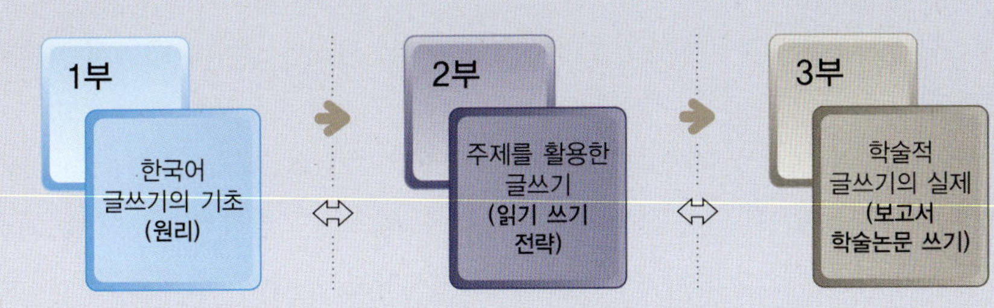

[그림 2] 각 부(部)의 구성 내용과 단계별 학습 과정

§ 교수가 알아야 할 사항

· 이 책은 1부에서 3부까지 유기적으로 구성되어 있으면서도 독립적으로 활용할 수 있
도록 구성하였다. 이를테면, 한국어 능력 4급 이하인 학생들을 대상으로 하는 수업에
서는 교재의 1부를 중심으로 수업을 진행할 수 있다. 5급 이상인 학생들을 대상으로
하는 수업에서는 2부의 각 장(7장~12장)에 수록된 예문을 읽고, 그 예문에 반영된 어
휘와 개념 및 여러 표현들을 활용하여 수업을 진행할 수 있다. 3부의 내용은 한국어
글쓰기 고급 과정이나 대학원 과정에서의 논문 쓰기 수업에서 활용할 것을 권장한다.
3부를 통해 학습자들이 정확한 인용과 주석 달기의 방법, 그리고 표절을 방지하는 글
쓰기 정신과 안목을 기르는 한편, 요약하기와 보고서 쓰기 및 학술 논문 쓰기의 방법
에 대해 세부적으로 학습할 수 있도록 수업을 진행한다. 이 책을 효과적으로 사용하기
위해 수업을 진행하는 교수는 1부의 기초 학습 내용과 2부의 읽기-쓰기 전략에 바탕
을 둔 글쓰기 실습 과정을 거쳐, 3부에서 학술적 글쓰기의 주요 장르들을 실습할 수
있도록 지도한다.

· 각 장의 절 중간 부분과 후반부에는 본문 내용을 복습하고 응용하여 학습할 수 있도록 연습문제를 달아 두었다. 교수는 이를 적절하게 보완하고 응용하여 학생들에게 과제를 부과할 수 있다.

· 교수는 학생들에게 부과한 학습활동이나 연습문제의 과제에 대해 충실하게 피드백을 제공한다.

· 이 책은 유학생을 위한 한국어 대학 글쓰기 수업의 교재로써 '텍스트북(Textbook)'과 '워크북(Workbook)'의 기능을 동시에 수행할 수 있도록 구성하였다. 교수는 글쓰기 실습을 하는 과정에서 각 장의 본문 서술 다음에 제시된 팁(Tip)이나 학습활동 및 연습문제를 적절하게 활용한다.

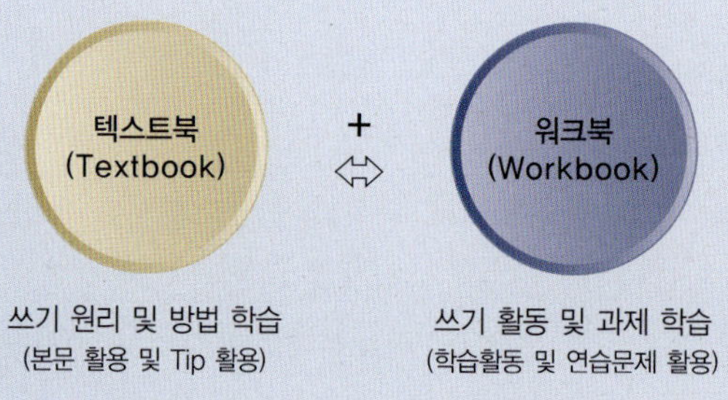

[그림 3] 책의 구성적 특성과 교수학습 활용의 도해

§ 학생이 알아야 할 사항

· 글쓰기는 지식을 습득하고 이론을 학습하는 과목이 아니다. 특히, 학생들은 방법이나 이론의 차원에서 글쓰기 공부를 하는 것보다는 꾸준한 연습을 통해 학술적 글쓰기 능력을 높일 수 있도록 노력해야 한다.

· 각 장의 학습활동을 효과적으로 활용하기 위해서 학생들은 관련 내용들에 대해 준비

학습을 해 온다.
· 연습문제의 과제를 수행하는 과정에서 창의적인 내용의 글을 쓸 수 있도록 관련 자료
  들을 찾아 읽는다.
· 각 장에 수록된 예문들을 읽는 데에 머무르지 말고, 예문 안에 소개된 관련 저작이나
  작품들을 찾아서 읽는 노력을 기울인다.
· 한국어 글쓰기 능력을 높이기 위해서는 수업 시간 이후에도 동료 학생들과 학습 과제
  에 대해 토론하는 기회를 많이 갖는 한편, 필요할 경우에는 교수 면담을 요청하거나
  글쓰기 센터(교실)를 찾아 도움을 받는다.
· 글쓰기 과제에 대해서는 언제나 표절에 유의하고, 제출 날짜의 시간이 촉박할 때에는
  주저하지 말고 교수와 상의한다.

『유학생을 위한 한국어 대학 글쓰기』를 구상하고 집필하는 데 적지 않은 시간이 걸렸다.
기왕에 출간된 관련 책자들과 논문들을 찾아 읽고 검토해가면서 유학생들에게 도움이
되는 학문목적의 한국어 글쓰기 교재를 만들려고 노력하였다. 이 책의 내용이나 구성 형
식에 대해서는 관심 있는 분들의 아낌없는 질정을 바라며, 향후 변화하는 시대의 요구에
맞게 지속적으로 개정해 나갈 것을 약속한다.

이 책을 준비하고 집필하는 과정에서 많은 도움을 받았다. 자료 검토와 연구 과정의 초
기부터 많은 도움을 준 연세대학교 언어정보연구원에 감사의 뜻을 전한다. 아울러, 책의
출간을 위해 관심을 가지고 지원을 해 준 도서출판 박이정에 고마운 마음을 전한다.

2013년 가을
백양관 연구실에서

● **책머리에**

Contents

College Writing for

Foreign Students

01

문장 바르게 쓰기

말과 글의 차이를 이해하고 글에 맞는 문장 쓰기를 배운다.

1. 글에 쓰는 말 이해하기
2. 한국어 문장 바르게 쓰기

● 문장: 주어와 서술어로 이루어진 글의 최소 단위

글은 보통 불특정한 다수의 독자를 대상으로 하고 있고, 말은 상황과 듣는 이가 정해져 있어 글과 말에 쓰이는 문장은 서로 다른 모습을 띠게 된다.

1. 글에 쓰는 말 이해하기

글에서는 생략이나 줄임을 잘 하지 않으며 문법적으로 정확하고 완결된 문장을 쓴다. 또한 글에 맞는 표현을 써야 한다.

글말의 특징	글에 쓰는 문장	말에 쓰는 문장
① 상대를 높이지 않는다.	· <u>나는</u> 1월에 한국에 <u>왔다</u> · 그는 중국에서 온 유학생<u>이다</u>	· <u>저는</u> 1월에 한국에 <u>왔습니다</u> · 그는 중국에서 온 유학생<u>이에요</u>
② 글에 맞는 표현을 쓴다.	· 나는 주말에 친구<u>와</u> 농구를 했다. · 나는 항상 형<u>에게</u> 고민을 털어놓았다. · 어린이들은 공연을 <u>보며</u> 즐거워했다. · 그는 머리가 아<u>파서</u> 책에 집중하기가 어려웠다.	· 나는 주말에는 친구<u>랑</u> 농구를 <u>했어</u> · 나는 항상 형<u>한테</u> 고민을 털어놓았어. · 어린이들은 공연을 <u>보면서</u> 즐거워했다. · 머리가 아<u>프니까</u> 책에 집중하기가 어려웠다.
③ 조사를 생략하지 않는다.	· 나<u>는</u> 어제 하루 종일 텔레비전을 보았다. · 그 아이<u>는</u> 우리 과 친구이다.	· 나 어제 하루 종일 텔레비전 봤어. · <u>걔</u> 우리 과 친구야.
④ 줄임 표현을 잘 쓰지 않는다.	· <u>나는</u> 요리<u>에는</u> 소질이 없다.	· 난 요리<u>엔</u> 소질이 없어.
⑤ 문장의 어순을 지킨다.	· 나는 어제 하루 종일 뒹굴거리며 텔레비전을 보았다.	· 난 어제 하루 종일 텔레비전 봤어, 뒹굴거리면서.

'말'에서는 ■ 듣는 사람이나 상황에 맞춰 높임말이나 반말을 쓴다. ■ 말에 적합한 표현을 쓴다. ■ 줄임 표현을 쓸 수 있다. ■ 조사를 생략하거나 말의 순서를 바꾸기도 한다.

환경 · 동물 보호 단체들이 관광지의 공연 프로그램에 동원되는 돌고래들이 '불법 포획' 된 사실에 강하게 반발하며 쇼의 중단과 돌고래들의 방생을 촉구하고 나섰다. 휴가 기간인 오는 8월 25일까지 캠페인, 1인 시위도 할 계획이다. 이들은 먼저 돌고래 쇼 자체의 문제를 제기했다. "싸게 즐길 수 있는 재미있는 쇼 뒤에서 벌어지는 훈련 과정의 가혹함은 일반인들에게 널리 알려져 있지 않다"며 "돌고래는 지능이 매우 높고 예민해 스트레스를 많이 받는다. 따라서 영국, 호주, 칠레, 헝가리 등 여러 나라에서는 이미 돌고래쇼를 금지하거나 엄격하게 제한하는 방향으로 나아가고 있다"고 했다. 이어 "돌고래의 몸은 물 속 환경에 적합해 공연을 위해 물 밖으로 나오는 시간이 오래되면 내부 기관에 손상을 입고 스트레스를 받게 된다. 이외에 돌고래쇼의 학대적 요소에 대한 과학적 증거는 수없이 많다"며 "전세계적 비난 속에 점차 사라지고 있는 동물 학대 공연을 즉각 중단해야 할 것"이라고 밝혔다.

（『미디어오늘』, 2011. 7. 21,
http://www.mediatoday.co.kr/news/articleview）

[예문 1]은 환경 문제를 다룬, 신문사의 인터넷 뉴스 기사이다. 기사에서는 글에 주로 쓰는 다양한 표현들('-는다', '-며', '이어' 등)을 볼 수 있다. 또 따옴표 ""와 '-고 했다' 와 같은 표현을 이용해 다른 사람의 말을 인용하는 문장도 찾아볼 수 있는데, 이와 같은 글에서는 자신의 생각과 다른 사람의 말을 정확히 구별해 써야 한다.

학습활동 ❶ *Activity*

[예문 1]을 읽고 글말의 특징에 대해 생각해 보자.

1. 위에서 언급한 글말의 특징 ①의 예를 찾아 보자.

2. 위에 언급한 글말의 특징 ②의 예를 찾아 보자.

3. 글에서 읽는 이를 높이지 않는 이유는 무엇인지 이야기해 보자.

- 환경·동물 보호 단체
- 불법 포획 poaching
- 반발하다
- 방생 setting free of captive animals
- 촉구하다
- 나서다
- 시위 demonstration
- 문제를 제기하다 put a question, raise a problem
- 가혹하다
- 널리 알려지다
- 예민하다
- 엄격하다
- 적합하다
- 손상을 입다
- 스트레스를 받다
- 학대 abuse
- 수없이
- -(이)라고 밝히다

● **예문 2** ●

앵커: 병들고 있는 지구를 지키자, 환경문제 중요하다, 모두가 알고는 있지만 필요성
　　　이 피부에 바로 와 닿지 않는 것도 ①사실이죠. 이럴 때 환경을 주제로 한 영화로
　　　흥미롭게 접근해 보면 좀 달라지지 ②않을까요.

기자: 지구 온난화의 심각성을 실감나게 보여준 영화 「불편한 진실」. 전세계적으로 큰
　　　반향을 일으켜 제작자인 앨 고어 전 미국 부통령은 2007년 노벨평화상을 ③소
　　　상했습니다. 무자비하게 포획돼 고통 받는 돌고래의 현실을 보여 준 이 다큐멘
　　　터리 영화는 전세계적으로 돌고래쇼 찬반 논란을 ④불러일으켰습니다. 잘 만든
　　　환경 영화 한 편의 힘을 보여주는 ⑤사례입니다.

(SBS뉴스, 2012. 5. 9,
http://news.sbs.co.kr/section_news/news_read.jsp?news_id=N1001183469)

　　TV 방송 뉴스는 말로 전달되므로 말의 특징을 지닐 뿐만 아니라 시청자들에게 격식
을 갖춰 말하는 형식을 갖고 있다. [예문 1]과 같은 주제인 환경문제를 다루고 있지만
글과는 다른 모습을 보여 준다. 조사나 어미를 생략하기도 하고, 상대나 상황에 따라
달라지는 표현을 사용하기도 한다. 이 글은 뉴스의 일부이다. 뉴스 영상 전체를 본
후 말의 특징에 대해 생각해 보자.

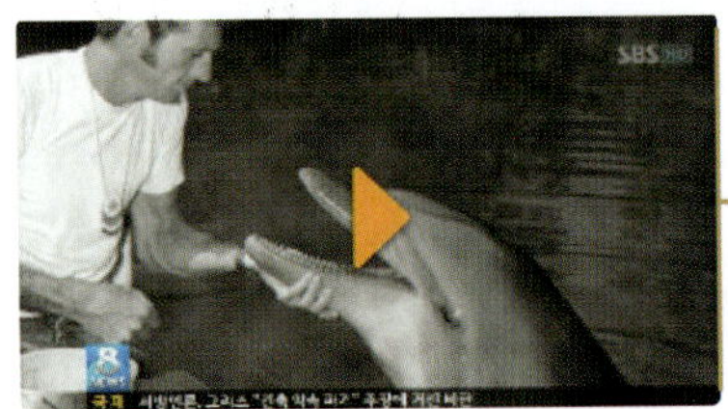

학습활동 ❷ *Activity*

[예문 2]의 뉴스를 읽고, 말과 글의 차이에 대해 생각해 보자.

1. 이 글 ①~⑤에 나타난 "말"의 특징은 무엇인지 말해 보자.

---

2. 위의 글에서 ①~⑤를 "글"에 맞게 바꿔 써 보자.

① ② ③

④ ⑤

3. 이 글의 첫 문장을 여러 가지 연결어미나 표현을 써서 글에 적합한 문장으로 완성해
보자.

> "병들고 있는 지구를 지키자, 환경문제 중요하다, 모두가 알고는 있지만 필요성
> 이 피부에 바로 와 닿지 않는 것도 사실이죠"

✐ 병들고 있는 ————————————————————————————

———————————————————— 사실이다.

4. [예문 2]를 적당한 표현을 넣거나 어색한 부분을 바꾸어서 글에 적합한 문장으로 고쳐보자.

왜 '꿈꾼다'가 아니라 '꿈꾸다'일까?

환경 영화의 힘, 자연과 인간의 공존을 꿈꾸다

병들고 있는 지구를 지키자. 환경문제 중요하다. 모두가 알고는 있지만 필요성이 피부에 바로 와닿지 않는 것도 사실이죠. 이럴 때 환경을 주제로 한 영화로 흥미롭게 접근해 보면 좀 달라지지 않을까요.

지구 온난화의 심각성을 실감나게 보여준 영화 '불편한 진실'은 전세계적으로 큰 반향을 일으켜 제작자인 앨 고어 전 미국 부통령은 2007년 노벨평화상을 수상했습니다. 무자비하게 포획돼 고통받는 돌고래의 현실을 보여준 이 다큐멘터리 영화는 전세계 적으로 돌고래쇼 찬반 논란을 불러 일으켰다. 잘 만든 환경영화 한 편의 힘을 보여주는 사례입니다.

 **어휘 및 표현**　　*Words & Expressions*

- 앵커 anchorman, (main) news reader
- 기자
- 환경, 환경문제
- 공존
- 피부에 와 닿다 feel[know] sth in one's bones
- 주제
- 지구 온난화 地球溫暖化 global warming
- 심각성
- 실감나다 so real
- 불편한 진실 inconvenient truth
- 반향을 일으키다 arouse an echo
- 노벨평화상
- 수상하다
- 무자비하게 無慈悲 mercilessly, ruthlessly
- 포획되다
- 돌고래
- 현실
- 다큐멘터리
- 찬반
- 논란 論難 controversy
- 사례

[예문 2]의 뉴스를 영상으로 본 후 아래의 뉴스 원고를 참고해 그 내용을 요약해 보자. 이때 말과 글의 차이를 생각하며 글에 맞게 써야 한다.

환경영화의 힘, 자연과 인간의 공존을 꿈꾸다   2012-05-09 21:30

〈앵커〉

병들고 있는 지구를 지키자, 환경문제 중요하다. 모두가 알고는 있지만 필요성이 피부에 바로 와 닿지 않는 것도 사실이죠. 이럴 때 환경을 주제로 한 영화로 흥미롭게 접근해보면 좀 달라지지 않을까요.

류란 기자입니다.

〈기자〉

지구 온난화의 심각성을 실감나게 보여준 영화 '불편한 진실'.

전세계적으로 큰 반향을 일으켜 제작자인 앨 고어 전 미국 부통령은 2007년 노벨평화상을 수상했습니다.

무자비하게 포획돼 고통받는 돌고래의 현실을 보여준 이 다큐멘터리 영화는 전세계적으로 돌고래쇼 찬반 논란을 불러 일으켰습니다.

잘 만든 환경영화 한 편의 힘을 보여주는 사례입니다.

26개국 112편의 환경영화를 소개하는 제9회 서울환경영화제가 오늘 (10일) 개막됐습니다.

생태계의 교란으로 개체 수가 급증한 까마귀 때문에 고민에 빠진 도쿄.

유전자변형농산물 때문에 어려움에 빠진 인도 목화 농가의 현실도 소개됩니다.

올해는 특히 후쿠시마 원전사고 1주기를 맞이한 일본 사회를 조명하는 영화들이 대거 등장했습니다.

[최재천/이화여대 에코과학부 교수: 영화는 때로는 어마어마한 사람들을 동원할 수 있기 때문에 그들이 일단 공감대를 형성하기 시작하면 그 다음에는 더 깊은 내용을 알고싶어 하고…]

기후 변화와 에너지 부족, 식탁 위 먹을 거리와 핵 폐기물까지 환경영화의 소재는 무궁무진합니다.

[정동구/영화 '아무 것도 못 버리는 사람' 감독: 우리가 단순히 기능만을 포커스로 보자면 버려져야 하는 물건이지만, 물건 자체도 하나의 생명력을 갖고 있는 무언가로 볼 수 있지 않을까.]

우리 삶을 둘러싸고 있는 커다란 고리, 환경과 인간의 공존을 함께 생각하게 만드는 환경 영화의 힘이 주목됩니다.

(영상취재: 김홍식, 영상편집: 김종미)

류란 기자 peacemaker@sbs.co.kr

● 예문 3 ●

　　저는 올해 2월 중국 충칭(重慶)에서 열린 동아시아 선수권을 계기로 많은 분들에게 알려졌습니다. 제가 생활하는 일본에서만이 아니라 조부모의 고향인 한국에서도 칼럼을 쓰게 되어 정말 영광입니다. 나서기 좋아하는 성격 탓에, 그동안 한국의 텔레비전 다큐멘터리에도 나온 적이 있습니다. 축구선수로선 황송하달까, 엄청 보람을 느낍니다. 한 분이라도 더 많이 정대세란 인간을 헤아리고 이해해주시길 기대합니다. 저는 제 모든 것, 실오라기 하나 걸치지 않은 맨몸의 정대세, 그리고 신나게 장난치거나, 멍청한 걸 쓰거나, 침울해질 때의 감정이 그대로 드러나고, 내 희로애락이 선명하게 전달돼 멋쟁이 정대세라는 인간이 쓰리디(3D)로 떠오르는 문장을 써 보고 싶습니다.

　　지금 월드컵 예선전이 한창입니다. 한 경기, 한 경기가 중요한데 팀에 부담을 지우는 나 자신이 한심하고 후회스럽고 죄송하고 안타깝고 속이 타서 밤엔 잠도 못 잤습니다. 그런 중에도 힘들지만 어떻게든 승리를 안겨준 팀 동료들에게 감사합니다. 축구의 신은 실로 다양한 시련을 내게 안겨주실 모양입니다.

(정대세, 「멋쟁이 정대세의 즐거운 프리킥」, 『한겨레 매거진 ESC』, 2008. 6. 18,
http://www.hani.co.kr/arti/specialsection/esc_section/294111.html)

　　[예문 3]은 편지 형식으로 쓴 칼럼이다. 편지는 받는 이가 정해져 있어 말에서처럼 높임이나 낮춤을 쓰기도 하고 대화하듯이 친밀하게 말에 쓰는 표현을 쓰기도 한다.

학습활동 ❹　　　　　　　　　　　　　　　　　　　　*Activity*

[예문 3]을 읽은 후 이 글이 지닌, 말의 특징을 이해하고 이를 글에 맞게 바꿔 보자.

1. 이 글에 나타난 말의 특징은 어떤 것인지 찾아 이야기해 보자.

1) ____

2) ____

3) ____

2. [예문 3]을 전형적인 글의 특징을 살려 바꿔 써 보자.

 **어휘 및 표현** *Words & Expressions*

- 동아시아
- 조부모
- 칼럼 column
- 영광
- 탓(에)
- 황송하다 惶悚 much obliged, grateful
- 보람을 느끼다
- 헤아리다

- 실오라기 하나 걸치지 않다 stark-naked
- 맨몸 naked body
- 침울하다
- 드러나다
- 희로애락 喜怒哀樂 joy, anger, sorrow, and pleasure [happiness], human feelings[emotions]

- 선명하다
- 전달되다
- 월드컵 예선전
- 부담을 지우다 lay a burden on
- 한심하다 寒心 pathetic, hopeless
- 속이 타다 grow fretful
- 승리를/시련을 안겨주다
- 시련 試鍊 ordeal

 **연습문제 ❶** *Exercise*

아래의 문장을 글에 맞는 문장으로 써 보자.

1. 저는 일본에서 온 유학생입니다.

----

2. 저는 한국 경제 문제에 관심이 많습니다.

----

3. 너무 늦게 자니까 아침에 일어나기 힘들어요.

----

4. 요즘은 음악 들으면서 공부하는 학생들이 많아요.

----

5. 난 지난 주말에 친구랑 영화 봤어.

----

2. 한국어 문장 바르게 쓰기

1) 문장과 문장 성분

● **바른 한국어 문장이란**

- 필요한 문장 성분을 빠트리지 않는다.
- 문장 성분이 '서로 어울리게' 써야 한다.
- 조사와 연결어미를 정확하게 써야 한다.

● 문장성분

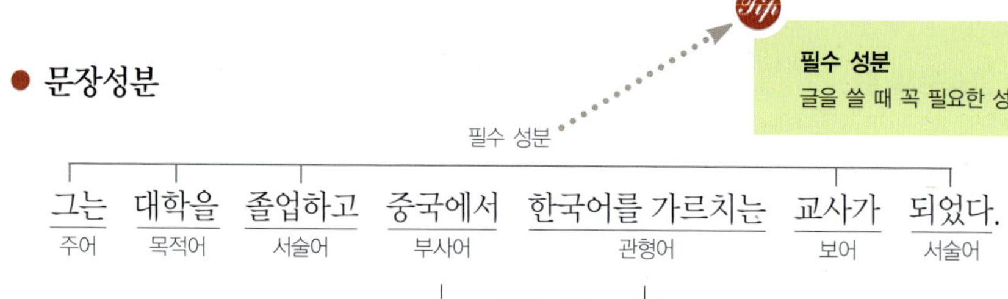

2) 문장 바르게 쓰기

● 문장성분의 어울림

■ 주어와 서술어의 일치

그는 한국 친구를 <u>사귀고 싶어한다</u>.(O)

그는 한국 친구를 <u>사귀고 싶다</u>.(×)

내가 한국어를 배우는 <u>이유는</u> 한국 회사에 취직하고 <u>싶어서이다</u>.(O)

내가 한국어를 배우는 <u>이유는</u> 한국 회사에 취직하고 <u>싶었다</u>.(×)

<u>내 꿈은</u> 언젠가 여행작가가 되어 전세계를 <u>여행하는 것이다</u>.(O)

<u>내 꿈은</u> 언젠가 여행작가가 되어 전세계를 <u>여행하려고 한다</u>.(×)

■ 시제나 높임의 어울림

높임

<u>부모님께서는</u> 나를 보러 <u>다음 달에</u> 한국에 <u>오실</u> 예정이다.(O)

시제

<u>부모님께서는</u> 나를 보러 <u>다음 달에</u> 한국에 <u>오는</u> 예정이시다.(×)

● 조사와 연결어미 정확히 쓰기

■ 조사

적당한 음주는 스트레스를 풀어 준다.(O)

적당한 음주는 스트레스가 풀어 준다. (×)

나는 한국의 대학 생활의 힘들지만 재미있다.(○)
나는 한국 대학 생활은 힘들지만 재미있다.(×)

■ 연결어미

어젯밤에 늦게 자서 오늘 아침에 지각을 했다.(○)
어젯밤에 늦게 자니까 오늘 아침에 지각을 했다.(×)

● **예문 4** ●

①내가 ②한국 술문화에 관심이 많다. 왜냐하면 ③한국 대학생들은 같은 ④전공하는 친구들이랑 함께 술을 마시는 장면이 한국의 드라마와 영화에 자주 ⑤나왔다 술을 마시는 것은 ⑥한국 대학생의 실제생활에서 ⑦빼놓지 않는다 ⑧한국 대학생 음주 문화는 ⑨다른 나라 대학생 생활에서 쉽게 찾아보기 어려운 것이다. 술을 마시면 좋은 점도 있지만 ⑩안좋은 점도 있다. 적당한 음주는 ⑪스트레스도 풀고 인간관계도 ⑫좋아진다. ⑬그리고 지나친 음주는 ⑭건강이 나쁘고 위험한 ⑮사고가 발생한다 요즘 동아리 모임이나 행사가 많다. 더 조심해서 술을 마셔야할 것이다.

(학생 글)

[예문 4]는 어느 외국인 학생이 쓴 글이다. 말에 나타나는 특징이나 틀린 표현이 글에도 남아 있다.

학습활동 ❺

Activity

[예문 4]를 읽고, 틀리거나 어색한 부분을 찾아보자.

1. 아래의 경우에 해당하는 표현을 찾아 보자.

1) 문장성분이 어울리지 않는 경우

2) 글에 맞지 않는 표현을 쓴 경우

3) 조사를 생략하거나 잘못 쓴 경우

4) 지나치게 반복되거나 불필요한 말을 쓴 경우

2. ①~⑮를 바른 표현으로 고쳐 써 보자.

①　_______________________　②　_______________________

③　_______________________　④　_______________________

⑤　_______________________　⑥　_______________________

⑦　_______________________　⑧　_______________________

⑨　_______________________　⑩　_______________________

⑪　_______________________　⑫　_______________________

⑬　_______________________　⑭　_______________________

⑮　_______________________

핵심 문법 '은/는'과 '이/가' *Grammar*

	은/는	이/가
화제	• 오늘은 날씨가 흐렸다. • 나는 연세대학교에서 경영학을 전공한다.	
정보	**앞의 문장에 나온 정보** • 오늘 수업 시간에 새로운 친구를 알게 되었다. 그 친구는 나와 같은 과에다 유학생이라는 처지도 같았다.	**새로운 정보** • A: 누가 이 글을 썼습니까? 　B: 알리 씨가 썼습니다.
대조	**서로 다르거나 반대되는 내용** • 나는 외국 생활이 처음이지만 그 친구는 외국 생활의 경험이 많다.	
2개의 주어	**밖의 문장** • 그 친구는 [머리가 좋은] 것 같다. • 나는 [한국어 쓰기가 제일 어렵다].	**속의 문장** • [외국인이 한국 문학을 전공하는 것]은 쉽지 않은 일이다.
보어		**~가 되다/아니다** • 나는 대학을 졸업한 후 컴퓨터 프로그램 설계자가 되고 싶다. • 그는 경영학과가 아니라 경제학과 학생이다.

 **연습문제 ❷** *Exercise*

'은/는'과 '이/가' 중에서 적당한 조사를 골라 써 보자.

1. 나(　) 영화 보기를 좋아하는데 남자친구(　) 스포츠를 좋아한다.

2. 김 교수님(　) 컴퓨터에 대한 지식(　) 풍부하다.

3. 내 논문의 주제(　) 경영 원리에 대한 것이다.

4. 내 친구 유리(　) 머리(　) 좋다.

5. 내 전공은 한국 문학(　) 아니라 한국 역사이다.

 **연습문제 ❸** *Exercise*

'은/는'과 '이/가' 중에서 적절한 조사를 골라 쓰라. 조사가 필요 없으면 비워 두라.

　　　나/내(　) 교양 수업 시간에 새로운 친구 하나를 알게 되었다. 나와 비슷한 점도 많고 다른 점도 있다. 우리(　) 둘 다 이제 막 한국에 온 유학생이다. 나/내(　) 중국을 떠나 본 적 없는 완전한 중국 사람이지만 그 친구(　) 외국생활의 경험(　) 많은 말레이시아 사람이다. 우리(　) 전공(　) 같아서 쉽게 친해졌다. 말을 해 보니 한국의 대중음악을 즐겨듣고, 좋아하는 가수도 비슷했다. 다음에 좋은 콘서트(　) 있으면 같이 가 보기로 했다. 아직은 학기 초여서 대학생활에 적응하느라 정신(　) 없다. 한국어 실력(　) 부족해서 대학 수업을 들으면서 어학당을 같이 다니는 것이 쉬운 일(　) 아니다. 그래도 나와 비슷한 상황의 친구(　) 생겨서 이렇게 대화를 나눌 수 있으니 힘(　) 된다.

(학생 글)

강의 시간에 자신에 대해 소개하거나 이야기해 본 후 글로 써보자. 말과 글의 차이점을 생각하면서 말로 했었던 내용을 글로 옮겨 본다.

1. 친구들에게 자신에 대해 이야기해 보자. 이야기할 내용을 간단히 적어 말해 본다.

1) 자기 소개(국적 및 전공, 성격, 취미 등)

2) 자신을 한 마디로 어떻게 표현할 수 있는가? 왜 그렇게 생각하는가?

3) 요즘 자신의 고민은 무엇인가?(장래희망, 한국어, 걱정거리, 한국 생활 등)

4) 친구와 나의 비슷한 점, 다른 점은 무엇인지 생각해 보자.

5) 한국에 와서 겪은 일 가운데 가장 인상에 남는 일을 말해 보자.

2. 앞의 1의 내용을 바탕으로 자신에 관한 글을 써 보자.

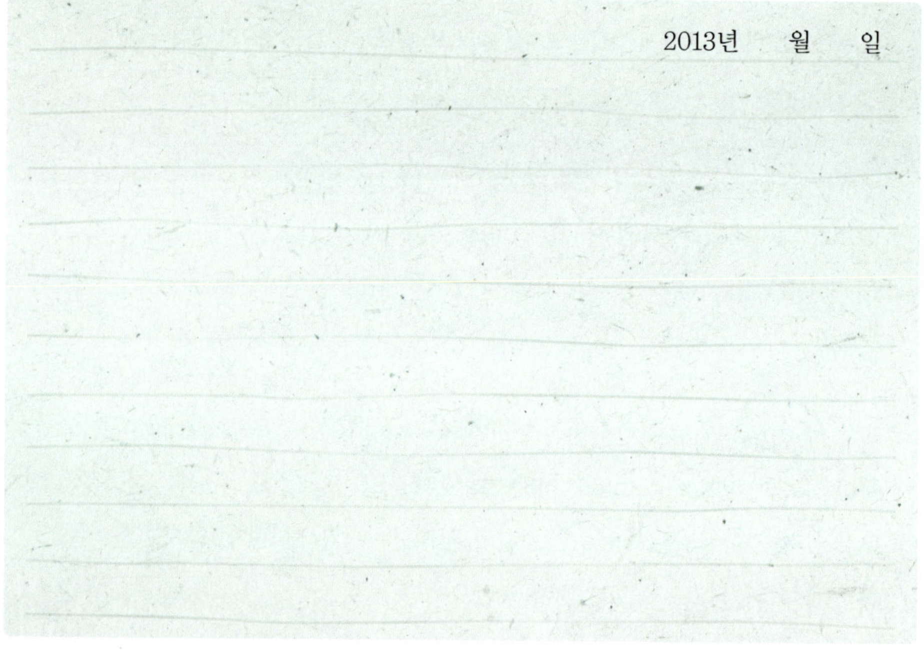

02

문장과 문장 연결하기

한국어 기본 문장의 특성을 살펴보고, 문장과 문장을 연결하여 짧은글을 써 본다.

1. 한국어의 문장 유형
2. 문장 연결하기

주요 개념

- 한국어 문장의 유형은 문장이 만들어진 방식이 어떠한가에 따라 단문과 복문으로 구분됨
- 단문(simple sentence): 문장에 '주어-서술어'가 한 개만 들어 있는 문장
- 복문(complex sentence): '주어-서술어'가 두 개 이상 들어 있는 문장
- 문장 접속(sentence conjunction): 문장과 문장은 다양한 접속 표현으로 연결됨

1. 한국어의 문장 유형

1) **한국어의 단문: 한국어에서 단문은 아래의 네 가지 유형이 있다.**

   (1) 주어-서술어: 사이버 범죄가 증가한다.

   (2) 주어-보어-서술어: 아노징은 대학생이 되었다.

   (3) 주어-목적어-서술어: 한 사람이 학생 세 명을 보았다.

   (4) 주어-목적어-보어-서술어: 최근 학생들은 직업을 생계유지의 수단으로만 생각한다.

2) **한국어의 복문: 한국어에서 복문은 아래에서 보듯이 여섯 가지로 나눌 수 있다.**

   (5) 주어-서술어, 주어-서술어: <u>그 사람이 돌을 깨고</u>[1], <u>(그 사람이 돌을) 자르다</u>[2].

   (6) 주어-서술어, 주어-서술어: <u>당신이 집에 도착하거든</u>[1], <u>저에게 알려 주세요</u>[2].

   (7) 주어 {<u>주어-서술어</u>}[2] -기를 서술어: 그는 <u>사원이 완성되기</u>[2]를 기다리고 있다.

   (8) 주어 {<u>주어-서술어</u>}[2] -은 서술어: 그는 <u>돌을 자르는</u>[2] 일을 하고 있었다. ← 그는 {<u>(그는) 돌을 자르는</u>}[2] 일을 하고 있었다.

(9) 주어 {주어 서술어}[2] —듯이 서술어: (내가) 뛰어 왔더니, 땀이 비 오듯이[2] 흐른다.

(10) 주어 {주어–목적어 서술어}[2] —라고 서술어: 그는 인부들에게 "당신들은 지금 무슨 일을 하고 있소?"라고 물었다.

한국어로 쓴 모든 문장은 위에서 살펴본 열 가지 중 하나에 속한다. 이들 열 가지 유형의 문장을 연결하여 무한히 긴 문장을 만들 수 있고, 한 편의 글을 완성할 수 있다.

● 예문 1 ●

①한 사람이 길을 가다가, 석공 세 명을 보게 되었다. ②그는 석공들에게 "당신들은 지금 무슨 일을 하고 있소?"라고 물었다. 첫 번째 사람은 돌을 자르고 있다고 대답했다. 두 번째 사람은 돈을 벌기 위해 일하고 있다고 했다. 세 번째 사람은 자기는 지금 훌륭한 사원을 짓고 있다고 대답했다. 위 이야기는 「뉴욕 타임즈」의 창간자인 아돌프 옥스가 직업인들의 다양한 모습을 빗대어 한 말이다.

직장은 삶의 터전인 동시에 기쁨과 보람의 일터이다. 그럼에도 불구하고 모든 직장인들이 과연 자기 직장에서 만족과 기쁨을 얻고 있는가? 앞의 ③세 사람은 모두 석공이라는 직업을 가졌다. 그런데 직업에 대한 세 사람의 생각은 각각 다른 것을 볼 수 있다. 첫 번째 사람은 일을 단순히 돌 자르는 것으로만 보았다. 그리고 ④두 번째 사람은 일을 단지 돈벌이 수단으로만 보았다. 세 번째 사람은 자신의 일에서 성취감을 느끼고 있었다. 위 이야기는 직업의 가치는 직업이 갖고 있는 것이 아니라 그 직업에 종사하는 사람이 스스로 찾아야 한다는 것을 말하고 있다.

(이화여자대학교 언어교육원, 『유학생을 위한 대학 한국어1』, Epress, 2008, 번호 및 밑줄 표시는 인용자)

[예문 1]은 사람들이 자신의 직업에 대해 가지고 있는 생각이 다를 수 있는 것을 보여주는 글로, 글쓴이는 한국어의 단문과 복문을 연결하여 자신의 주장을 나타내고

있다. 먼저, 문장은 '한 사람이 길을 가고 있었다'와 같이 '주어–서술어'를 한 번만 써서 만들어질 수 있다. 그러나 실제 글에서는 '주어–서술어'를 반복하여 문장을 쓴다. 예를 들어 [예문 1]에서 문장 ①은 '한 사람이 길을 간다'와 '한 사람이 석공 세 명을 보게 되었다'라는 두 개의 문장이 연결되어 만들어졌다.

학습활동 ❶ *Activity*

위의 [예문 1]에서 밑줄 친 문장이 각각 어떻게 이루어졌는지 분석해 보자.

1. ____

2. ____

3. ____

4. ____

학습활동 ❷ *Activity*

아래의 두 문장을 연결하여 한 문장으로 만들어 보자.

1. 사람은 책을 만든다. 책은 사람을 만든다.

   → 사람은 책을 만들고, 책은 사람을 만든다.

2. 한국어로 글을 쓴다. 글쓰기가 어렵다.

   → ____

3. 봄이 된다. 꽃이 핀다.

   → ____

4. 경주에는 신라 시대에 만들어진 건축물이 있다. 신라 시대의 건축물로는 석굴암과
불국사가 있다.

→

[예문 2]도 문장과 문장을 연결하여 만든 글이다. 이 글은 최근에 새로 만들어진 말,
즉 신어가 사회의 변화와 역사의 흐름을 반영한 점을 주장하고 있다. 주어진 문장이
어떻게 만들어졌는지 이해하기 위해서는 글의 전체 내용을 알아야 한다. 예컨대,
[예문 2]의 네 번째 문장은 신어가 만들어지게 된 이유를 설명하고 있는데, 그것은
'사회 변화의 속도가 높아지다' 라는 문장과 '전문가의 경험과 정보에 대한 수요가
커지다' 라는 문장을 연결하여 만들어졌다.

학습활동 ❸　　　　　　　　　　　　　　　　　　　　　　*Activity*

위의 [예문 2]에 쓰인 ① ~ ③이 어떻게 만들어졌는지 분석한 후 동료와 서로 나누어 보자.

문장 ①

문장 ②

문장 ③

어휘 및 표현 *Words & Expressions*

- 석공 stonemason
- 직업인 · 직장인 office worker
- 창간자 founder
- 삶의 터전 livelihood

핵심 문법 ❶ 문장을 확장하는 방법 *Grammar*

■ 한 문장 속에 다른 문장을 문장 성분(constituent)으로 넣어 할 수 있다.

1. 우리는 <u>그가 성실한 사람임</u>을 이제야 깨달았다.
2. 나는 올해에도 <u>너의 일이 잘 되기</u>를 바란다.] 명사절

3. 나는 <u>내가 직접 그를 만난</u> 기억이 없다.
4. 나는 <u>그가 착한 사람이라는</u> 생각이 들었다.] 관형절

5. 그 사람이 <u>말도 없이</u> 떠나 버렸다.
6. 정부가 <u>외국인도 이곳에서 살 수 있도록</u> 허가했다.] 부사절

7. 두 번째 사람은 <u>돈을 벌기 위해 일하고 있다</u>고 대답했다.
8. 그는 나에게 <u>저 방에 누가 있느냐</u>고 물었다.] 인용절

2. 문장 연결하기

한 편의 글은 문장과 문장들이 이어져서 이루어진다. 둘 이상의 문장들이 나란히 이어지거나 다른 문장 속에 그 문장의 성분으로 안겨서 더 큰 문장을 이루는데, 이러한 문장을 복문(複文)이라 한다.

불국사는 경주의 토암산 동쪽에 위치하고 있다. 불국사 앞 마당에는 다보탑과 석가탑이 나란히 서 있다. 언뜻 보기에 ① 석가탑은 멋없고 단순하며 다보탑은 복잡하면서 아름답다고 느끼게 된다. ②석가탑은 고전적이라면 다보탑은 낭만적이다. 또한 ③석가탑은 남성적인 역동성을 보여주는 반면 다보탑은 여성적인 부드러움을 보여주고 있다. 한 마당에 세워진 두 탑은 동일한 시대에 만들어진 것이 아니다. 두 탑은 서로 다른 시대의 양식을 따라 지어진 것이다.

(http://navercast.naver.com)

[예문 3]은 경주 불국사에 있는 다보탑과 석가탑에 대한 것을 설명한 글이다. 이 글은 여러문장을 연결하여 다보탑과 석가탑을 설명하고 있다. 예를 들어 예문 ②는 접속 표현 '-이라면'을 사용하여 '석가탑은 고전적이다'와 '다보탑은 낭만적이다'라는 두 문장을 연결하여 만들어진 것이다. 이 글은 두 탑이 가진 그 밖의 특징을 비교하면서 설명하고 있다.

학습활동 ❹ *Activity*

[예문 3]의 밑줄 친 문장은 주어와 서술어가 한 번 이상 쓰인 복문이다. 문장 ① ~ ③을 단문(短文, simple sentence)으로 분석해 보라.

문장 ① ____

문장 ② ____

문장 ③ ____

문장을 연결하는 데 사용되는 접속표현에는 접속어미, 접속부사 등이 있다. 접속어미(connecting ending)는 그것이 결합한 문장(앞 문장)의 뜻을 풀이해 주면서 동시에 뒤에 오는 문장과 이어주는 역할을 한다. 앞 문장과 뒷 문장은 대등하게 연결될 수도 있고, 그렇지 않을 수도 있다. 그러한 차이는 두 문장을 접속하는 접속어미의 기능이 다른 데 있다. 아래의 예는 동일한 단어들로 만들어졌지만, 접속어미가 달라서 문장의 뜻이 달라진 것을 보여준다.

(1) 먼동이 <u>트면서</u> 별들이 사라진다.   (대등하게 연결, 동시)
(2) 먼동이 <u>트니까</u> 별들이 사라진다.   (논리적으로 연결, 원인)

1) 대등하게 연결하기

앞 문장과 뒷 문장을 대등하게 연결하여 복문을 만들 수 있다. 둘 이상의 문장을 나란히 연결할 수 있는 연결어미로는 '-고, -으며, -면서, -자, -으나, -아도' 등이 있다. 그러한 연결어미를 사용하여 문장을 연결한 것을 살펴보자.

- '-고, -으며': 한 가지 이상의 일을 나열하는 것.
  (3) 그 사람이 돌을 <u>깨고</u>, 그 사람이 돌을 자르고 있다.
  (4) 석가탑은 멋없고 <u>단순하며</u>, 다보탑은 복잡하고 아름답다.

- '-면서': 한 가지 이상의 일이 동시에 일어남을 보이는 것
  (5) 사회 변화의 속도가 <u>빨라지면서</u> 정보에 대한 수요가 높아지고 있다.

- '-자': 두 가지 일이 거의 동시에 잇달아 일어남을 보이는 것
  (6) 날이 <u>따뜻해지자</u> 눈이 녹기 시작한다.

 **학습활동 ❺**

위에 제시한 '−고, −으며, −면서, −자'를 사용하여 문장을 만들어 보자.

1. '−고':

2. '−으며':

3. '−면서':

4. '−자':

 **핵심 문법 ❷ 문장을 종속적으로 연결하는 접속어미**

- **문장을 연결하는 방법2:** 두 개 이상의 문장을 종속적으로 연결할 수 있는 연결어미로는 '−으면, −거든, −아서, −니까, −다가, −으러' 등이 있다.

- '−으면, −거든': 조건이나 가정을 보이는 것

  1. 집에 <u>도착하면</u> 전화해 주세요.

  2. 비가 <u>그치거든</u> 떠나세요.

- '−다가': 한 가지 일이 다른 일로 바뀌게 됨을 보이는 것

  3. 한 사람이 길을 <u>가다가</u> 세 사람이 일하는 것을 보게 되었다.

- '−려고, −으러': 의도나 목적을 나타내는 것

  4. 나는 한국어 공부를 <u>하려고</u> 한국어학당에 등록을 하였다.

  5. 나는 점심을 <u>먹으러</u> 식당으로 걸음을 옮겼다.

2) 논리적으로 연결하기

글을 논리적으로 연결하기 위해서는 앞 문장과 뒷 문장의 관계를 고려해야 한다. 예컨대 앞 문장이 뒷 문장의 원인이 될 경우가 있다. 두 문장은 '앞 문장 + 원인이나 이유를 나타내는 접속어미(접속표현) + 뒷 문장'으로 한 문장으로 만들 수 있다. 원인과 이유를 나타내는 접속어미로는 '-아서, -니까, -으므로, -기에, -길래'가 있고, 접속표현으로는 '-기 때문에, -는 바람에, -는 통에, -는 탓에'가 있다. 논리적으로 연결된 문장을 보이면 아래와 같다.

(7) 돌고래는 지능이 매우 높고 예민해 스트레스를 많이 받는다.

(8) 지나친 음주는 건강에 나쁘니까 적당히 마셔야 한다.

(9) 앞에 가던 버스가 갑자기 서는 바람에 뒤차가 앞의 버스를 치는 사고가 났다.

(10) 나서기 좋아하는 성격 탓에, 나는 한국의 텔레비전 다큐멘터리에도 나온 적이 있다.

학습활동 ❻ *Activity*

다음 글에서 주장하는 내용과 그러한 주장의 근거인 이유를 찾아서 써 보자.

> 1
>
> 요즘 한국인들이 이전보다 외국어를 더 자주 사용한다고 한다. 이는 상호간의 의사소통을 방해할 뿐만 아니라 외국인의 눈에 국민적 자존감이 낮은 것으로 보일 수도 있다. 따라서 무분별한 외국어 사용을 자제하는 것이 필요하다.

■ 주장: ____

■ 이유: ____

생명과학 분야의 발달로 새로 개발한 의약품 및 화장품의 안전성을 밝히기 위해 한 해 1억 마리 이상의 동물이 실험에 사용된다. 새로 개발한 약과 화장품의 안전성 검증을 위한 동물실험은 없어져야 한다. 먼저 동물도 인간과 같이 고통을 느낀다. 윤리적인 이유로 동물실험은 없어져야 한다. 다음으로 동물과 인간이 공유하는 질병은 1.16%로 낮다. 이것은 동물실험을 했다고 해도 그 약품이 인간에게 안전하다고 볼 수 없다는 뜻이다. 이러한 이유로 동물실험은 반드시 없어져야 한다.

- 주장:
- 이유:

연습문제 ❶

Exercise

위의 〈학습활동 ❻〉에서 1 ~ 2 가운데 하나를 선택한 뒤 위에서 제시한 것 이외의 다른 이유를 찾아 한 단락의 글을 써 보자.

1. 요즘 한국인들이 이전보다 외국어를 더 자주 사용한다고 한다.

따라서 무분별한 외국어 사용을 자제하는 것이 필요하다.

2. 새로 개발한 약과 화장품의 안전성 검증을 위한 동물실험은 없어져야 한다.

이러한 이유로 동물실험은 반드시 없어져야 한다.

3) 그 밖의 문장 연결하기

두 개의 문장을 연결하여 복문으로 만들기 위해 '-고, -면서' 와 '-아서, -니까' 와
같은 접속어미를 사용할 수 있다. 그밖에도 앞 문장과 뒷 문장의 관계에 따라 다양
한 접속표현을 사용하여 복문을 만들 수 있다.

● 예문 4 ●

한옥은 한국의 전통 가옥 중 하나이다. 한옥은 '대청'
과 '부엌', '찬방', '사랑방', '안방', '행랑채' 등으로 이
루어져 있다. **먼저** '대청' 은 현대 주택의 거실과 비슷한
기능을 가진다. 즉 각 방들은 '대청' 을 통해 서로 연결되
어 있다. '부엌' 은 주로 음식을 만드는 곳이다. 그리고 
'찬방' 은 부엌과 연결되어 있다. '찬방' 은 '찬마루' 라고도 불린다. **이곳**은 현대의 다
용도실과 같은 공간이다. '사랑방' 은 다시 '큰 사랑방' 과 '작은 사랑방' 으로 나뉜다.
그 중에서 '큰 사랑방' 은 아버지가 생활하는 공간을 말한다. 다음으로 '작은 사랑방'
은 주로 아들들이 생활하는 공간이다. 마지막으로 '안방' 은 여자들이 주로 생활하는
공간이다. 그래서 '안방' 에는 남자들의 출입이 엄격히 금지되었다. (학생 글)

[예문 4]는 한국의 전통 가옥인 한옥을 소개하고 있는 글이다. 이 글에서 한옥을 이
루는 '대청, 부엌, 찬방, 사랑방, 안방' 에 대해 설명하면서 '먼저, 이곳' 등 다양한
단어를 사용하여 문장들을 긴밀하게 연결하고 있다.

학습활동 ❶   *Activity*

위의 [예문 4]에서 '먼저, 이곳' 이외에 문장과 문장을 이어주는 단어를 찾아 써 보자.

인간의 비언어적 커뮤니케이션 매체에는 예컨대, 몸짓, 거리, 신체적 접촉, 목소리의 높낮이, 외관, 냄새, 환경 등이 있다. 사람들은 얼굴 표정으로 다양한 감정을 표현한다. 이러한 예들로 행복, 놀람, 공포, 분노, 비참, 혐오, 흥미, 당혹 등이 있다.

조현용, 『한국인의 신체 언어』, 소통, 2009.

문장과 문장을 연결하여 한 편의 글을 만들 때 '예컨대', '이러한 예들로 ~가 있다' 등과 같은 표현을 사용할 수 있다. 문장을 연결할 때 그러한 방법을 사용하는 것을 [예문 5]에서 볼 수 있다.

학습활동 ❽

위의 [예문 5]에 제시된 예시 표현(예컨대, 이러한 예들로 등)을 사용하여 아래 글의 각 문장을 이어서 하나의 주장으로 완성해 보자.

한 사람이 길을 가다가 열심히 일하고 있는 석공 세 명을 보게 되었다. 그래서 그는 석공들에게 "당신들은 지금 무슨 일을 하고 있소?"라고 물었다. 첫 번째 사람은 돌을 깨고 자르는 일을 하고 있다고 대답했다. 두 번째 사람은 돈을 벌기 위해 일을 하고 있다고 했다. 세 번째 사람은 자기는 지금 훌륭한 사원을 짓고 있다고 대답했다. 위 이야기는 「뉴욕 타임즈」의 창간자인 아돌프 옥스가 직업인들의 다양한 모습을 빗대어 한 말이다.

어휘 및 표현　　　　　　　　　　　　　　　　　*Words & Expressions*

- 전통 가옥 a traditional house
- 대청 a main hall
- 찬방 a storeroom for food supplies,
- 안방 an inner room
- 다용도실 utility room
- 혐오 disgust

- 부엌 kitchen
- 사랑방 reception room in a house for male guests
- 행랑채 servants' quarters
- 비참 miserable
- 당혹 dilemma

핵심 문법 ❸ 문장과 문장을 연결할 때 달라지는 변화　　　　*Grammar*

■ 반복되는 문장 성분이 생략된다.

1. 그는 들었던 붓을 놓고 다시 한 번 종이를 보았다.

← 그는 (붓을) 들었던 붓을 놓고 (그는) 다시 한 번 종이를 보았다.

2. 작은 아이가 빨간 색종이를 접어서 네 조각으로 잘랐다.

← 작은 아이가 빨간 색종이를 접어서 (작은 아이가) (빨간 색종이를) 네 조각으로 잘랐다.

■ 앞·뒤 문장의 순서를 바꾸면 이상한 문장이 되는 경우가 있다.

3. 어젯밤에 늦게 자서 오늘 아침에 지각을 했다.

→ *오늘 아침에 지각을 해서 어젯밤에 늦게 잤다.

■ '-고서, -아서, -자' 등에는 '-았-, -겠-, -더-'를 쓸 수 없다.

4. *한 시간 동안 일을 했고서 쉬었다.

→ 한 시간 동안 일을 하고서 쉬었다.

5. *봄이 왔어서 벚꽃이 활짝 피었다.

→ 봄이 와서 벚꽃이 활짝 피었다.

6. *그가 떠났자 다른 손님이 들어왔다.

→ 그가 떠나자 다른 손님이 들어왔다.

03

단락 만들기

단락의 개념을 이해한 다음, 단락의 핵심 문장인 소주제문을 써 보고,
여러 유형의 단락을 완성하는 공부를 한다.

1. 단락이란 무엇인가?
2. 단락 완성하기

- 단락(paragraph): 여러 개의 문장으로 연결된 짧은 글
- 소주제문(topic sentence): 단락에서 글쓴이의 중심 생각을 담고 있는 문장
- 뒷받침문장(supporting sentence): 소주제문의 주장을 뒷받침하는 문장

1. 단락이란 무엇인가?

문장이란 사람의 생각을 표현하는 단위로 가장 기본적인 것은 '주어-서술어'가 한 개만 들어 있는 것이다. 단락이란 글쓴이의 생각을 나타내는 짧은 글로, 그것은 여러 개의 문장이 연결되어 만들어진다. 이때 단락은 중심 생각을 담고 있는 문장인 소주제문과 이를 뒷받침하는 문장들로 이루어진다.

먼저 소주제문이란 단락에서 글쓴이의 중심 생각을 담고 있는 문장을 말하고, 그것을 지지하는 문장을 뒷받침문장이라고 한다. 소주제문이 분명하고 그것을 뒷받침하는 문장과의 관계가 긴밀하면 글쓴이의 생각을 쉽게 이해할 수 있다.

● 예문 1 ●

나는 축구광이다. 축구를 직접 하는 것도 좋아하지만, 그보다 TV로 축구 경기를 보는 것을 더 좋아한다. 축구장에 가서 경기를 직접 볼 수도 있지만, 요즈음에는 TV로 중계하는 것을 즐겨 본다. 경기장에 가는 것보다 TV로 경기를 보는 것을 좋아하는 이유가 몇 가지 있다.

우선 경기장까지 복잡한 도로를 운전해야 한다. 경기장에 도착했다 해도 주차장을 찾기가 쉽지 않다. 버스, 지하철을 이용한다고 해도 막히는 도로를 버스로 가거나 복잡한 지하철을 오랜 시간 타야 한다. 겨우 경기장에 도착했다 해도, 긴 줄을 서서 표를 사야하며 그렇지 않으면 예약을 해야 한다. 물론 관람료도 든다. 마지막으로 경기장에 입장했다고 하더라도, 옆 사람과 다닥다닥 붙어서 보아야 하는 불편함도 있다.

이런 모든 일들을 생각하면 집에서 TV로 축구를 보는 것이 얼마나 좋은지 모르겠다.

(학생 글)

위의 [예문 1]은 TV로 축구를 보는 취미를 갖게 된 것과 그러한 취미를 갖게 된 이유를 서술하고 있다. 이 예문에서 소주제문에서는 나의 취미가 무엇인가를 서술하고, 뒷받침문장에서는 그러한 취미를 갖게 된 이유를 서술하고 있다. 위 예문을 읽고 아래의 질문에 답해 보자.

학습활동 ❶ *Activity*

[예문 1]의 주제문을 찾아 써 보라.

학습활동 ❷ *Activity*

[예문 1]에서 가장 중요한 생각을 어떤 이유를 근거로 설명하는가?

1) 단락은 어떻게 만들어지는가?

한국어 글쓰기에서 단락은 어떻게 이루어지는가? 기본적으로 하나의 단락은 세 부분, 즉 주제문, 뒷받침 문장, 그리고 요약문으로 이루어진다. 한 단락에서 글쓴이의 핵심적인 생각을 가장 잘 드러내는 부분이 바로 주제문이다.

예문 2

주제문: 단락의 핵심적인 생각을 나타내는 문장으로, 글쓴이의 생각을 가장 잘 드러내는 부분이다.	완전한 '자유 시장'은 이상이다.
뒷받침문장: 뒷받침문장이란 주제문에 대해 다시 자세히 설명하거나 말하는 문장을 말한다. 그래서 뒷받침문장은 주제문 다음에 쓰인다.	완전한 자유 시장−즉 정부의 개입이 전혀 없는 시장−이 어떤 모습일 것인지 생각해보라. 전혀 규제를 받지도 않고 소송을 당하지도 않을 것이라는 것을 알기 때문에, 제약 회사는 완전한 시험을 거치지 않고도 약을 팔 수 있다. 석유 회사는 가솔린에서 납을 제거하지 않고 팔 것이다. 납을 제거해야 할 유일한 이유는 납이 대기로 유입될 경우 발생할 수 있는 잠재적인 문제 때문이다. 실제로 산업혁명 초기에 세계는 바로 이런 모습이었으며, 노동자들에게는 아주 힘든 시기였다.
요약문: 요약문은 보통 단락의 맨 끝에 오며, 주제를 다시 반복하거나 주제에 대한 글쓴이의 관점을 분명히 밝히는 내용으로 이루어진다.	'자유 시장'은 서민에게서 부를 빼앗고, 자신의 이익을 위해 우리들에게 비용을 감당하도록 한다는 것을 의미한다. (조지 레이코프 · 로크리연구소, 『프레임 전쟁』, 나익주 옮김, 2007, 창작과비평사)

■ 단락의 구성: 주제문 − 뒷받침 문장 − 요약문

- **주제문:** 단락의 핵심적인 생각을 나타내는 문장으로, 글쓴이의 생각을 가장 잘 드러내는 부분이다.
- **뒷받침문장:** 주제문에 대해 다시 자세히 설명하거나 말하는 문장을 말한다. 그래서 뒷받침 문장은 주제문 다음에 쓰인다.
- **요약문:** 보통 단락의 맨 끝에 오며, 주제를 다시 반복하거나 주제에 대한 글쓴이의 관점을 분명히 밝히는 내용으로 이루어진다.

아래에 주어진 글 1 ~ 3에서 주제를 찾아보고, 주제문에 해당되는 부분에 밑줄을 그어 보라.

1

『가족의 탄생』이란 영화를 보고 나는 가족에 대해 생각해 보았다. 그리고 대부분 가족을 두 가지 종류를 나눌 수 있다고 생각한다. 첫 번째 종류는 선천적인 가족이라고 부를 수 있다. 즉 혈연관계가 있는 사람들이 모여 이루는 가족이다. 두 번째 종류는 후천적인 가족이다. 즉 사회생활을 통하여 사람을 만나고 감정이 생긴 후 그 사람에 대해 책임져야 한다고 생각하거나 혹은 같이 있으면 편해서 이루어진 가족이다.

(학생 글)

2

언어는 도구다. 언어가 사람에게 아무리 중요하다고 해도, 그리고 모국어가 우리에게 아무리 소중하다고 해도, 언어가 도구라는 사실은 바뀌지 않고 그것을 신처럼 모시는 것은 비합리적이다. 하지만 언어는 단순한 도구라고 생각하지 않는다. 언어는 아름다움과 생명을 가지고 있는 것이다. 즉 "언어는 세계 속의 사물을 가리키는 단순한 기호가 아니다. 세계를 창조하는 것, 즉 의미론적으로 나누는 것 자체가 언어의 일이다. 언어가 다르면 세계를 다른 식으로 나누고 그리하여 세계를 다른 눈으로 보고, 다르게 느끼고, 다르게 체험하게 된다."

(학생 글)

3

미래 학자 엘빈 토플러는 『제3의 물결』에서 오늘날은 기술 혁명을 통해 산업화 사회에서 정보화 사회로 이동하고 있다고 진단한다. 이처럼 현대 사회는 컴퓨터와 인터넷의 보급으로 급격히 정보화 사회로 접어들고 있고 정보화 사회는 글쓰기를 보편적인 생활 문화로 정착시키고 있다. 우리는 아침에 일어나 전자 신문을 읽고, 휴대 전화로 문자 메시지를 보내거나 인터넷으로 채팅을 하면서 하루를 보내게 된다. 정보의

> 발신과 수신이 글쓰기로 이루어진다는 측면에서 그 어느 때보다 글쓰기의 중요성이 강조되는 시대이다.[1]

1. [글 1]의 주제문

----

2. [글 2]의 주제문

----

3. [글 3]의 주제문

학습활동 ❹　　　　　　　　　　　　　　　　　　　　*Activity*

위의 글 1~3 가운데 주장을 뒷받침하는 문장이 없는 글을 찾아 √로 표시하라.

2) 주제와 주요 생각

■ 주제문은:

- 일반적으로 주제문은 대부분 단락의 앞 부분에 제시된다.
- 글쓴이의 핵심적인 생각이나 주제에 대한 생각을 나타낸다.
- 독자가 글쓴이의 생각을 명확히 이해하도록 돕는 문장이다.

---

[1] 이 글은 엘빈 토플러의 『제3의 물결』에서 저자의 말을 토대로 필자가 재구성한 것이다.

아래에 제시된 글의 주제문을 찾아 써 보자.

1

　　사형제도는 두 가지 측면에서 없어져야 한다. 먼저 사형제도가 범죄 발생을 억제하지 못한다고 한다. 다음으로 사형 역시 또 다른 형태의 살인이기 때문이다. 이러한 이유로 사형제도는 반드시 없어져야 한다.

■ 주제문:

2

　　한국어 속담에 '콩 심은 데 콩 나고, 팥 심은 데 팥 난다' 가 있다. 이 속담은 우리가 좋은 것을 얻고 싶으면 좋은 것을 행해야 한다는 의미이다. 그러므로 우리 역시 장래에 좋은 것을 얻기 위해서는 현재 좋은 것을 행해야 한다.

■ 주제문:

 **어휘 및 표현** *Words & Expressions*

- 규제 regulation
- 잠재적 latent
- 의미론적으로 나누는 것
- 정보화 사회 information-oriented society
- 속담 proverb

2. 단락 완성하기

1) 소주제문 쓰기

소주제문은 단락의 핵심 내용을 담고 있는 문장으로, 단순한 사실보다는 글쓴이의 중심 생각을 드러내야 하며, 근거나 예시를 통해 뒷받침되어야 한다. 소주제문은 단락의 앞에 올 수도 있고, 뒤에 올 수도 있다. [예문 3]은 소주제문이 앞에 온 경우이고, [예문 4]는 소주제문이 뒤에 온 경우를 보여주고 있다.

● 예문 3 ●

완전한 '자유 시장'은 이상이다. 완전한 자유 시장—즉 정부의 개입이 전혀 없는 시장—이 어떤 모습일 것인지 생각해보라. 전혀 규제를 받지도 않고 소송을 당하지도 않을 것이라는 것을 알기 때문에, 제약 회사는 완전한 시험을 거치지 않고도 약을 팔 수 있다. 석유 회사는 가솔린에서 납을 제거하지 않고 팔 것이다. 납을 제거해야 할 유일한 이유는 납이 대기로 유입될 경우 발생할 수 있는 잠재적인 문제 때문이다. 실제로 산업혁명 초기에 세계는 바로 이런 모습이었으며, 노동자들에게는 아주 힘든 시기였다.

'자유 시장'은 서민에게서 부를 빼앗고, 자신의 이익을 위해 우리들에게 비용을 감당하도록 한다는 것을 의미한다.

(조지 레이코프, 앞의 책)

[예문 3]은 소주제문이 앞에 위치한 글이다. 소주제문이 앞에 오면 단락의 내용을 짐작하면서 글을 읽게 되므로 독자가 그 내용을 더 쉽게 이해할 수 있고, 글을 쓸 때도 단락의 핵심에서 벗어나는 것을 피할 수 있다. 반면 아래의 예문은 소주제문을 뒤에 놓은 경우이다.

● 예문 4 ●

시장은 정부가 규제하지 않거나 간섭하지 않을 때 자유롭다. '보이지 않는 손'을 통해서 시장은 모두를 위해 효율성과 부를 극대화한다. 정부의 시장 '개입'은 자유를 억압하고, 비효율과 낭비를 초래하며, 모두를 위한 수익성을 억제한다. 자유 시장은 모두에게 열려 있어서 모두가 접근할 수 있다. 시장에서 이윤을 추구하는 것은 자유스럽고 도덕적이며 공정하다. 시장은 이익을 전체적으로 극대화하기 때문에 자유에 기여한다. 따라서 자유 시장을 보장하는 것은 도덕적 대의이다.

(조지 레이코프 · 로크리연구소, 『프레임 전쟁』)

[예문 4]는 시장의 자유란 어떠한 것이며 어떤 장점이 있는지, 그 자유의 제한이 무엇을 의미하는지를 앞에서 서술한 다음 '자유 시장'을 옹호하는 주장을 펼치며 글을 끝맺고 있다. 반면, 아래의 [예문 5]는 두 가지 서로 다른 주장을 제시한 다음, 앞선 두 가지 주장을 배제하고 제3의 주장을 소주제문으로 제시하고 있다.

● **예문 5** ●

의약품 안전성 검사는 물론 화장품 효능이나 부작용을 알아보기 위해서 하는 실험으로, 이 실험에 많은 동물들이 희생되고 있다. 수많은 토끼가 기계에 고정된 채 눈에 화장품을 바른 후 그 결과를 확인하는 실험도 그 중 하나이다. 이 실험은 굉장히 많은 고통을 유발하고, 실험 도중 토끼가 몸부림치다가 목이 부러지는 사고도 빈번히 발생했다. 세계 각국에서 시민 단체들의 비난 여론이 거세지자, 유럽연합은 윤리적인 이유로 내년부터 동물실험을 거친 화장품의 판매와 광고를 금지하기로 결정했다.

생물학적으로 동물과 사람의 피부가 똑같지 않으므로, 동물 실험을 거친 화장품과 약품들이 안전하지 않다는 주장도 있다. 그래서 국내 화장품 업계도 동물 실험을 점차 자제하는 분위기이다.

화장품의 안전성 검사 방법으로 동물 실험 대신 면역세포를 배양해서 검증하는 면역세포 배양법, 피부 세포를 배양해서 독성을 평가하는 세포 독소 평가법 등이 있다.

그 밖에 동물 실험 대신 화장품의 부작용을 예방할 수 있는 방법으로 안전성이 검증된 원료를 사용해 화장품을 만들거나 개발된 화장품의 적은 양을 피부에 바른 후에, 만 하루 정도 지켜보면서 자극 여부를 검사하는 방법 등이 있다.

(최고운, 「'화장' 하는 동물들」, SBS 8시 뉴스, 2012. 11. 13)

[예문 5]는 신약이나 화장품의 효능 또는 부작용을 알아보기 위한 동물실험에 대해 반대하는 두 가지 다른 입장, 즉 윤리적인 입장과 생물학적인 입장을 제시하고 있다. 이어서 제3의 대안으로 신약이나 화장품의 효능·부작용을 알아보는 다른 방법을 제시한다.

2) 뒷받침문장 쓰기

뒷받침문장은 단락의 소주제를 설득력 있게 전달하도록 이를 지지하고 돕는 문장이다. 뒷받침문장은 비교나 대조, 예시나 인용, 부연 설명, 비유 등 다양한 방식으로 쓸 수 있다. 그 중 [예문 6]은 대조를 사용하여 뒷받침문장을 쓰고 있다.

● 예문 6 ●

과거의 백과사전은 필자와 독자의 신분적 구별 위에 서 있었다. 이 관계에서는 유식한 지식인이 무식한 민중을 깨우치는 일방적 '계몽'만이 있을 뿐이다. 하지만 위키피디아는 필자와 독자의 이 신분제를 무너뜨렸다. 거기서는 독자가 필자가 된다. 계몽주의가 민주주의 프로젝트의 일환이었고, 민주주의가 자기가 다스리는 '자치'의 이념이라면 위키피디아는 이 계몽주의가 목표로 삼았던 민주주의의 궁극적 완성이라 할 수 있다. 이제 민중은 스스로 가르치고, 스스로 배운다.

(진중권, 「민중은 스스로 가르치고 스스로 배운다」, 『크로스』, 정재승, 진중권, 웅진지식하우스, 2012)

[예문 6]은 과거의 백과사전과 현대의 위키피디아를 대조하면서 위키피디아의 의의를 설명하고 있다. 즉 백과사전은 필자와 독자를 엄격하게 구별하는 반면 위키피디아는 필자와 독자를 구별하지 않는 차이를 비교하여 설명하고 있다.

아래의 글 1~2에서 글쓴이가 어떤 방법을 사용해서 뒷받침문장을 썼는지 생각해 보고, 그 방법에 대해 동료학생과 토론해 보라.

1

　대학에서 생활하는 즐거움 중 하나는 사시사철 변모하는 캠퍼스의 아름다움을 온몸으로 느낄 수 있다는 것이다. 졸업한 친구들이 오랜만에 학교를 찾아오면 하나같이 하는 말이 있다. "학교 다닐 때는 몰랐는데 교정이 정말 아름다워요." 대리석과 유리로 외피를 두른 멋진 건물도 주지 못하는 매력이 자연에는 있다. (중략)

　중간고사 즈음엔 단연 벚꽃이 최고다. 흐드러지게 피어올랐다가 꽃비를 뿌리며 단번에 스러지는 도서관 뒷길의 벚꽃은 한창 시험 준비로 바쁜 학생들의 마음을 심란하게 한다. 이어 찾아오는 계절의 여왕, 5월은 장미의 계절이다. (중략) 매화, 벚꽃, 해바라기, 국화, 동백 … 갑자기 꽃 얘기를 이렇게 장황하게 늘어놓는 것은, 그대에게 이 질문을 하고 싶어서다. "자, 위에 등장한 꽃 중에서 그대는 어떤 꽃이 가장 훌륭하다고 생각하는가?"

　그렇다. '가장 좋아하는가' 가 아니라 '가장 훌륭하다고 생각하는가' 다.

　"참 어리석은 질문이네. 계절 따라 피는 꽃은 저마다 나름의 아름다움이 있는데, 무엇이 가장 훌륭하냐고? 이건 말이 안 되는 질문이야!" 이렇게 생각했다면, 질문의 의도를 제대로 파악한 것이다. 가장 훌륭한 꽃은 없다. 저마다 훌륭하다. 나름의 이유가 있어 제가 피어날 철에 만개하는 것이다.

　문제는, 꽃에 대해서는 그렇게 유연하게 사고할 수 있으면서 자기 인생에 대해서는 그렇게 생각하지 못한다는 것이다. 청춘들은 대부분 가장 일찍 꽃을 피우는 '매화' 가 되려고만 한다.　　(김난도, 「너라는 꽃이 피는 계절」, 『아프니까 청춘이다』, 쌤앤파커스, 2010)

2

　'통과 의례' 라는 말은 인류학자인 아놀드 반 게넵이 1909년 처음 사용했다. 통과 의례(rites of passage)란 "한 사람의 일생 중에서 반드시 치러야 할 과정인 중요한 의례"를 말한다. 게넵은 통과 의례를 네 가지로 분류하였는데 (그것은) 작명, 입문, 혼례, 장례 의례이다. 먼저, 작명 의례는 자신만의 이름을 갖게 되는 것을 말한다. 입문 의례는 한 지위에서 다른 지위로 넘어가는 것을 말한다. 혼례 의례는 미혼자가 기혼자가 되는 것을 기념하는 결혼을 말한다. 그리고 장례는 인간이 조상이 되는 것, 다시 말해 현세에서 내세로 가는 것을 기념하는 의례이다.

(www.cafe.daum.net/coreenavecmoon)

소주제문은 단락의 핵심 내용을 담고 있는 문장으로 단순한 사실보다는 글쓴이의 중심 생각을 분명하게 드러내야 한다. 그리고 글쓴이의 중심 생각은 근거나 예시를 통해 뒷받침되어야 한다. 소주제문과 뒷받침문장은 아래에서 보듯이 다양한 표현을 통해 한 단락으로 완성될 수 있다.

어휘 및 표현 — *Words & Expressions*

- 효능 effect
- 유발하다 cause
- 필자 author
- 사시사철 all year round
- 외피 integument
- 만개하다 be in full bloom
- 부작용 side effects
- 업계 industry
- 변모하다 undergo a change
- 심란하게 하다 cause upset

핵심 문법 ❶ 주제문과 뒷받침문장을 접속하는 표현 — *Grammar*

■ '첫째', '둘째', '셋째' 등을 써서 주제문과 뒷받침문장을 내용적으로 긴밀하게 연결할 수 있다.

1. 비타민은 수용성 비타민과 지용성 비타민으로 구분이 된다. **첫째**, 수용성 비타민에는 비타민 B1, B2, B6, B12, 비타민 C 등이 있고, **둘째**, 지용성 비타민에는 비타민 A, D, E, K가 있다.

- 주제를 뒷받침하는 문장이 여러 개일 때 '먼저(우선), 다음으로, 마지막으로'와 같은 표현을 사용하여 문장들을 연결할 수 있다.

   2. 금연을 해야 하는 이유는 무엇일까? 금연은 건강상의 위험으로부터 자신과 타인을 지킬 수 있다는 점에서 가장 중요하다. 금연의 효과는 **먼저**, 폐암과 후두암과 같은 호흡기암의 사망률이 금연을 할 때 20~90%로 감소한다. **다음으로**, 금연 직후 동맥경화, 부정맥 유발, 뇌졸중의 위험이 서서히 감소한다고 한다.

- 뒷받침문장이 여럿이면서, 앞 문장과 뒷 문장의 내용일 반대일 경우 '반면, 이에 비해, 그에 반해, 이와 대조적으로' 등을 사용하여 문장을 연결할 수 있다.

   3. 기존의 지능지수(IQ)는 언어와 논리적인 능력만을 측정하였다. **반면** 다중지능(MI)은 언어, 논리수학, 음악, 공간, 운동, 인간관계, 자기 성찰, 자연 친화의 여덟 가지로 이루어져 있다고 본다.

   4. 문자는 크게 표의문자와 표음문자의 두 가지로 나눌 수 있다. 로마자, 한글, 러시아 문자, 아랍문자 등은 음을 표기하는 표음문자에 속하고, **그에 반해** 이집트문자, 한자는 글자에 고유한 의미까지도 포함하고 있는 표의문자에 속한다.

- '이어'와 같은 부사로 문장을 긴밀하게 연결할 수 있다.

   5. '피겨 여왕' 김연아가 미국에서 열리는 피겨 스케이팅 그랑프리 시리즈 5차 대회에서 "더 나은 연기를 펼치겠다."는 소감을 밝혔습니다. 우리 시각으로 모레 미국 뉴욕 주 레이크플래시드에서 개막하는 피겨 그랑프리 5차 대회에 참가하는 **김연아**는 매니지번트사를 통해 "지난달 프랑스 파리에서 열린 1차 대회에서 너무 좋은 평가를 받아 조금 부담스럽다"고 전했습니다. **김연아**는 **이어** "열심히 훈련한 만큼 이번 대회에서도 점수에 연연하지 않고 더 나은 연기를 선보이고 싶다"는 각오를 밝혔습니다.

3) 문장 연결하기

문장을 연결하여 단락을 만들 때 문장의 내용을 긴밀하게 연결하기 위해 단어와 표현을 다양하게 사용할 수 있다. 그러한 것으로는 앞에서 나온 사람 및 사물을 다시 가리킬 때 사용하는 '지시어'와, 주제문과 뒷받침문장을 자연스럽고 긴밀하게 연결할 때 사용하는 접속표현이 있다.

- 지시어란 앞 문장에 나온 사람 및 사물을 뒷 문장에서 다시 가리킬 때 사용한다. 지시어에는 '그/그녀, 그것, 그 때'와 같은 대명사, 부사가 있다.
- 주제문과 뒷받침문장을 긴밀하게 연결하기 위해 다양한 접속표현을 사용한다.

핵심 문법 ❷ 지시어　　　　　　　　　　　　　　　*Grammar*

- '그/그녀'는 앞 문장에서 한 번 나온 사람을 뒷 문장에서 다시 가리킬 때 사용할 수 있으나, 한국인들은 일반적으로 사람의 이름은 다시 쓴다.

  1. '통과 의례'라는 말은 인류학자인 <u>아놀드 반 게넵</u>이 1909년 처음 사용했다. **그는** 생활 속에서 개인이 한 집단에서 다음 집단으로 넘어갈 때 의례가 행해지는데, 의례의 세세한 내용은 문화에 따라 다양하지만, 그 기능은 보편적이라는 점을 강조하였다.

- '그것'은 앞 문장에서 한번 나온 사물, 문장을 뒤 문장에서 다시 쓸 때 사용할 수 있다.

  2. 게넵은 <u>통과 의례</u>를 네 가지로 분류하였다. **그것은** 다시 작명 의례, 입문 의례, 혼례, 장례로 나뉜다.

위의 제시된 연결 표현을 사용하여 아래의 문장을 이어서 하나의 주장으로 완성해 보자.

전통은 '역사성을 갖는 것', 그리고 '문화적 연속성(cultural continuity)을 중시하는 것'으로 요약할 수 있다. 이와 같이 전통이라는 개념은 다분히 추상적이고 모호하며, 분야에 따라 그 의미와 해석을 달리할 수 있으나 다음과 같은 성격을 갖추어야 한다. (　　), 일정 시간 이상의 '지속성'을 가져야 한다. 아무리 넓게 퍼져 있어도 그것이 일시적 현상이고 지속성이 없으면 전통으로 볼 수 없다. (　　), 지속성을 지니되 '변화'를 인정해야 하며 변화된 모습도 지속성을 지녀야 한다. (　　), 전통은 한 민족이나 특정 지역의 '고유성'과 관련되어 있다. 만일 어떤 특성을 인류 전체가 동일하게 갖게 될 때 그것은 한 국가나 지역의 전통이 될 수 없다. 전통은 남과 차별되는 특성으로 지속되고 변화되는 것이어야 한다. (　　), 현재까지 어떤 형태든 '관련성'을 가지고 인식되는 것이 전통이다.

따라서 지역문화 혹은 고유문화에서 전통성은 이와 같은 문화적 공동체가 공유하고 있는 성격들을 시간선상에서 현대까지 연속성을 갖는 것으로 파악할 수 있다.

(권영걸, 『한·중·일 공간 조영-우리의 공간 유전자를 찾아서』, 도서출판 국제, 2006)

Memo *Date:* . . .

04

글의 화제와 주제 찾기

화제와 주제의 개념을 이해하고 자신이 쓸 글의 화제와 주제를 정하는 법을 배운다.

1. 화제 찾기
2. 주제 정하기

- 화제: 글의 소재나 논제
- 주제: 글을 통해 글쓴이가 말하고자 하는 중심 생각

글을 쓰려면 먼저 무엇에 대해 써야 할지 생각해야 한다. 그 '무엇'을 글의 '화제', 화제에 대해 떠오른 생각들 중에 글로 쓰려는 자신만의 생각을 '주제'라고 한다. 자신에 관해, 또는 자신의 주변을 돌아보고 글로 쓰고 싶은 것을 찾아보자. 평소 자신이 관심을 갖고 있는 것, 잘 아는 분야에서 좋은 화제나 주제를 찾을 수 있다.

1. 화제 찾기

1) 화제

사람, 사물, 사건, 현상 등 글로 쓰고 싶은 것은 모두 화제가 될 수 있다. 그러나 자신의 생각을 잘 표현한 글이 되려면 그것에 관한 내용을 중심으로 화제를 좁혀 화제의 한 측면을 구체적으로 다루어야 한다. 그래야만 무엇을 말하고자 하는지가 분명한 개성있는 글이 될 수 있다.

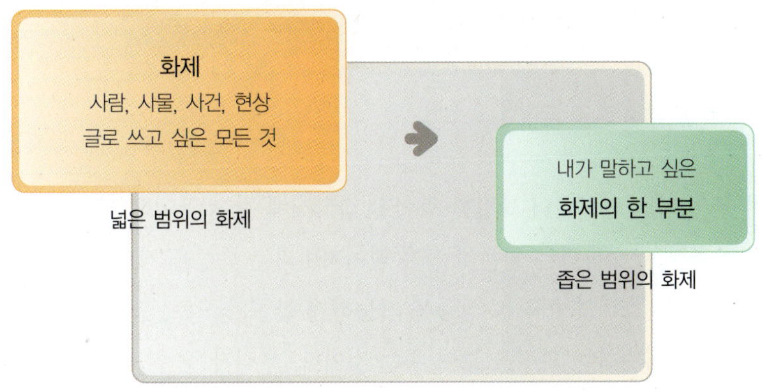

> 미국 3M사의 한 연구원이 기존 접착제보다 강력한 물질을 연구했다. 결과는 의외였다. 접착력은 좋은데 쉽게 떨어져버리는 특성을 지닌 물질을 개발한 것이다. 잘 붙기 위한 접착제가 떨어진다면 실패작이다. 그러나 그것을 위대한 발명으로 바꾸어 놓은 이는 엉뚱한 사람이었다. 그의 직장 동료는 책갈피가 자꾸 빠져 불편을 겪었다. 필요할 때 붙이고 자국이 남지 않는 접착제를 책갈피에 발라놓으면 해결될 것 같았다. 우연한 착상은 외면당했던 그의 특이한 접착제에 주목하게 했고 떨어지는 접착제는 곧 포스트잇으로 만들어졌다. 포스트잇을 써 본 사람들은 열광했고 이는 실패를 발상의 전환으로 멋지게 마무리할 수 있음을 보여 준다.
>
> (윤광준, 『윤광준의 생활명품』, 을유문화사, 2003, 밑줄과 음영 표시는 인용자)

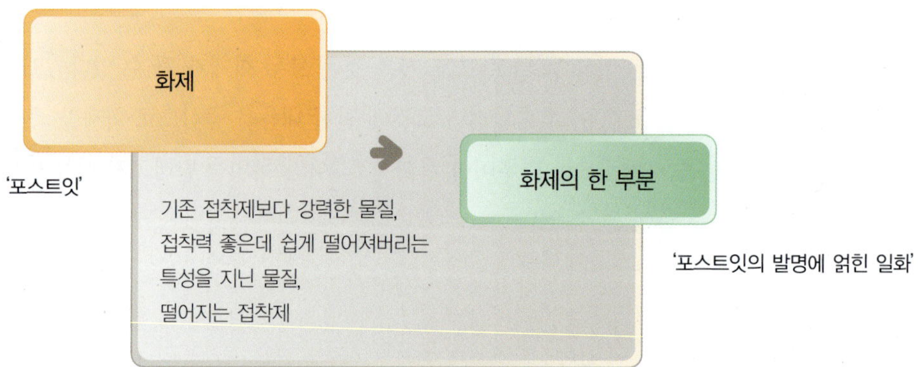

이 글은 어느 연구원이 개발한 특이한 접착제에 관한 것이다. '기존 접착제보다 강력한 물질', '접착력은 좋은데 쉽게 떨어져버리는 특성을 지닌 물질', '떨어지는 접착제'는 '포스트잇'이라는 상품을 가능하게 한 속성으로, 그것이 어떻게 발명되었는지를 이야기하는 과정을 보여 주는 것이다. 우리가 잘 알고 있는 사물에 대해 글을 쓰면서 그 발명이 이루어진 일화가 글의 구체적인 화제가 된 것이다.

[예문 1]을 읽고 화제를 찾는 방법에 대해 생각해 보자.

1. 이 글에서 말하는 "우연한 착상"이 무엇인지 글을 읽고 찾아 써 보자.

2. 화제를 통해 글쓴이가 말하고자 하는 생각은 무엇인지 써 보자.

3. 화제 선정의 측면에서 이 글의 좋은 점은 무엇인지 이야기해 보자.

● 예문 2 ●

오에 겐자부로는 "어렸을 때, 유럽 소설가가 되어 서구 스타일로 글을 쓰고 싶었다."고 회고한다. "그런데 아들이 태어났고, 병원은 내 아들을 중환자실로 데려갔다. 처음에는 아내에게도, 어머니에게도 드라마 같은 사실을 밝힐 엄두가 나지 않았다. 나는 넋을 놓은 채 방황했다. 결국 나는 아들과 함께 살기로, 내가 보듬고 하루하루를 함께 지내기로 결심했다. 작가로서 나는, 내 아들의 삶을 통해 보는 세상을 묘사했다. 나한테는 내 아들 히카리가 현실을 여과하는 렌즈였던 셈이다. 나는 내가 올바른 글쓰기 방식과 올바른 삶의 방식을 선택했다고 생각한다." 오에 겐자부로의 책에는 아들과 함께 지내면서 겪는 어려움이 그대로 드러나는데, 거기에는 소통을 위한 노력이 가치 있는 것이라는 메시지가 담겨 있다. 어떻게 하면 진정으로 남을 이해할 수 있는지, 어떻게 하면 서로를 위하는 관계를 구축할 수 있는지에 대한 메시지 말이다.

(사비 아옌, 『16인의 반란자들』, 정창 옮김, 스테이지팩토리, 2011)

이 글은 노벨문학상을 수상한 어느 작가에 대한 글이다. 글쓴이는 그와의 인터뷰를 통해 발견한 그의 한 면모를 글을 통해 보여 준다. 따옴표 속에 실린 그의 말에는 그의 삶, 특히 아들에 관한 이야기가 주로 등장하는데 이를 통해 글쓴이가 그의 '글쓰기 방식'과 '삶의 방식'에 관한 이야기를 하고 있음을 알 수 있다.

학습활동 ❷ *Activity*

[예문 2]를 읽고 화제의 어떤 측면을 다루고 있는지 생각해 보자.

1. 주인공은 그의 아들이 태어난 후, 작가로서 어떻게 글을 쓰게 되었는가?

2. 이 글의 구체적인 화제는 무엇인지 써 보자.

3. 이 글을 읽고 좋은 화제란 어떤 것인지 생각하고 이야기해 보자.

4. 오에 겐자부로의 삶과 그의 글에 대해 더 자세히 알아보자.

● 예문 3 ●

　　텔레비전은 내가 살고 있는 시대의 단면을 매일매일 시시각각 다양한 모습으로 전달한다. 그것은 어떤 사회학 개론 교과서에서도 얻을 수 없는 정보이다. 문화를 연구하는 인류학자가 비행기 티켓을 들고 먼 타지로 떠나는 것처럼, 동시대의 사회를 탐색하는 사회학자는 텔레비전을 켠다. 텔레비전을 켤 때 나는 지금 나와 동시대를 살고 있는 사람들이 어떤 음악을 좋아하는지, 어떤 이야기에 흥미를 느끼는지, 평범한 사람들의 이슈는 무엇인지를 소상하게 알 수 있다. 나는 사회학이라는 학문에 대한 매력을 사회학 개론 교과서를 통해 발견하지 않았다. 나의 근원적 관심사는 ‘세상 돌아가는 일’이었는데 그 ‘세상 돌아가는 일’을 나는 사회학이라는 학문으로부터 배우기 이전에 텔레비전을 통해 배웠다.

(노명우, 『텔레비전, 또 하나의 가족』, 프로네시스, 2008)

[예문 3]은 텔레비전이라는 평범한 화제를 가지고 자기만의 글을 쓰는 방법을 보여 주는 글이다. 텔레비전의 일반적인 기능이나 영향을 말하기보다 자신의 경험에서 우러나온 이야기를 하고 있는 것이 이 글의 매력이다. 사회학자인 글쓴이에게 텔레비전은 어떤 의미인지 생각하며 글을 읽어 보자.

학습활동 ❸　　　　　　　　　　　　　　　　　　　　*Activity*

[예문 3]을 읽고 글쓴이는 ‘텔레비전’을 화제로 무엇을 말하고자 하는지 파악해 보자.

1. 글을 읽고 핵심어나 핵심문장을 찾아 밑줄을 그어 보자.

- -

2. 글쓴이가 언급하고 있는 텔레비전의 기능은 무엇인지 찾아 써 보자.

- -

3. 글쓴이에게 텔레비전은 어떤 대상인지 한 문장으로 써 보자.

4. 이 글을 읽고 좋은 화제란 어떤 것인지 생각해 보자.

학습활동 ❹ *Activity*

'텔레비전' 이라는 화제를 가지고 어떤 내용을 쓰면 좋을지 생각해 보자.

예

화제: 텔레비전
- 텔레비전에 얽힌 추억
- 텔레비전과 현대인의 여가 생활
- 나의 취미 "텔레비전 보기"
- 텔레비전의 발명과 발전
- 텔레비전이 청소년의 정서에 미치는 영향

1. 여러분이라면 '텔레비전' 이라는 화제의 어떤 면에 대해 쓸지 위에서 골라 보자.

2. 구체적으로 화제를 정했다면 어떤 내용을 쓸지 세 가지만 써 보자.

1)

2)

3)

3. 2에 쓴 내용이 그 화제를 표현하기에 충분한지 생각해 보자.

- 접착제 glue, adhesive
- 개발하다
- 위대한 발명
- 책갈피 bookmark
- 우연한 a(n) accidental[chance]
- 착상 idea
- 발상의 전환 conceptual shift changing one's way of thinking
- 마무리하다
- 엄두가 나다/엄두가 나지 않다
- 넋을 놓다 mesmerized, absent-minded
- 묘사하다
- 여과하다
- 관계를 구축하다
- 메시지가 담겨 있다
- 시대의 단면
- 시시각각 時時刻刻 from moment to moment, ever-changing
- 동시대
- 소상하게
- 관심사
- 세상 돌아가는 일 the ways of the world's going on in the world

 학습활동 ❺　　　　　　　　　　　　　　　　　　　　*Activity*

평소에 자신이 좋아하거나 관심 있는 것 중에서 자신이 쓸 글의 화제를 골라 보자.

1. 자신이 고른 화제와 그 화제를 고른 이유를 말해 보자.

> 예
>
> - 화제 – "한국에서의 유학 생활, 한류, 나의 꿈 … "
> - 이유 – "한국 드라마를 보면서 한국어도 배우고 싶다"
>   "한국 드라마 속의 가족생활이나 관계를 보면 한국 문화를 이해하는 데에 도움이 된다"
>   "한국어뿐만 아니라 한국 문화에도 정통한 한국 전문가가 되고 싶다."

2. 화제에 관해 떠오르는 생각을 다 써 보고 공통점을 찾아 화제를 정하자.

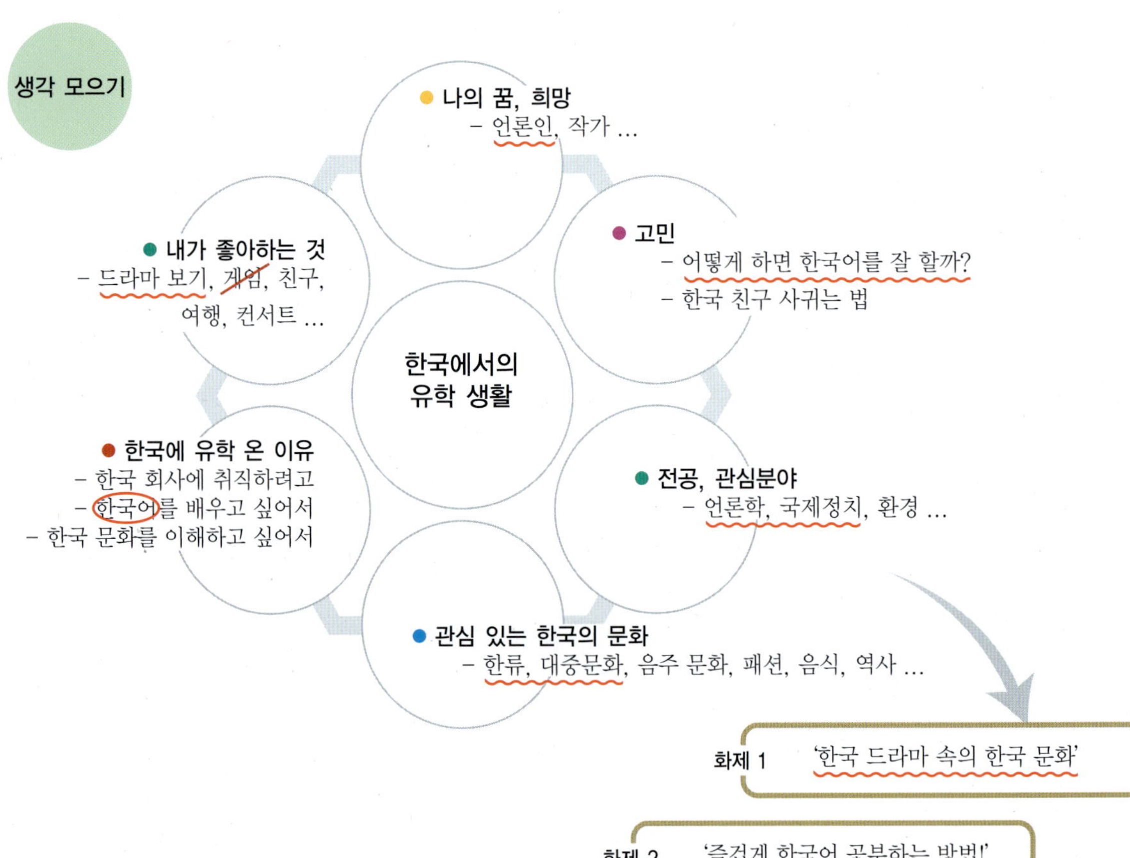

1) 내가 고른 화제에 대해 떠오르는 생각을 다 써 보자.

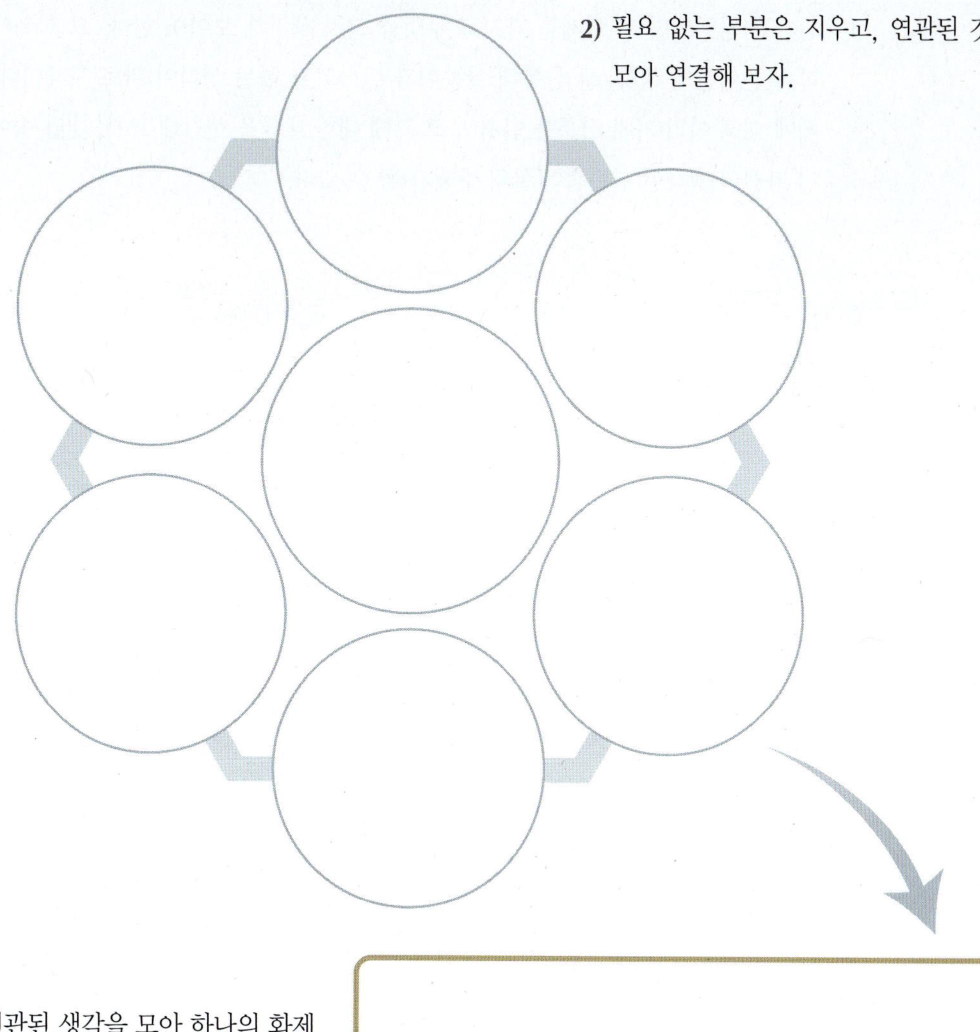

2) 필요 없는 부분은 지우고, 연관된 것을
모아 연결해 보자.

3) 연관된 생각을 모아 하나의 화제
를 정하자. 다른 사람의 의견도
들어본 후 화제를 확정한다.

2. 주제 정하기

화제를 정했으면 그 화제를 가지고 무엇을 쓸지 생각해 보아야 한다. 그 화제에 관한 글쓴이만의 생각, 글을 통해 글쓴이가 말하고자 하는 생각이 바로 주제이다. 화제에 대해 여러 가지 질문을 던져 보고 그에 대한 대답을 생각해 보자. 대답 속에 담긴 자신의 생각이나 관점이 글의 주제가 될 수 있다.

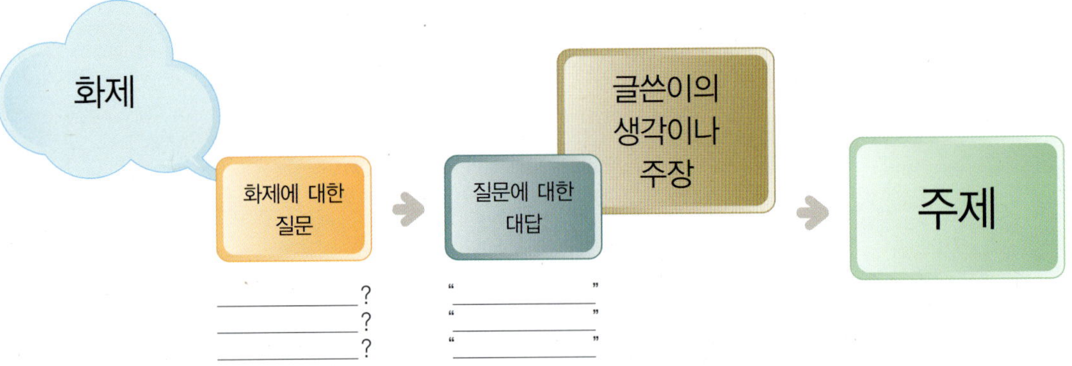

글을 통해 글쓴이가 말하고자 하는 생각, 즉 주제를 제대로 파악하기 위해서는 화제가 제기하는 질문이 무엇인지를 생각해 보아야 한다. 글을 읽고 화제가 제기한 질문을 통해 글쓴이의 생각을 파악하는 연습을 해 보자.

● 예문 4 ●

　마이크로소프트의 창립자 빌 게이츠는 재산의 99%를 기부하기로 약속했고, 워런 버핏도 재산의 대부분을 기부하기로 약속했다. 기부행위는 칭찬받아야 한다. 아무리 돈이 많아도 대가 없이 돈을 남에게 준다는 것은 쉬운 일이 아니다. 그러나 기부가 사회에 진정으로 도움이 되기 위해서는 적절한 조세가 함께 이루어져야 한다. 버핏처럼 부자들이 기부도 더 하고 세금도 더 내야 한다고 생각하는 사람도 있지만, 기부를 강조하는 사람들 중 많은 이들이 기부를 세금에 대한 대체물로 보는 경향이 있다. 이들의 논리는, 개인의 자유를 강조하는 자유시장주의적 사고에 따른 것으로, 정부가 강제로 돈을 빼앗아가는 세금보다는 돈 있는 사람이 자진해서 돈을 내는 기부가 개인의 자유를 덜 침해하면서 부를 더 넓게 나누는, 더 바람직한 길이라는 것이다. 부자들이 더 기부를 많이 해야 한다고 이야기하는 사람들이 동시에 부자 감세 정책을 추진할 수 있는 것이 바로 이런 이유이다.

그러나 기부가 세금을 대체할 수는 없다. 첫째, 빌 게이츠나 워런 버핏 같은 사람들도 있지만, 많은 사람들이 돈이 있어도 기부를 하지 않는다. 둘째, 기부하는 사람들이 자기가 기부한 돈이 어떻게 쓰이는지를 정한다는 점이다. 얼핏 생각하면 별 문제가 없는 것 같지만, 여러 가지 다른 견해를 가진 사람들이 공존해야 하는 민주사회에서는 문제가 될 수 있다. 예를 들어, 우리나라에서 기부하는 사람들은 주로 빈곤층 아동의 교육 문제에 관심을 두는데, 그렇게 되면 자연히 노인 문제, 여성 취업 문제, 이주 노동자 문제 등 다른 중요한 문제들이 상대적으로 경시될 수밖에 없다. 셋째, 같은 액수의 돈을 내더라도, 세금이 아닌 기부로 내게 되면, 개인이 돈을 많이 벌고 적게 벌고는 전적으로 개인의 능력과 노력에 따른 것이라는, 시장주의 이데올로기를 강화하게 된다. 세금은 아무리 능력이 뛰어난 개인이라도 사회의 덕을 보아 성공했고, 따라서 자신이 번 돈의 일정 부분을 사회에 돌려 줄 의무가 있다는 전제에서 출발하는 것이고, 기부는, 성공한 사람은 기본적으로 자기가 잘나고 열심히 노력해서 성공한 것이므로 의무는 없지만, 그래도 좋은 마음에서 되돌려 주는 것이라는 전제에서 출발하는 것이니, 얼핏 보기에는 비슷해도, 완전히 다른 접근 방법이다.

(장하준, 「부자들의 기부만으론 부족하다」, 『경향신문』 2011. 9. 6)

글은 화제에 대한 문제 제기에서 출발하여 그 문제에 대한 글쓴이의 생각과 주장을 분명히 전달할 수 있어야 한다. 그러기 위해서는 그것을 뒷받침하는 근거를 논리적으로 제시해야 한다. 그래야만 자신의 생각을 설득력 있게 전달할 수 있다. 이 글은 첫 단락에서는 기부에 대해 언급하면서 그에 대한 문제 제기를 하고 있고, 두 번째 단락에서는 '기부가 세금을 대체할 수 없다' 는 자신의 주장에 근거를 제시하고 있다.

[예문 4]를 읽고 화제가 제기하는 문제와 그에 대한 글쓴이의 생각, 근거를 파악해 보자.

1. 이 글의 화제는 무엇이며 그 화제가 제기하는 문제는 무엇인가?

■ 화제:

■ 화제가 제기하는 문제:

2. 이 문제에 대한 글쓴이의 생각은 무엇이며 그 근거는 무엇인가?

■ 글쓴이의 생각:

■ 근거:

1)

2)

3)

3. 이 글의 주제를 한 문장으로 작성해 보자.

■ 주제:

다음 글을 읽고 화제가 제기하는 문제를 찾아 글쓴이의 생각을 파악해 보자.

1. 이 글은 '미의 기준'이라는 화제를 가지고 쓴 글이다. 글쓴이는 이 화제에 대해 어떤 질문을 제기하였는지 두 가지만 찾아 써 보자.

1) ____

2) ____

　　미의 기준에는 문화적 다양성이 존재하며 이런 다양성은 맥락에 따라 달리 해석된다. 날씬함에 대한 미국적 이상은 뚱뚱해지기 쉬운 환경에서 발생한 것이고, 뚱뚱함에 대한 선호는 마르기 쉬운 상황에서 생긴 것이다. 상황적으로 두 가지 기준 모두가 개인의 노력과 경제적 자원을 필요로 한다. 즉 마름과 뚱뚱함은 각각 부를 표시하는 기호이다. 가난한 사회에서 부자는 뚱뚱해짐으로써 자신의 우월한 지위를 과시하지만, 가난한 사람은 그렇게 할 수가 없다. 그러나 부유한 사회에서는 가난한 사람도 뚱뚱해질 수 있고, 실제로 그들은 게걸스럽게 먹기 때문에 뚱뚱해진다. 따라서 부자는 날씬함을 유지함으로써 자신의 우월한 지위를 과시하는데, 마치 '우리는 다음 끼니를 어떻게 마련할지를 걱정하지 않아. 그러니 우리는 단 1그램의 지방도 몸에 저장해둘 필요가 없지.'라고 말하는 것 같다. 여성의 아름다움에 대한 기준은 진화 과정에 의해 보편적으로 형성되기도 하지만 또 한편으로는 다양한 맥락에 의해서 제한되는지도 모른다.

　　　　　　　　　　　　　　　　　　(한국문화인류학회, 『낯선 곳에서 나를 만나다』 일조각, 2006)

2. 글을 읽고 가난한 사회와 부유한 사회의 '미의 기준'은 어떻게 다른지 써 보자.

3. 미의 기준이 문화마다 달라지는 이유는 무엇인지 간단히 요약해 보자.

4. 이 글의 주제를 찾아 완성된 문장으로 써 보자.

학습활동 ❽ *Activity*

화제를 정했다면 이제 자신이 쓸 글의 주제를 정해 보자. 화제에 관한 생각들 중에서 화제가 제기하는 질문이나 문제를 찾아 그 문제에 대한 자신의 생각이나 주장을 써 보자.

화 제

넓은 범위의 화제 1

한국 문화
한류

좁은 범위의 화제 1

- 한국 문화에 대한 관심
- 한국 드라마 속의 한국 문화
- 한류의 성공 요인
- 아이돌 음악의 매력
- 다양한 음악 장르의 부족
- 문화의 다양성
- 불법 다운로드와 저작권 문제
- 연예인의 사생활과 인권
- 문화 콘텐츠로서의 한류의 힘과 한계

화제가 제기하는 문제

- 한류를 보는 다양한 시각이 있다. 한류를 어떻게 볼 것인가?
- 한류는 대중문화 발전에 기여하는가?
- 한류는 한시적인가 지속될 것인가?

문제에 대한 자신의 생각이나 주장

- 상업적 가치가 높은 특정 음악 장르에 편중되어 있다.
- 다양한 음악 장르에 대한 관심과 뒷받침이 필요하다
- 한국의 대중음악을 세계에 알렸다.

주 제

- 다양한 대중음악과 문화로 관심을 넓혀야 한류가 문화적 역량을 키울 수 있다.
- 엔터테인먼트 사업의 성공을 통해 문화의 산업적 측면을 발전시켰다.

1. 화제에 관한 여러 가지 생각 중에서 가장 관심 있는 내용을 찾아 써 보자.

2. 화제가 제기하는 문제 중 하나를 골라 그에 대한 자신의 생각을 써 보자.

3. 자신이 그렇게 생각하는 이유나 근거를 세 가지만 써 보자.

4. 다양한 의견을 듣고 가장 설득력 있는 주제를 찾아 하나의 문장(주제문)으로 써 보자.

어휘 및 표현 *Words & Expressions*

- 기부
- 세금
- 조세 tax, taxation
- 감세 tax reduction[cut]
- 빈곤층
- 노인 문제
- 이주 노동자 移住勞動者 an immigrant worker
- 민주주의
- 시장주의
- 이데올로기
- 의무
- 전제
- 공존
- 미의 기준
- 문화적 다양성
- 맥락
- 한류
- 대중문화

- **지시대명사 '이'** : 앞에서 말한 내용을 가리킬 때 쓴다. 한 문장 이상일 수도 있고, 앞에서 말한 내용 전체를 가리킬 수도 있다. 앞에서 언급하고 있는 사람을 가리킬 때는 '이들'을 쓴다.

1. 이는 실패를 발상의 전환으로 멋지게 마무리할 수 있음을 보여 준다.

2. 이들의 논리는, 개인의 자유를 강조하는 자유시장주의적 사고에 따른 것으로, 정부가 강제로 돈을 빼앗아가는 세금보다는 돈 있는 사람이 자진해서 돈을 내는 기부가 개인의 자유를 덜 침해하면서 부를 더 넓게 나누는, 더 바람직한 길이라는 것이다.

- **인용절의 '-는지'** : 간접인용절에서 의문사와 함께 쓰이거나 의문을 나타내는 어미.

3. 어떻게 하면 진정으로 남을 이해할 수 있는지, 어떻게 하면 서로를 위하는 관계를 구축할 수 있는지에 대한 메시지 말이다.

4. 텔레비전을 켤 때 나는 지금 나와 동시대를 살고 있는 사람들이 어떤 음악을 좋아하는지, 어떤 이야기에 흥미를 느끼는지, 평범한 사람들의 이슈는 무엇인지를 소상하게 알 수 있다.

연습문제 ❶ *Exercise*

다음 글 속에서 지시와 인용을 정확히 쓰는 법을 연습해 보자.

미국 3M사의 한 연구원이 기존 접착제보다 강력한 물질을 연구했다. 결과는 의외였다. 접착력은 좋은데 쉽게 떨어져버리는 특성을 지닌 물질을 개발한 것이다. 잘 붙기 위한 접착제가 떨어진다면 실패작이다. 그러나 그것을 위대한 발명으로 바꾸어 놓은 이는 엉뚱한 사람이었다. 그의 직장 동료는 책갈피가 자꾸 빠져 불편을 겪었다. 필

1. 지시대명사 '이'가 가리키는 내용을 한 문장으로 써 보자.

____ 한 것.

2. 따옴표 안의 내용을 간접 인용문으로 바꿔 보자.

　㉠ 텔레비전을 켤 때 나는 지금 나와 동시대를 살고 있는 사람들이 어떤 이야기에 흥미를 느끼는지를 소상하게 알 수 있다.

　1) 그는 항상 '어떻게 하면 진정으로 남을 이해할 수 있을까?'를 진지하게 고민한다.

　→ 그는 항상 _______________________________________ 를 진지하게 고민한다.

　2) 나는 한국 친구들에게 "요즘 한국 사람들은 어떤 음악을 좋아해?"라고 자주 묻곤 한다.

　→ 나는 한국 친구들에게 _______________________________ 를 자주 묻곤 한다.

3. 아래의 빈 칸을 채워 보자.

　1) 텔레비전을 보면 요즘 사람들이 어떻게 살고 있는지, _______________________ _______________, _______________ 를 잘 알 수 있다.

　2) 나는 요즘 대학생들이 어떤 고민을 하는지, _______________________ _______________________, _______________________ 에 관한 보고서를 준비하고 있다.

　3) 이 책은 _______________________________________ 는지를 다루고 있다.

Memo

Date: . . .

05

구상하기

짜임새 있고 설득력 있는 글쓰기 계획을 세우는 법을 배운다.

1. 글의 내용 생성과 흐름 잡기
2. 생각을 뒷받침하는 근거나 자료 찾기

- 핵심어: 글의 핵심적 내용 즉, 자신의 생각이나 주장을 나타내는 단어
- 개요: 글의 주요 내용과 구성을 계획하여 간단히 쓴 것
- 논거: 자신의 생각을 논리적으로 뒷받침하는 근거

주제가 정해지면 어떻게 글을 쓸 것인지 구상해야 한다. 어떤 내용을 쓸 것인지, 그 내용을 어떻게 구성할 것인지에 관한 계획을 세워야 하는 것이다. 또 그것을 뒷받침할 근거와 자료도 준비하여 더 짜임새 있고 설득력 있는 글을 쓸 준비를 해야 한다.

1. 글의 내용 생성과 흐름 잡기

핵심어 쓰기는 글의 내용을 생각해 내는 과정인 동시에 글쓰기에 필요한 어휘나 표현을 떠올리고 배우는 방법이다. 핵심어를 적어 봄으로써 글의 내용을 생각해 낼 수 있고, 그것을 연관 지어 지도를 그리면 글의 흐름을 구상할 수 있다. 그런 다음, 핵심어를 연결하여 논리적 흐름에 맞게 배치하면 짜임새 있는 글을 쓸 수 있는 밑그림이 된다.

예문 1

스타벅스는 식품 산업을 문화 산업으로 변화시켰다. 물론 이는 스타벅스의 전유물이 아니다. 애플 사용자들은 컴퓨터의 성능이 아니라 디자인으로 자신의 문화적 정체성을 연출하는 데 민감하다. 애플숍에서는 컴퓨터와 주변기기만 파는 게 아니다. 그들은 취향을 판다. 사용자들이 그 회사의 기기가 아니라 브랜드를 소비하고 있다는 것을 잘 알기 때문이다. 스타벅스를 바라보는 또 하나의 삐딱한 시각은 사회학에서 나온다. 상품을 통해 특정 계층에 속한다는 사실을 과시하거나 계급적 차이를 드러낸다고 설명할 수도 있다. 이제 대중은 상품과 상품 사이의 '차이'를 소비한다. 중요한 것은 사용가치가 아니라 기호가치다.

(진중권, 「취향 공동체의 탄생」, 『크로스』, 정재승 · 진중권, 웅진지식하우스, 2009)

[예문 1]은 스타벅스와 애플이라는 기업을 화제로 삼아 현대 사회의 소비 문화의 특징에 대해 설명하는 글이다. '문화적 정체성', '취향', '계급적 차이' 같은 핵심어는 그러한 특징을 표현하며 글의 주요한 내용을 이룬다. 이러한 핵심어가 어떻게 배치되어 글의 내용과 논리를 구성하고 있는지 지도로 그려보면 글의 흐름을 파악하는 데 도움이 된다.

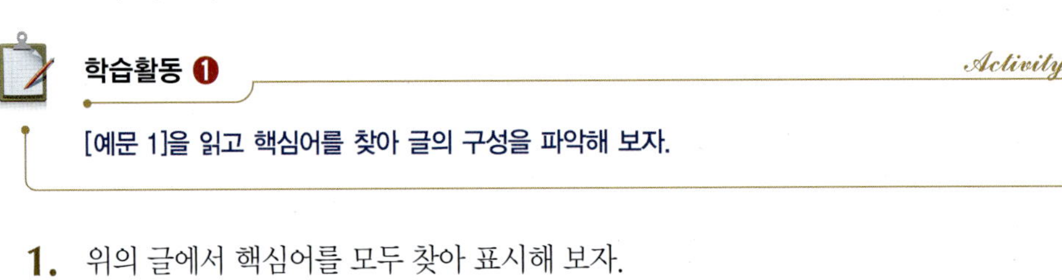

학습활동 ❶ *Activity*

[예문 1]을 읽고 핵심어를 찾아 글의 구성을 파악해 보자.

1. 위의 글에서 핵심어를 모두 찾아 표시해 보자.

2. 핵심어들을 넣어 이 글의 내용 구성을 지도로 그려 보자.

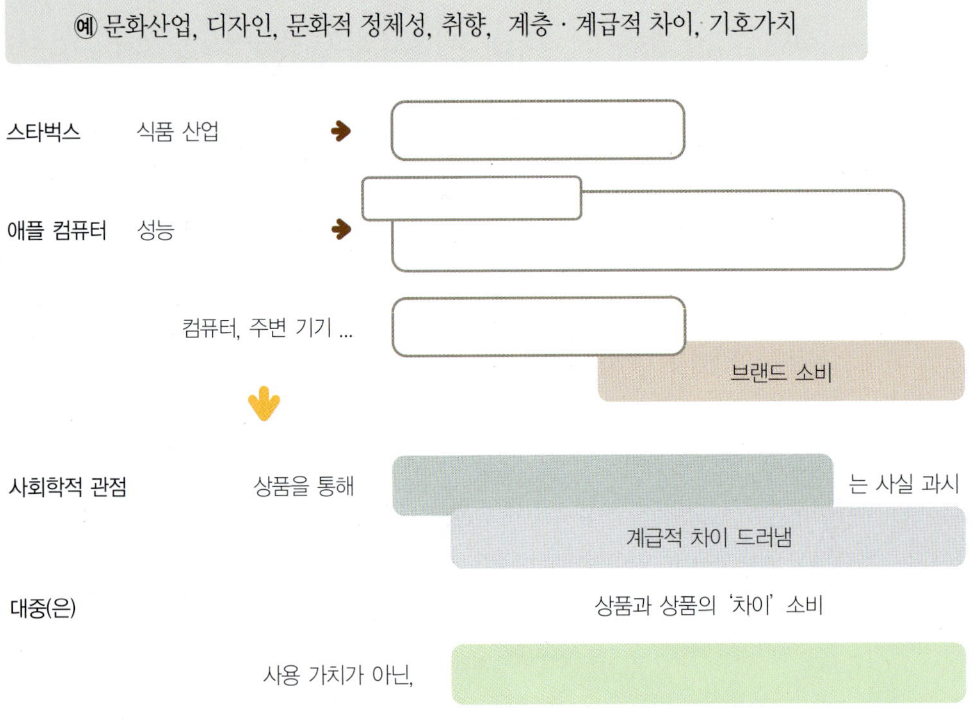

3. 이 글의 주제는 무엇인지 써 보자.

----

① '한류' 하면 아이돌을 떠올린다. 그러나 밴드도 꾸준히 해외 진출을 시도해 왔다. 서울소닉(Seoulsonic) 프로젝트는 한국 밴드를 해외에 소개하기 위해 지난해 처음 시작됐다. '2012 서울소닉 북미 투어'에는 크라잉넛, 3호선 버터플라이, 옐로우 몬스터즈 등 세 팀의 밴드가 참여했다. 이런 프로젝트는 케이팝(K-pop)의 다양성이나 한국 대중음악의 저력을 과시할 수 있다는 이점이 있다. '한국이라는 변방에 이런 밴드가 있구나' '한국에 이런 다양한 음악이 존재하는구나' 이 두 문장에 담긴 의미는 상당히 크다.

② 이런 일련의 흐름이 가능해진 데는 두 가지 요인이 있다. 첫째, 한국 밴드의 음악적 독자성이 공고해졌다는 점이다. 1990년대 중반 인디 밴드들은 동시대 서구 음악 스타일을 모방하는 것에서 탄생했다. 10여 년의 나이를 먹는 동안 영국, 미국, 일본의 흐름과는 다른 독자성 있는 밴드가 등장하면서 세대교체가 이루어졌다. 연주력과 사운드의 비약적 향상은 새로운 음악을 찾는 팬과 미디어의 눈에도 띄었다. 전세계적으로 '대세'가 사라진 것도 또 하나의 요인이다. 2000년대 중반 이후 영미권 팝스타들은 선배들이 누렸던 세계적인 영향력을 상당히 상실했다. 시장의 취향이 더 다양해진 까닭도 있다.

③ 한국 대중음악의 수준 향상과 세계 시장의 수요 다변화는 아이돌과 인디에게 고르게 긍정적으로 작용했다. 그러나 그 시도와 성과가 철저히 독자적으로 이뤄졌다는 점에서 인디에 더 많은 박수를 쳐 줘야 한다. 1990년대 후반 문화정책은 대중음악을 수출산업처럼 여겼고 지명도 있는 대형 기획사에 더 많은 기회가 갔다. 그런 상황에서 인디 밴드들은 어떤 정책적 지원도 없이 스스로 해외 진출의 기회를 이뤄냈다. 다양성이 없는 문화는 예술이 아닌 트렌드일 수밖에 없다. 대중음악 정책의 노선을 재조정해야 할 때다.

(김작가, 「음담악담(音談樂談)」, 『주간동아』, 2012. 5. 14, http://weekly.donga.com
/docs/magazine/ weekly/2012/05/14/201205140500017/20125140500017_1.html)

[예문 2]는 한 음악 행사에 대한 소개로 시작한 글이다. 주제를 표현하기 위해 어떻게 글의 논리적 흐름을 구성하고 있는지 생각하며 글을 읽어 보자. 그 행사의 의미, 그것을 가능하게 한 요인, 의의에 대한 분석을 거쳐 글쓴이의 주장이 담긴 결론을 이끌어내고 있다.

학습활동 ❷　　　　　　　　　　　　　　　　　　　　　　　　*Activity*

[예문 2]를 읽고 글을 구성하는 내용이나 생각이 어떤 흐름으로 구성되어 있는지 파악해 빈칸을 채워 보자.

● 도 입	1.	➤ 화제 소개
	1)	➤ 화제가 갖는 의의
	2)	
● 본 문	2. 인디 밴드, 해외 진출 현상에 대한 요인 분석	
	1)	
	2)	
	3. 인디 밴드의 해외 진출이 갖는 의의:	➤ 주장의 근거
● 맺음말	4.	➤ 글쓴이의 주장

간단한 개요나 발표문의 글
- 명사형 종결
- 어울리는 표현과 조사 사용
  - 예) 인디밴드의 해외 진출 현상에 대한 요인 분석(○)
  - 인디밴드의 해외 진출 현상에 대하여 요인을 분석했다(×)

학습활동 ❸

[예문 2]를 읽고 각 단락의 주요 내용을 요약해 써 보자. 그리고 단락들이 모여 이루어진 글 전체의 주제도 써 보자.

단락 ①

단락 ②

단락 ③

주제문

어휘 및 표현

- 아이돌 idol star
- 북미
- 해외 진출
- 대중음악
- 저력
- 지명도
- 변방
- 독자성
- 모방하다

- 세대교체 a shift in generations
- 대세
- 영미권
- 다변화 多變化
- 프로젝트 project
- 인디 밴드 indie band
- 미디어 media, mass media
- 팝스타 pop star
- 트렌드 trend

핵심어를 적절히 배치해 글의 개요를 써 보자.

예 '청년 취업난을 해결하기 위한 방안', '1인 가구 시대에 대한 준비', '우리는 왜 지구 온난화의 문제를 실감하지 못하는가'

문제 제기

예 왜 열심히 공부해도 취직을 하기 어려운가?

예 전세계적 실업과 취업난에 관한 사례 제시

사 례

주 장

근 거

1.

2.

3.

학습활동 ❺

> 학습활동 ❹를 바탕으로 화제를 소개하며 글을 시작하는 문장(도입), 주장을 펴기 위한 논거나 자신의 생각을 나타내는 문장(본론), 글을 맺으며 생각을 마무리하거나 주장을 나타내는 문장(맺음말)을 써 보자.

도 입: ____

____

본론: 1. ____

　　 2. ____

　　 3. ____

맺음말: ____

____

2. 생각을 뒷받침하는 근거나 자료 찾기

글을 통해 나의 생각을 표현하고 읽는 이를 설득하려면 적절한 근거나 사례로 그것을 뒷받침해야 한다. 이를 논거라고 하는데 자신의 경험, 다른 사람의 글이나 의견, 실제 있었던 사건이나 사례 등이 글의 논거가 될 수 있다. 자신의 주장을 더 논리적으로 전달하기 위해 어떤 논거가 필요한지 생각해 보고 여러 가지 글, 신문, 인터넷 등에서 자료 조사를 한 후 이를 이용하여 글을 써 보자.

글에서는 자신이 직접 조사한 정보를 바탕으로 자신의 생각을 서술하기도 하고, 다른 글이나 자료에서 얻은 것을 인용하거나 요약해 전달하기도 한다. 이때는 자료를 얻은 출처나 글을 정확하게 밝혀 주어야 한다.

● 예문 3 ●

마천루(摩天樓)는 20세기 자본주의의 산물로 출현했다. 마천루 하면 떠오르는 도시 이미지는 뉴욕 맨해튼이다. 20세기 초에 현대 도시건축의 이상주의자 르 코르뷔지에는 뉴욕의 마천루에 대해 "도시계획의 요소가 아니라 푸른 하늘 속의 깃발, 불꽃의 폭발, 은빛 고타 성에 올려진 머리 위 깃털 장식과 같다"(프랑수아 베유, 2003, 『뉴욕의 역사』 216쪽)고 말했다. 이 말은 엠파이어스테이트 빌딩과 크라이슬러 빌딩 같은 마천루가 도시의 실제 삶에서 벗어나 과시적 치장행위로 존재함을 비꼰 것이었다. 역사적으로 이 시기는 1920년대와 30년대 사이였는데 베유는 이러한 뉴욕의 마천루가 "승리감에 도취한 미국 자본주의가 선호한 표현양식이었다"(앞의 책, 217쪽)고 기록하였다. 『뉴욕의 역사』에서 흥미로운 사실은 1950년대 무렵까지 대략 뉴욕 마천루의 4분의 3 정도가 별 쓰임새가 없이 비어 있어서 자본을 낭비한 과시적 투자 개념의 부동산이었다는 사실이다. 어쨌거나 이러한 초고층 건물들이 자아내는 도시 경관이 세계인들의 뇌리에 '뉴욕'을 대표하는 상징이 된 것은 사실이다. 초고층 건물은 오늘날 자본주의 사회의 도시가 지닌 권력을 집약하는 상징이기도 하지만 도시 집중화에 따른 고밀도 토지 이용의 효율을 높이기 위한 사회적 필요를 반영하기도 한다. 문화사적으로 수직적 구축의 열망은 바벨탑의 신화에서부터 중세의 고딕성당을 거쳐 현대의 최첨단 초고층 건물에 이르기까지 인간에 내재된 오래된 '솟구치는 욕망의 미학적 표현'이다. 그러나 이러한 초고층 건물의 모습이 현재 우리가 살고 있는 도시가 추구해야 할 도시 정체성과 도시 문제를 해결하는 대안일 수 있느냐에 대해서는 생각해 봐야 할 것이다. 일조권 침해, 교통 혼잡, 재난 방재의 문제, 불안 심리, 도시 공간의 공공성의 생태계에 이르기까지 많은 문제가 남아 있기 때문이다.

(김민수, 「수직도시의 판타지」, 『김민수의 문화 사랑방 디자인 사랑방』, 그린비, 2009, 음영 표시는 인용자)

[예문 3]은 도시 건축의 의미에 관해 쓴 글이다. 글쓴이는 자신의 주장을 펼치기 위해 한 도시의 사례를 들며, 그에 관한 글을 읽고 자신의 생각을 뒷받침하는 근거로 사용하고 있다. 어떤 사례와 근거를 들고 있는지, 어떤 방식으로 인용이나 서술을 하는지 살피며 글을 읽어 보자.

학습활동 ❻   *Activity*

[예문 3]을 읽고 아래의 질문에 대한 대답을 찾아 써 보자.

1. 이 글의 화제는 무엇인가?

----

2. '초고층 건물' 이 의미하는 바는 무엇인지 세 가지만 찾아 써 보자.

- --
- --
- --

3. 이 글에 따르면 뉴욕의 마천루는 어떤 역사적 의미를 지니는지 요약해 써 보자.

----

4. 글쓴이는 자신의 생각을 뒷받침하기 위해 다른 학자들의 말이나 생각을 직접 인용한 것 외에 요약해 서술하기도 했다. 그 부분을 찾아 보자.

----

5. 예문에서 언급한 도시 건축의 문제를 실제 사례를 찾아 이 글을 이어 써 보자.

● 예문 4 ●

　　여러 나라의 음식문화를 서술한 역사책에 따르면, 인스턴트 라면이 세상에 처음 등장한 건 1958년이다. 일본 식민지였던 대만의 남서부 지역 출신 일본인 안도 모모푸쿠(닛신식품 회장)라는 청년이 만든 '치킨라면'이 세계 최초의 라면으로 기록돼 있다.

　　우리나라의 연간 라면 소비량은 무려 36억 개다. 국민 1인당 소비량이 연간 80개에 이르는, 2위와 큰 격차를 보이는 압도적인 세계 1위다. 1963년 국내 최초로 판매된 삼양라면 가격이 10원으로, 당시 김치찌개 백반 가격이 30원 정도였다니, 라면은 50년 전부터 허기진 서민들의 배를 채워주는 식사 대용품이었다. 컵라면은 1971년에 탄생했다. 일본의 라면회사 닛신에서 방수 물질인 폴리스티렌 컵 안에 얇은 라면발을 담아 뜨거운 물로 데워 먹을 수 있는 컵라면을 세계 최초로 만들었고, 그것을 삼양식품이 우리나라에 들여온 것이 1972년이었다.

　　2000년 일본에서 벌어진 설문조사에서 '20세기 일본의 발명품 중 가장 빛나는 발명품'으로 라면이 선정됐다. 매년 전세계적으로 940억 개(2008년 기준)가 소비되는 메가 히트 상품(그중 절반은 중국에서, 나머지 절반은 인도네시아, 일본, 한국, 러시아 등에서 판매되고 있다)이지만, 라면은 소비자의 웰빙 의식이 높아지는 구조적 변화로 인해 최근 10년간 판매량이 지속적으로 감소하고 있다. 그렇다면 과연 컵라면은 세상에서 사라질까? 개인적으로는 그렇지 않을 것이라고 생각한다. 전세계가 도시 중심으로 개편되는 상황에서 컵라면은 도시문화에 빠질 수 없는 식문화이기 때문이다.

(정재승, 「도시 젊은이들의 삶 한 컵」, 『한겨레 21』, 2011. 8. 15,
http://h21.hani.co.kr/arti/society/society_general/30215.html)

　　[예문 4]는 글쓴이가 라면의 소비 현황과 라면의 역사 등을 조사해 쓴 것이다. 이 글에서 글쓴이는 어떤 자료를 조사하여 글에 활용하고 있는지 찾아 보자.

1. [예문 4]에서 자료의 출처를 밝힌 부분을 찾아 보자.

----

2. [예문 4]에서 자신의 생각을 뒷받침하기 위해 어떤 자료를 조사하여 활용하였는지 파악해 내용과 출처 등을 아래 빈 칸에 써 보자.

---

1) 라면의 등장(도입)

- 인스턴트 라면의 등장 시기: 1958년(여러 나라의 음식문화를 서술한 역사책)

- 세계 최초의 라면 개발자:

2) 한국의 라면 소비(본문)

- 라면 소비량:

- 라면 출시 및 도입의 역사:

3) 현대인의 식생활과 라면(맺음말)

- 라면의 소비현황:

- 최근의 경향:

- 전망과 의의:

- 마천루 摩天樓 skyscraper
- 도시계획 都市計劃 urban planning, city[town] planning
- 과시적 conspicuous, displaying
- 비꼬다 be sarcastic
- 승리감에 도취하다 be[get] carried away in triumph
- 별 ~ (가) 없다/없이
- 낭비하다 waste
- 투자 投資 investment
- 부동산 不動産 real estate
- 경관
- 초고층 건물 Highrise building
- 도시 집중화
- 고밀도
- 최첨단 最尖端 cutting edge
- ~ 에 내재되다 內在 be inherent (in)

- 대안 代案 alternative
- 일조권 日照權 right to sunshine
- 침해
- 공공성 公共性 publicness, publicity
- 생태계 生態系 ecosystem
- 서술하다
- 연간 소비량
- 무려 fully
- 1인당
- 압도적 壓倒的 overwhelming
- 서민 the common people
- 대용품 substitute
- 데우다
- 웰빙 well-being
- 판매량
- 식문화

 **핵심 문법** **화제의 도입과 인용의 출처** *Grammar*

■ **~하면**: '~ (이)라고 (말)하면' ~라는 화제를 말하거나 떠올리면.

1. '한류' <u>하면</u> 아이돌을 떠올린다.

■ **~에 따르면/~에서**: 인용의 출처를 나타낸다.

2. 여러 나라의 음식문화를 서술한 역사책<u>에 따르면</u>, 인스턴트 라면이 세상에 처음 등장한 건 1958년이다.

3. 『뉴욕의 역사』<u>에서</u> 흥미로운 사실은 1950년대 무렵까지 대략 뉴욕 마천루의 4분의 3 정도가 별 쓰임새가 없이 비어 있어서 자본을 낭비한 과시적 투자 개념의 부동산이었다는 사실이다.

■ **–고 (말)하다/기록하다**: 다른 사람의 말이나 생각을 인용할 때 쓴다.

4. 현대 도시건축의 이상주의자 르 코르뷔지에는 뉴욕의 마천루에 대해 "도시계획의 요소가 아니라 푸른 하늘 속의 깃발, 불꽃의 폭발, 은빛 고타 성에 올려진 머리 위 깃털 장식과 같다"<u>고 말했다</u>.

5. 베유는 이러한 뉴욕의 마천루가 "승리감에 도취한 미국 자본주의가 선호한 표현양식이었다"<u>고 기록하였다</u>.

연습문제 ❶ *Exercise*

화제를 말하거나 떠올리는 표현을 연습해 보자.

1. 한국 사람들은 _______________ (이라고) 하면 보통 짜장면을 떠올린다.

2. 외국 사람들은 '한국' 하면 이제 _______________ 을/를 떠올린다.

3. 나는 '크리스마스' 하면 _______________ 이/가 생각난다.

4. '뉴욕' 하면 _______________ 이/가 유명하다.

연습문제 ❷ *Exercise*

아래의 글을 읽고 다른 글을 인용하거나 참고하는 방법에 대해 연습해 보자.

> 문화는 행위이다. 무슨 음식도 아니고 의복도 아니다. 집 모양도 아니고 무대 공연물도 더 더욱 아니다. 이 사람들은 왜 이와 같은 음식을 만드는 '행위'를 하며, 왜 이 음식을 먹으면 즐거워하고, 딴 음식은 별로 즐기지 않는가 하는 '행위'의 문제이다. 예를 들어 한국인과 막걸리라는 문제의식은 지나치게 형태적인 것이다. 그리고

이미 지나간 일들이다. 한 장의 흑백 사진과 같다. 한국어를 배우면서 한국인에 대해서 생각하게 하는 것은 왜 한국인들은 술을 자주 섞어 마시는가? 왜 한국인은 직장 단위로 술을 자주 마시는가? 왜 한국인은 한 번에 여러 차례 술을 마시려고 하는가? 결국 한국인은 술을 마시면서 무엇을 성취하려고 하며, 과연 그것을 성취하는가? 하는 문제들이며, 이것이 문화 교육의 중심 주제가 되어야 한다는 것이다.

결혼하는 모습도 그 외면 요소에서 문화를 찾아 보았자 그리 큰 의미가 있어 보이지 않는다. 왜 한국인은 꼭 (일단) 결혼을 하려고 하는지, 왜 굳이 예식장을 찾는지, 왜 굳이 호텔인지, 왜 축의금을 받는지, 왜 초청장 없이도 하례객들이 오는지, 왜 굳이 서양식 웨딩드레스인지, 신혼여행은 과연 무슨 의미인지 등이 먼저 논의되고, 그 다음에 그 현상들에 대한 개별적 설명에 들어갈 필요가 있다. 그것이 한국어 학습자들이 '외국어로서의 한국어'를 배우면서 한국 문화에 대해 이해해야 할 것들이다.

(김하수, 『문제로서의 언어』, 커뮤니케이션북스, 2008)

1. 다음은 위의 읽기 자료를 참고하여 쓴 학생의 글이다. A와 B 가운데 더 적절한 것은 어느 것이며 그 이유는 무엇인지 말해 보자.

1)

A

문화는 행위이다. 따라서 외국어로서의 한국어 교육에서 문화를 가르칠 때 중심 주제가 되어야 하는 것은 한국인이 어떤 '행위'를 하며 왜 그 행위를 통해 무엇을 성취하려고 하는가이다.

B

본고는 '문화는 곧 행위'라고 한 김하수(2008)의 의견에 전적으로 동의한다. 또한 외국어로서의 한국어 교육에서 문화를 가르칠 때, 한국인이 어떤 '행위'를 하며 왜 그 행위를 통해 무엇을 성취하려고 하는가를 중심으로 해야 한다는 그의 주장이 매우 타당하다고 본다.

2)

A

우리는 문화의 외면 요소보다도 각 현상들의 개별적 의미가 무엇인가에 관심을 가질 필요가 있다. 또한 외국어로서의 한국어 학습자가 한국 문화에 대해 이해해야 할 것들도 바로 이것이다.

B

김하수(2008:241)에서는 문화의 외면 요소보다도 "현상들에 대한 개별적 설명"의 중요성을 강조하면서 그것이 한국어 학습자들이 '외국어로서의 한국어'를 배우면서 한국 문화에 대해 이해해야 할 것들이라고 하였다.

3)

A

외국인에게 현대 한국인의 결혼 풍습에 대하여 가르칠 때 단순히 결혼하는 모습만 보여주는 것은 의미가 없다. "왜 한국인은 꼭 결혼을 하려고 하는지, 왜 굳이 예식장을 찾는지, 왜 굳이 호텔인지, 왜 축의금을 받는지, 왜 초청장 없이도 하례객들이 오는지, 왜 굳이 서양식 웨딩드레스인지, 신혼여행은 과연 무슨 의미인지" 등을 먼저 논의한 다음, 그 다음에 현상들에 대한 개별적 설명을 해 주어야 한다.[1] 이러한 과정을 통해 비로소 한국인의 결혼 풍습, 나아가서는 한국 문화의 본모습을 이해할 수 있기 때문이다.

[1] 김하수(2008), 『문제로서의 언어』, 커뮤니케이션북스, 211쪽.

B

외국인에게 현대 한국인의 결혼 풍습에 대하여 가르칠 때 단순히 결혼하는 모습만 보여주는 것은 의미가 없다. "왜 한국인은 꼭 결혼을 하려고 하는지, 왜 굳이 예식장을 찾는지, 왜 굳이 호텔인지, 왜 축의금을 받는지, 왜 초청장 없이도 하례객들이 오는지, 왜 굳이 서양식 웨딩드레스인지, 신혼여행은 과연 무슨 의미인지 등이 먼저 논의되고, 그 다음에 현상들에 대한 개별적 설명을 해 주어야 한다. 이러한 과정을 통해 비로소 한국인의 결혼 풍습, 나아가서는 한국 문화의 본모습을 이해할 수 있기 때문이다.

(이윤진(2012), 「외국인 유학생의 자료 사용의 윤리성에 대한 연구」에서 인용)

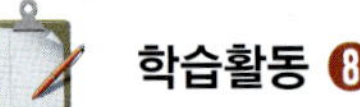

학습활동 ❹, ❺에서 구상한 내용을 가지고 자세한 글의 개요를 써 보자.

1. 자신의 생각을 효과적으로 전달하기 위해 자료 조사가 필요한 부분을 밑줄로 표시해 보자.

2. 어떤 자료를 참고할 것인지 검색해 목록을 만들어 보자.

3. 자료 조사를 한 후 정확한 인용 방식에 따라 글로 써 보자.

제 목:

I. 서론

II. 본론

  1. 취업 대란의 심각성

    1) 한국 사회의 사례

  2. 취업 대란의 원인

    1)

    2)

    3)

  3.

III. 결론

〈참고문헌〉

06

짧은 글쓰기

한 편의 글은 하나 이상의 단락으로 이루어진다. 길이가 짧은 글이라 해도 한 편의 글에는 적어도
세 단락 이상이 필요하다. 일반적으로 한 편의 글은 서두와 본론, 그리고 결말로 이루어진다.
이 장에서는 자신의 생각이 담긴 한 편의 글을 완성해 본다.

1. 글 한 편 쓰기
2. 글의 연결성과 일관성

- 단락(paragraph): 여러 개의 문장으로 연결되어 글쓴이의 생각을 나타내는 짧은 글의 단위
- 연결성(cohesion): 한 단락 안에 문장들이 긴밀하게 연결되는 특성
- 일관성(coherence): 글의 주제가 글 전체에서 일관되게 유지되는 특성

1. 글 한 편 쓰기

한 편의 글은 일반적으로 서두와 본론, 그리고 결말로 이루어진다. 먼저, 서두는 글의 맨 앞에 오는 것으로 본론에서 서술할 내용을 짐작할 수 있도록 경험적 일화나 경구 또는 잘 알려진 명제 등을 인용하여 시작한다. 다음으로, 본론에서는 글의 핵심적인 내용을 다루는데, 자신의 주장을 객관적인 자료를 통해 증명하거나 실험이나 조사 보고서의 경우에는 결과를 분석하여 제시한다. 마지막으로, 결말에서는 본론의 핵심 내용을 정리하고, 그로부터 기대되는 결과를 예상하거나 새로운 문제를 제기한다. 다음 예문은 짧은 글이지만 서두와 본론, 그리고 결말을 갖추고 있다.

아래의 [예문 1]은 경험적 일화를 언급하면서 시작하고, [예문 2]는 시사적인 것을 언급하면서 시작한다.

예문 1

① 불쑥 찾아뵈어서 죄송하다는 말은 이제 거의 쓸 일이 없어졌다. 특별히 불가피한 상황이 아니라면 미리 전화를 하지 않고 누군가를 찾아가는 사람은 없는 것 같다. 그 대신 이제 우리는 불쑥 전화 드려 죄송하다는 인사를 하기 시작했다. 그럴 필요가 없도록 하기 위해 문자 메시지를 먼저 보내기도 한다. 안녕하세요, 아무개입니다. 편하실 때 잠시 통화하고 싶습니다. 언제 전화 드리면 좋을까요. 어제만 해도 나는 이런 문자를 두세 사람에게 보냈고 또 두세 사람에게 받았다. 얼굴에서 음성으로, 음성에서 글자로, 우리는 축소돼 왔다. 이것은 진화일까?

② 원래 당신은 하나의 '얼굴'이었다. 적어도 전화가 발명되기 전에는 그랬다. 걸어가서 기다리지 않으면 당신을 만날 수 없었다. 당신과 관계를 맺는다는 것은 당신의 맞은편에 앉아 당신의 얼굴을 바라본다는 것이었다. 그것은 무엇보다도 시선을 감당해내는 일이다. 그리고 표정이 머금고 있는 의미를 해독하는 일이다. 나와 당신이 친밀한 사이가 아니라면 이 일은 만만찮은 에너지가 소모되는 노동이다. 이때 당신은, 내가 잘 알지 못하므로 그만큼 부담스러운, 타인이다. 현대 인문학에서는 흔히 '타자(他者)'라고 부르니까 그렇게 하자. 이때의 당신은 '얼굴-타자'다.

전화가 발명된 이후에 당신은 하나의 '음성'이 되었다. 이 문명의 이기 덕분에 우리가 덜 수 있게 된 것은 걸어가고 기다리는 수고만이 아니다. 당신의 시선을 견뎌내고 표정을 읽어내야 하는 노역을 얼마간 내려놓을 수 있게 된 것이 더 중대한 변화였던 것은 아닌지. 전화 속의 당신은 나를 바라보지도 않고 의미심장한 표정을 짓지도 않는, 그저 하나의 음성일 뿐인 존재다. 이를 '음성-타자'라고 하자. 얼굴-타자보다 음성-타자가 더 편안하다. 전화는 만날 수 없는 고통을 덜어주는 기계이지만, 굳이 만나지 않아도 되는 핑계가 되어주는 기계이기도 하다.

휴대폰 덕분에 당신은 마침내 '글자'가 되었다. 물론 문자 메시지는 편리하다. 그런데 그 편리함 중에서는 심리적 편리함의 비중도 만만치 않을 것이다. 통화보다 오히려 문자를 더 많이 이용하는 시대/세대가 그렇게 된 이유 중 하나는, 얼굴은커녕 음성조차 갖고 있지 않은 글자로서의 타자, 즉 '글자-타자'만큼 우리를 편안하게 하는 것이 없기 때문일지도 모른다. 그래서 문자메시지는, 이후의 통화와 그 이후의 대면을 위한 준비 작업일 때도 있지만, 더 은밀하게는, 모든 일이 이 문자의 층위에서 다 해결되면 좋겠다는 소망의 매체이기도 하다.

③ 얼굴에서 음성으로, 음성에서 글자로, 당신은 축소 조정돼 왔다. 그러면서 당신은 쉬워졌다. 이 변화의 와중에 당신이 뭔가를 점점 잃어왔기 때문이다. 아, 이 사람은 나와 다르구나, 하면서 느끼게 되는 바로 그것, 그 '다름' 말이다. 철학 책에 자주 나오는 용어대로라면, 타자의 타자성(他者性, otherness) 말이다. 기술의 발달은 우리를 불편하게 하는 타자의 타자성을 본의 아니게 점차 축소하는 방식으로 진행돼

온 것처럼 보인다. 이제 나는 당신을 만날 필요가 없다. 음성조차 듣지 않아도 된다. 당신이라는 글자와 대화를 나누면 되는 것이다.

이것이 바람직한 변화라고 누구도 단언하기는 어려울 것이다. 타자의 타자성을 회피하고자 하는 욕망은 나에게만 있는 것이 아니라 당신에게도 있을 것이기 때문이다. 그래서 내가 당신을 글자-타자로만 만나면서 편안해할 때 당신도 나에게 그럴 권리가 있다. 나는 결별선언과 해고통지를 문자 메시지로 받은 사람을 알고 있다. 그의 불행이 예외적인 것이라고 생각하지 않는다. 우리가 글자보다 더 축소될 수 있다면 그것은 무엇일까. 그것은 진화일까 아닐까? 이런 생각을, 당신에게 문자를 보내놓고 전화를 기다리면서, 나는 한다.

(신형철, 「얼굴에서 음성·문자로—우리 관계의 진화」, 『경향신문』 2013. 1. 17, 번호 표시는 인용자)

위의 [예문 1]은 '불쑥 찾아뵈어 죄송하다' 는 표현과 관련된 일반인들의 경험을 언급하면서 서두를 시작하고 있다. 본론에서는 인간관계의 방식이 얼굴과 얼굴을 마주하는 상황에서 음성으로 대면하는 상황으로 바뀌었다가, 최근에는 음성에서 문자로 대면하는 상황으로 바뀐 것을 보여주고 있다. 위의 [예문 1]과 다르게 아래의 [예문 2]는 시사적인 것을 언급하면서 글을 시작하고 있다.

● 예문 2 ●

① 미국의 신경경제학자인 폴 자크는 사람들이 협동할 때 가장 긴요한 인간적 속성인 신뢰의 본질을 밝히기 위해 뇌 안에서 신뢰의 행동을 일으키는 생리적 매커니즘을 탐색한다.

2005년 자크는 〈네이처(nature)〉 6월 2일자에 발표한 논문에서, 인체에서 신뢰와 관련된 화학물질은 오로지 한 종류뿐이며 옥시토신(oxytocin)이라고 주장하였다.

② 1909년 발견된 옥시토신은 뇌의 시상하부에서 합성되어 뇌하수체를 통해 혈류로 방출된다. 이렇게 방출된 옥시토신은 아기를 낳을 때 수축시켜 태아의 분만을 쉽게 해 준다. 또한 아기의 울음소리가 들리면 어머니의 몸에서 옥시토신이 분비되기 시작하여 당장 젖을 먹일 채비를 하게 된다. 말하자면 옥시토신은 출산과 수유

> 어떤 일을 하기 위하여 필요한 물건이나 자세를 미리 준비하는 것.

등 모성애와 직결된 호르몬이다.

출산과 수유와 관련된 호르몬인 옥시토신은 1970년대에 새로운 기능이 발견되면서 오늘날 신경과학의 가장 흥미로운 연구 주제가 되었다. 옥시토신이 성생활이나 대인관계에서 중요한 역할을 하는 것으로 밝혀졌다. 옥시토신은 부드러운 근육을 자극하고 신경을 예민하게 하므로 남녀가 상대방을 꼭 껴안고 싶은 충동에 사로잡히게 된다. 성적 충동이 강렬할수록 옥시토신이 더 많이 분비되기 때문에 오르가슴 동안에 쾌감은 더욱 증대된다. 옥시토신은 남녀는 물론이고 부모와 자식 사이에 안지 않고는 못 배길 것 같은 기분이 들게 만들기 때문에 '포옹의 화학물질(cuddle chemical)'이라 불린다.

③ 자크는 사랑과 유대감을 촉진하는 옥시토신이 신뢰감을 증대시키는 기능을 갖고 있다고 주장한다. 그의 주장처럼 시상하부, 곧 원시적인 뇌에서 합성되는 옥시토신이 신뢰 행동에 관련된 유일한 화학물질이라면 경제 주체가 완전한 합리성을 갖고 있다고 전제하는 신고전파 경제학은 도전을 받게 된다. 다시 말해 자크는 인간의 신뢰 행동이 이성에 의해 의식적으로 결정되는 것이 아니라 정서에 의해 무의식적으로 유발된다고 주장한 셈이다.　(이인식, 『지식의 대융합』, 고즈원, 2008, 번호 표시는 인용자)

위의 [예문 2]는 사람들이 협동할 때 바탕을 이루는 신뢰는 무엇이 주관하는가 하는 문제제기로 글을 시작하고 있다. 글쓴이는 본문에서 인간의 행동을 결정하는 것이 이성이 아닌 감성이라는 것을 '옥시토신'이라는 호르몬의 효과를 밝힌 과학적 사실을 바탕으로 주장하고 있다. 마지막으로 합리적 경제 주체로 알려진 인간의 행동 결정은 감성에 의해 결정된다고 언급하면서 한 편의 글을 맺고 있다.

어휘 및 표현 　　　　　　　　　　　　　　　　　　　　　*Words & Expressions*

- **불가피한 상황** inevitable circumstances
- **해독하다** decode
- **노역** labor
- **긴요하다** be essential
- **불쑥** of a sudden
- **의미심장한 표정** a meaning look
- **타자성** otherness
- **메커니즘**

- **축소되다** trimmed
- **축소 조정되다** reduction control
- **은커녕**
- **분만** childbirth

- **감당해내다** cope with a difficulty
- **이기** convenience
- **수유** nursing

1) 서두 쓰기

사람들은 일반적으로 글의 서두를 쓰는 데 막막함을 너머 두려움을 느낀다. 서두를 어떻게 쓸 것인가는 글의 개요 작성 단계에서 깊게 생각해야 한다. 글은 다양한 방법으로 쉽게 쓸 수 있다. 좋은 글에서 사용하는 방법을 참고하는 것도 한 방법이다. 그렇지만 글의 주제와 성격을 고려하여 서두를 쓰는 방식을 선택해야 하는데, 아래에 제시한 서두를 쓰는 방식 이외에도 다양한 방식이 있다.

┃ 효과적인 서두 쓰기의 방법 ┃

– 경험적 일화의 소개로 시작

– 경구 혹은 명제를 인용하여 시작

– 일반인들의 지식이나 통념을 언급하면서 시작

– 질문 또는 단정적 주장으로 시작

● **예문 3 ┃ 경험적 일화의 소개로 시작** ●

　　"한글을 창제한 사람은 누구인가요?"를 학생들에게 질문해 보면 대부분의 학생들은 "세종대왕이오."라고 대답을 한다. 맞는 말이다. 한글을 창제한 사람이 세종대왕이라 했을 때 틀렸다고 말할 수는 없다. 그런데 "한글을 창제한 사람이 세종대왕인가요, 집현전 학사들인가요?"라고 다시 묻는다면 학생들은 잠시 망설이게 된다. 둘 중에 하나를 선택하는 것도 난감한 일이지만 둘 다 맞는 말일 수도 있기 때문이다.

(최경봉 외, 『한글에 대해 알아야 할 모든 것』, 책과함께, 2008)

위의 [예문 3]은 수업 시간에 학생들에게 질문한 개인적 일화를 소개하면서 글을 시작하고 있다. 개인적 일화로 서두를 시작하는 글은 독자들에게 편안함을 제공하여 딱딱해지기 쉬운 내용을 쉽게 이해할 수 있게 해 주는 장점이 있다.

'파레토 법칙(Paleto's Law)'이라는 게 있다. 경제학 상식이긴 한데, 20퍼센트의 원인이 80퍼센트의 결과를 가져온다는 내용이다. 이탈리아의 사회학자이자 경제학자 빌프레도 파레토가 발견했다고 하여 그의 이름을 땄다. 그는 이 법칙을 개미 관찰을 통해서 착안했다. 경제학자가 어쩌다가 개미 관찰까지 하게 됐을까 의문스럽지만, 사과가 나무에서 떨어지는 걸 보고 만유인력을 착상했다는 뉴턴의 '전설'도 있으니 넘어가기로 한다. 여하튼 이야기인즉, 파레토가 개미들을 관찰해보니 모두가 열심히 일하는 것은 아니더란다. 20퍼센트만 열심히 일하고 나머지 80퍼센트는 빈둥대며 놀더라는 것이다. 그래서 일하는 개미 20퍼센트만 따로 분리하여 통 속에 넣고 관찰해도 그 중에서 20만 일하고, 빈둥대던 80퍼센트를 분리해서 통 속에 넣고 관찰해도 여전히 20퍼센트만 일한다 해서 법칙이 되었다.　　　　　(이현우, 『책을 읽을 자유』, 현암사, 2010)

위의 [예문 4]는 잘 알려진 명제를 소개하면서 글을 시작하고 있다. 경구나 명제를 통해 독자들이 자연스럽게 글쓴이의 생각과 주장에 공감할 수 있는 효과가 있다.

양식을 먹으러 레스토랑에 가면 으레 빵으로 하겠는가, 라이스로 하겠는가 하고 묻는다. 밥으로 달라고 하면 '라이스 말이죠.' 하고 마치 '라이스란 단어도 모르는 자가 양식을 먹어.' 하는 경멸의 표정으로 재확인되는 것이 보통이다. 밥이라는 우리말은 천하고, 라이스라는 외국 말은 고상하다는 우열의식이 반영된 것이다. 이 외래어 선망 체질이 우리 고유의 말을 점점

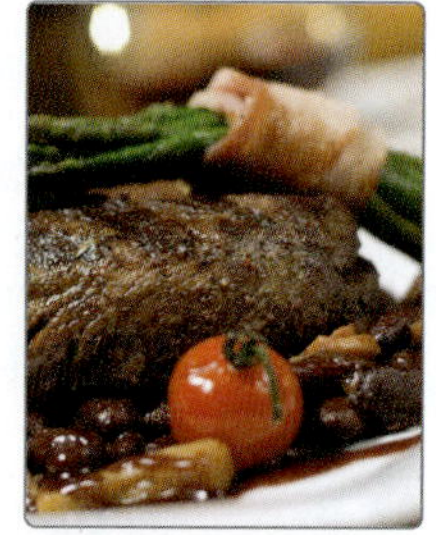

사어화하고 있다. 이를테면 라이스가 쌀밥을, 밀크가 우유를, 트럭이 화물차를, 레코

드가 음반을, 아이스가 얼음을, 와이프가 아내를 죽이고 있다. 올드 미스, 에어 걸, 오비(올드 보이), 히트 앤드 런 같은 영어에도 없는 국산 영어까지 생겨나는가 하면, 불고기 파티니, 엔조이한다, 히트했다라는 튀기말들이 우리 귀에 조금도 거슬리지 않고 통용되고 있다.

　외래어 수용에 둔감한, 아니 거의 폐쇄적인 중국인과 비교해 볼 때 한국인의 외래어 선망은 한결 두드러진다. 중국 사람들은 인명 · 지명 등 고유명사, 이를테면 牛頓(뉴턴), 康德(칸트), 林肯(링컨), 安徒生(안데르센) 등을 제외하면 외래어의 음대로 쓴 보통명사는 珈琲 (커피), 摩登(모던), 그리고 코카콜라를 可口可樂(중국에서는 苦加苦來)이라고 할 정도에 불과하다. (중략)

　근래에 우리 고유 이름을 찾아 짓기 운동이 계속되고 있고, 고유 이름을 심사해서 표창하는 바람직한 풍조까지 일고 있다. (이규태, 『한국인의 의식구조1』, 신원, 2009)

학습활동 ❶ *Activity*

위에 소개한 세 개의 글 중 좋은 단락이라고 생각되는 글에 √로 표시하라. 그리고 위의 예문에서 잘 된 단락과 그렇지 않은 단락이라고 판단하는 이유와 근거를 적어 보고 동료들과 나누어 보라.

위에 소개한 세 개의 글 중 좋은 단락이라고 생각되는 글에 √로 표시하라. 그리고 위의 예문에서 잘 된 단락과 그렇지 않은 단락이라고 판단하는 이유와 근거를 적어 보고 동료들과 나누어 보라.

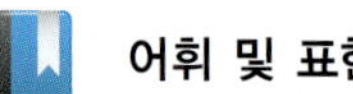

- 창제하다 invent
- 의문스럽다 doubt
- 천하다 be humble
- 둔감하다 be dull
- 난감하다 be in a hopeless situation
- 전설 legend
- 고상하다 get in taste

- 상식 general knowledge
- 빈둥대다 loof around
- 선망 체질
- 착안하다 have an eye on
- 분리하다 separate
- 사어화하다 become obsolete

2) 본론 쓰기

일반적으로 글의 본론에서는 핵심적인 내용을 다루는데, 자신의 주장을 객관적인 자료를 통해 증명하거나 실험이나 조사 보고서의 경우에는 결과를 분석하여 제시하게 된다. 이때 객관적인 자료나 신뢰할 수 있는 근거를 통해 글의 타당성을 확보하는 것과 객관적인 자료와 자신의 주장을 명확히 구분할 필요가 있다.

- '사실'이란 참인 정보로 이루어진다.
- '주장'이란 주제에 대한 글쓴이의 믿음이나 생각을 말한다.

예문 6 | '사실'을 토대로 자신의 주장을 전개

1909년 발견된 옥시토신은 뇌의 시상하부에서 합성되어 뇌하수체를 통해 혈류로 방출된다. 아기를 낳을 때 자궁을 수축시켜 태아의 분만을 쉽게 해 준다. 또한 아기의 울음소리가 들리면 어머니의 몸에서 옥시토신이 분비되기 시작하여 당장 젖을 먹일 채비를 하게 된다. 말하자면 옥시토신은 출산과 수유 등 모성애와 직결된 호르몬이다.

출산과 수유와 관련된 호르몬인 옥시토신은 1970년대에 새로운 기능이 발견되면서 오늘날 신경과학의 가장 흥미로운 연구 주제가 되었다. 옥시토신이 성생활이나 대인관계에서 중요한 역할을 하는 것으로 밝혀졌다. 2005년 자크는 『네이처(nature)』 지(誌) 6월 2일자에 발표한 논문에서, 인체에서 신뢰와 관련된 화학물질은 오로지 한 종류뿐이며 옥시토신oxytocin이라고 주장하였다. 자크는 사랑과 유대감을 촉진하는 옥시토신이 신뢰감을 증대시키는 기능을 갖고 있다고 주장한다.

　그의 주장처럼 시상하부, 곧 원시적인 뇌에서 합성되는 옥시토신이 신뢰 행동에 관련된 유일한 화학물질이라면 경제 주체가 완전한 합리성을 갖고 있다고 전제하는 신고전파 경제학은 도전을 받게 된다. 다시 말해 자크는 인간의 신뢰 행동이 이성에 의해 의식적으로 결정되는 것이 아니라 정서에 의해 무의식적으로 유발된다고 주장한 셈이다.　　　　　　　　　(이인식, 『지식의 대융합』, 고즈윈, 2008)

위의 [예문 6]은 옥시토신이 신뢰감을 증대시키는 기능을 가지는데, 이것은 본래 출산과 수유와 관련된 호르몬임을 〈네이처(nature)〉의 연구를 인용해 증명하고 있다. 본론에서 작가는 신뢰 행동이 이성이 아닌 사랑과 유대감을 만드는 데 작용하는 호르몬인 옥시토신을 통해 정서에 의해 유발되며, 이것은 경제 주체가 완전한 합리성을 가지고 행위를 결정한다는 신고전파 경제학의 주장이 가진 문제를 지적하고 있다.

학습활동 ❷　　　　　　　　　　　　　　　　　　　　　*Activity*

위의 [예문 6]에서 글의 목적은 무엇인가? 글쓴이는 왜 이 글을 썼다고 생각하는가?

1. 글의 목적:

2. 글을 쓴 이유:

위의 [예문 6]에서 글쓴이의 주장 혹은 견해를 보이는 문장을 찾아 아래에 적어보자.

주장:

----

3) 결말 쓰기

글의 결말에서는 본론의 핵심 내용을 정리하고, 그로부터 기대되는 결과를 예상하거나 새로운 문제를 제기한다. 이처럼 결말은 글을 매듭짓는 동시에 새로운 과제를 던진다. 또한 결말의 내용은 서두의 문제제기에 답을 하여 호응을 이루어야 한다.

│ 효과적인 결말 쓰기의 방법 │

- 본론 요약 및 대안 제시하기

- 선택적 판단 및 부연하기

- 문제 상황 환기시키기

● **예문 7 │ 본론 요약 및 대안 제시하기** ●

　(중략) 오웰이 미발표 서문에서 다룬 문제는 '가장 독재적인 정부'에서 사용하는 통제 방법은 노골적이어서 뻔하지만, '가장 자유롭고 민중적인 정부'에서 사용하는 방법들은 수수께끼를 풀듯이 풀어가야 하기 때문에 훨씬 흥미롭다. 또한 오스트레일리아의 사회학자 일렉스 케리의 『민주주의의 위험을 무릅쓰고』를 출간한 후 정치위원들에게 혹평을 받고 모략을 당한 것이다.

　우리는 지금까지 지식인의 책무란 절박한 문제에 대해 따져보았다. 지식인이라 자처하는 우리지만 새삼스레 말할 것도 많고 대답할 것도 많다는 사실을 깨달았다. 그 말들이 우리 자신이나 우리가 살아가고 일하는 공동체에 달가운 소리는 아닐 것이다. 우리가 속한 학교와 언론계와 공동체에서 우리의 관심사와 행동에 대해 숨김없이 말할 수 있어야 한다. 이런 변화가 있을 때, 그때에야 비로소 우리는 문명 세계에 들어섰다고 주장할 수 있을 것이다.   (노암 촘스키, 『지식인의 책무』, 강주헌 옮김, 황소걸음, 2012)

위 [예문 7]은 '지식인의 책무'라는 논쟁적인 화제를 다루고 있다. 위의 글처럼 논쟁적인 화제를 다룬 글의 결말에서는 서두에서 제기된 문제를 해결하고, 문제에 대한 대안과 더불어 그 대안의 한계까지 제시할 수 있어야 한다.

● 예문 8 | **선택적 판단 및 부연하기** ●

나는 동양과 서양의 문화가 서로의 문화를 수용하여 중간쯤에서 수렴될 것이라는 이 세 번째 견해가 '문화 차이의 미래'에 대한 가장 타당한 견해라고 믿는다. 동양과 서양은 서로의 장점을 수용하여 두 문화의 특성이 함께 공존하는 문화 형태를 만들어 나갈 것이다. 마치 요리의 재료들이 각각의 속성은 그대로 지니면서도 서로 어우러져 하나의 새로운 요리를 만들어 내듯이, 두 문화는 새로운 통합을 맞이할 것이다. 그 통합이 두 문화의 가장 좋은 특성들만을 모아 놓은 걸작이 되기를 기대해 본다.

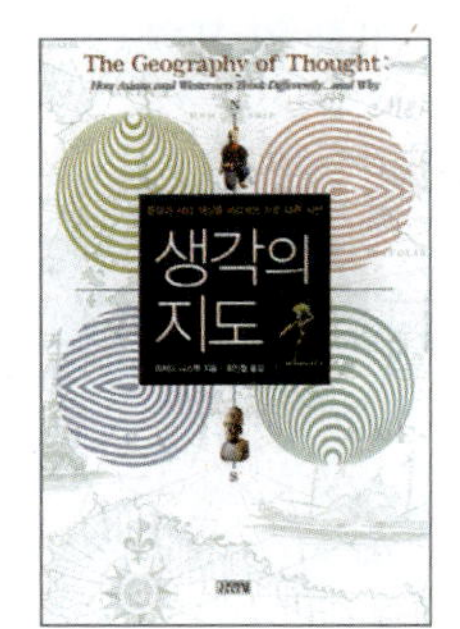

(리처드 니스벳, 『생각의 지도: 동양과 서양, 세상을 바라보는 서로 다른 시선』, 최인철 옮김, 김영사, 2004)

일반적으로 사람들은 결말에서 뚜렷한 해결책을 제시해야 한다고 생각하기 쉽다. 그러나 문제적 상황을 정확히 인식하고, 그에 대한 판단을 드러내는 것도 독자의 공감을 얻을 수 있는 결말 쓰기의 한 방법이다.

● 예문 9 | **문제 상황 환기시키기** ●

소설가 복거일 씨의 책 '국제어 시대의 민족어'는 각론 부분에서는 경청할 만한 대목이 많다. 지나친 배타적 민족주의를 비판하고 합리주의를 강조한 것도 기본적으로 옳다. 그러나 모든 사물을 경제논리로 보고, 인간이란 무엇인가, 한국인이란 무엇인가에 대한 성찰이 없는 것이 유감이다. 경제와 거리를 두어야 할 문학인의 시각이 그렇다는 것이 더욱 놀랍다. 영어를 공용어로 해야 한다는 주장도 국민을 향해서 할 이야기는 아니다. 영어가 짧아서 우리 사회의 위기가 온 것은 아니다. 오히려 자기 정체성도 모르고, 분수없이 세계를 향해서 뛰다가 당한 것이다. 지금 우리 사회의 위기는 총체적이다. 따라서 그 진단과 처방도 총체적이어야 한다. 비단 복거일 씨의 경우만이 아니다. 지금 두려운 것은 IMF 그 자체가 아니다. 오히려 이 체제의 단기적 처방에만 급급하고, 인류의 미래를 문명사적인 관점에서 거시적으로 설계하는 안목의 부족이 가장 두렵다.

(한영우, 「'지구제국'은 강대국 희망사항이다」, 『조선일보』, 1998. 7. 10)

어휘 및 표현   *Words & Expressions*

- 뻔하다 be obvious
- 수렴되다 converge
- 성찰 introspection
- 혹평을 하다 riticize sharply
- 속성 properties
- 총체적 overall

- 책무 duty
- 걸작 masterpiece
- 단기적 처방 short-term expedient
- 달갑다 be happy
- 경청하다 listen (intently/attentively) (to)
- 안목의 부족 lack of discrimination

2. 글의 연결성과 일관성

한 편의 글을 쓸 때에는, 글 전체의 일관성뿐만 아니라 각 단락 안에서 문장들의 연결성을 동시에 고려해야 한다. 아래에서는 글이 연결성과 일관성을 갖기 위해 어떻게 배열할 것인지 그 방법을 살펴보자.

■ **연결성:**
  - 단락 수준에서 문장을 가장 효과적인 순서로 배치한다.
  - 문장 간 논리적인 연관관계를 고려하여 서술한다.

– 적절한 접속사 또는 연결어를 사용하도록 한다.

■ 일관성:

– 글 전체의 주제가 글에서 일관되게 지켜지도록 한다.

– 단락 간에 논리적 연결 관계가 있어야 한다.

– 뒷받침문장들이 단락의 소주제문과 긴밀하게 연관되어야 한다.

아래의 글을 읽어 보자. 이 글은 서두에서 제기된 문제에 대해 본론에서 충실히 다루고 있다. 그 결과 '우리의 뇌가 정상적으로 작동하기 위해서는 외부의 자극과 그로 인한 각성이 필요하다'는 주장은 설득력을 가지게 되었다.

● 예문 10 ●

　며칠 전 에베레스트 등정 중 산악인 한 명이 사망했다. 지금도 수많은 사람들이 목숨을 걸고 산에 오른다. 사람들은 엄청난 고통을 감수하면서 정상을 향해 한 걸음씩 내딛는 이들에게 박수를 보낸다. 하지만 한편으로는 이해할 수 없다고 고개를 젓기도 한다. 왜 편안함과 안정 대신 고난을 택하는 것일까? 추동 감소 이론에 따르면 사람들은 긴장과 각성을 피하고 편안함을 추구한다고 한다.

　하지만 우리는 정말 긴장과 각성을 싫어하기만 할까? 언제나 불편함은 줄이고, 안정되고 편안한 상태만을 추구하는가? 우리는 비록 목숨을 건 도전은 아니더라도 긴장과 각성을 즐긴다. 동네 놀이터를 떠올려 보자. 무서워하면서도 높은 미끄럼틀에 올라가려 하거나, 더 높고 빠르게 그네를 타려는 아이들을 쉽게 볼 수 있다. 놀이공원은 또 어떤가? 생각만 해도 아찔한 놀이기구를 타기 위해 긴 줄도 마다하지 않는 사람들이 즐비하다. 이처럼 우리도 대부분 나름의 긴장과 각성을 즐기려는 경향이 있는 것이다.

　최근 심리학자들은 사람들이 반드시 편안함과 안정감, 이완만을 추구하는 것이 아니라, 때로는 적절한 각성 상태를 추구한다는 사실을 발견했다. 캐나다 맥길대학의 심리학자 헤브Donald Hebb는 모든 감각자극을 차단하는 감각 박탈 실험을 진행했다.

　참가자들은 좁은 실험실에 위치한 간이침대에 누워서 잠을 자도 되고, 식사도 할 수 있으며, 화장실도 갈 수 있다. 단지 시각과 청각, 촉각만 차폐했을 뿐이다. 대부분의 참가자들은 첫 날에는 잠을 보충하거나 사색에 빠지곤 했다. 하지만 둘째 날에는 아무런 자극이 없는 상황을 매우 불편해했고, 결국 셋째 날에는 대부분의 참가자들이 실험을 포기했다.

　이 실험을 통해 알 수 있는 것은 우리의 뇌가 정상적으로 작동하기 위해서는 외부의 자극과 그로 인한 각성이 필요하다는 것이다.

(강현식, 『꼭 알고 싶은 심리학의 모든 것』, 소울메이트, 2011)

위의 [예문 10]은 서두에서 '추동 이론'을 소개하면서 사람들은 긴장과 각성 대신 편안함을 추구한다고 서술한다. 이어서 글쓴이는 '사람들은 왜 편안함과 안정 대신 고난을 택하는가?'라는 물음을 던진다. 그리고 사람들이 긴장과 각성을 즐기는 사례 두 가지, 즉 놀이터에서 노는 어린아이들과 놀이공원에서 놀이기구를 타려는 사람들을 소개하고 있다. 이어서 심리학자의 실험을 통에서 사람들은 긴장과 각성을 추구한다는 사실을 소개하고 있다. 결말에서는 인간의 뇌가 정상적으로 작동하기 위해 외부의 자극과 각성이 필요하다는 것으로 글을 맺고 있다.

학습활동 ❹ _Activity_

1. 위의 글에서 어떠한 방법으로 서두를 시작하고 있는지 써 보자.

　주장:

2. 위의 글에서 글쓴이의 주장이 무엇인지 밑줄을 긋고, 아래에 써 보라. 그리고 그러한 주장을 뒷받침하는 방법으로 어떠한 것을 사용하고 있는지 써 보자.

　■ 주장:

　■ 뒷받침 방법:

- 서두의 문제제기, 본론의 충실한 설명, 결말의 선명한 주장: 글 전체의 논리적 통일성
- 서두와 결말의 호응 관계: 글 전체의 주제적 일관성
- 본론 단락의 예시: 단락 안에서의 연결성

완결성 높은 글이 되기 위해서는 서두와 본론 그리고 결말에서 논리적 통일성이 있어야 한다.

예문 11

오래된 살림집의 문짝들은 공간을 나누고 **구별**하지만, **격절시키지는** 않는다. 미닫이문을 열고 드나들 때 사람들의 공간 감각 속에서는 이쪽과 저쪽이 분열되지 않고 충돌하지 않는다. 미닫이문을 닫을 때, 문 밖의 공간은 제거되거나 격절되지 않는다. 문 밖의 공간은 당분간 저쪽으로 밀쳐질 뿐이다. (중략) 미닫이문은 벽을 헐어내고 만든 통로가 아니다. 미닫이문은 애초부터 통로로 태어난 문이다. 이 문이 소통과 **구획**을 동시에 수행한다.

호텔이나 아파트의 여닫이문은 벽을 헐어내고 뚫은 문이다. 이 여닫이 문짝은 문 밖의 공간을 완전히 차단하고 제거한다. 차단 기능이 클수록 좋은 문짝으로 꼽힌다. 아파트의 문은 사람이 드나드는 순간에만 문이고 닫혀 있을 때는 벽이다. 그러니 문이라기보다는 벽에 가깝다. 드나들어야겠다는 욕망과 외부를 차단해야 한다는 욕망이 그 문짝 속에 기묘하게도 **뒤엉켜** 있다. 아름다운 것들은 이제 액자에 담긴 그림처럼 생활과 떨어져 있다. 이 그림을 다시 삶 속으로 끌어내릴 수는 없는 것인가? 그저 **뒷짐지고** 들여다보기만 해야 하는 것인가? 집 살 때 꾼 돈 이잣날은 흥부네 끼니 돌아오듯이 돌아온다.

안동 하회 마을이나 예안면의 옛집들을 기웃거릴 때, 오늘의 빈곤은 가슴 아프다. 이 아픔 속에 좀 더 좋은 미래가 있다면 얼마나 좋을까? 아마도 그럴 수 있으리라고 믿는다.

(김훈, 『자전거 여행』, 생각의나무, 2007)

구별 성질이나 종류의 차이로 나누어 놓다.
격절 隔絕 둘 사이가 떨어져 연락이 끊어지다.

區劃 땅의 경계를 짓는 것

실, 머리카락 같은 것이 풀 수 없게 마구 엉키다.

어떤 일에서 한발 떨어져 구경만 하다.

위의 글은 마지막 단락에서 안동 하회 마을과 예안면의 옛집을 방문했던 개인적 일화를 인용하면서 아파트라는 공간이 사람과 삶을 나누고 분리시키는 상황을 소개하고 있다. 이어서 질문을 통해 글쓴이의 생각을 간접적으로 전달함으로써 독자가 글의 내용과 주장에 쉽게 공감하도록 하고 있다.

어휘 및 표현 Words & Expressions

- 등정
- 이완 relaxation
- 뒤엉키다 be tangled
- 산악인 mountaineer
- 구별하다
- 뒷짐지다 old[clasp] one's hands behind one's back

- 각성 awakening
- 격절시키다 be separated (from)
- 이잣날
- 즐비하다 stand in a row
- 구획 division
- 가슴 아프다

핵심 문법 주제문과 뒷받침문장을 접속할 때 사용하는 표현 Grammar

■ 주장이나 견해를 제시할 때 사용되는 표현

■ **긍정 표현:** ~할 수 있다/~해야 한다/~로 간주된다.
  1. 일본 법무부 장관이 "일본도 현행 헌법상 핵무기를 사용할 수 있다"고 발언해 주목되고 있다.

■ **부정 표현:** ~할 수 없다/~해서는 안 된다/~로 간주된다.
  2. 12월 1일부터는 공공장소에서 담배를 피울 수 없다. 즉 공공건물, 지하철역, 공원뿐만 아니라 도로, 버스정류장도 금연구역으로 지정되어, 이러한 장소에서 흡연할 경우 과태료가 부과되므로 유의해야 한다.

■ **기타:** ~야 옳다, ~는 것이다 등

3. 출산율을 높이기 위해서는 아이를 가진 여성에 대한 경제적 지원이 필요하다. 그러나 그것은 출산의 유도보다는 임신과 육아의 중요성에 대한 인식에서 비롯돼야 옳다.

4. 우리의 뇌가 정상적으로 작동하기 위해서는 외부의 자극과 그로 인한 각성이 필요하다는 것이다.

 **연습문제**

〈핵심 문법〉에서 제시된 '주장하는 표현'을 사용하여 아래의 소주제문으로 시작하는 한 단락 글을 써 보자.

논제: 공공장소 금연 정책으로 인한 흡연자의 흡연할 수 있는 권리는 무시되어도 좋은가?

College Writing for

II부

주제를 활용한 글쓰기

Foreign Students

07

현대 사회와 '나'

우리는 글을 통해 자신의 생각과 감정을 독자에게 전달한다. 자기의 생각과 느낌을 글에 담기 위해서는 일상 생활 속에서 경험한 일을 솔직하고 자세하게 써 보는 것이 중요하다. 서사는 사건이나 행동을 이야기로 구성하여 전달하는 것이므로, 자기의 경험과 깨달음을 전달하기에 좋은 양식이다. 이 장에서는 현대 사회와 '나'를 주제로 서사문 쓰기를 학습한다.

1. 서사문 쓰기의 이해
2. 현대 사회와 자기 이야기
3. 자기 이야기 쓰기: 서사문 쓰기의 실제

1. 서사문 쓰기의 이해

서사는 설명, 묘사, 논증과 더불어 글쓰기의 중요한 방법이다. 서사문은 일상 생활 속에서 경험한 일을 구체적으로 표현해야 한다. 구체적으로 표현해야 한다고 해서 모든 사건을 일일이 자세하게 나열해야 한다는 뜻은 아니다. 모든 이야기를 다 할 수도 없으며 그럴 필요도 없다. 한 편의 서사문에는 하나의 중심 주제가 담길 수 있도록 하는 것이 좋다. 또한 좋은 서사문은 서술되는 경험이 진실하고 보편적이어서, 독자의 공감을 불러일으켜야 한다.

예를 들면, 마터 루터 킹 목사는 인종차별의 부당성을 딸과 있었던 이야기를 통해 주장한다. 즉, 어느 날 킹 목사의 딸이 TV 광고에 나오는 놀이공원에 가자고 졸랐으나 피부색 때문에 놀이공원에 들어갈 수 없다고 말하자, 어린 딸의 눈에서 눈물이 흘렀다는 이야기를 독자에게 전달한다. 이 이야기를 통해 인종차별의 부당성이 어떤 논리적인 말보다도 분명하게 전달된다.

이와 같이 서사문은 그 이야기가 진실해서 다른 사람에게 깊은 울림을 주어야 보편성을 획득할 수 있다. 서사문에는 행위의 주체와 대상, 행위의 동기와 목적, 행위가 이루어진 시간과 장소가 드러나야 한다.

▎ 서사문 쓰기의 분류 ▎

- 이야기를 중심에 놓은 전면적인 서사문
- 주제를 뒷받침하려는 목적에서 사건을 짧게 제시하는 부분적인 서사문

- 독자가 공감할 수 있도록 세부 사항이 구체적으로 제시되어야 한다.
- 서사적 진실성이 있어 독자에게 신뢰감을 주어야 한다.
- 서사는 사건이 발생한 때부터 이야기가 끝날 때까지 정확한 질서에 따라 사건을 배치해야 한다.
- 서사적 질서를 명확히 하기 위해서는 정확한 동사 시제를 써야 한다.

서사문을 잘 쓰기 위해서는 생활 속에서 보고 경험한 일을 바탕으로 글을 써 보는 연습이 필요하다. 다음의 학습활동을 통해 서사를 구성하는 능력을 기르도록 하자.

학습활동 ❶

Activity

다음은 강풀 작가의 '엘리베이터'라는 제목의 웹툰이다. 이 웹툰을 보고, 다음에 이어질 상황을 상상해서 이야기해 보자.

http://cartoon.media.daum.net/webtoon/viewer/109

2. 현대 사회와 자기 이야기

현대 사회의 개인은 전근대적인 공동체의 속박과 간섭에서 해방되었다. 전근대 사회에서는 공동체가 제시하는 가치와 의미에 따라 살면 되었었다. 그러나 현대 사회의 개인은 스스로 자기 삶에 의미를 부여하고 삶을 설계해야 한다. 따라서 현대 사회에서 개인의 자유는 확대되었지만, 그 반면에 각각의 개인은 모든 것을 혼자 설계하고 판단하고 책임져야 하는 고독한 사람이 되었다. 내면의 고독과 상실감에서 벗어나기 위해 현대 사회의 개인은 진정한 자아를 찾고 자아를 실현하기 위해 노력한다.

현대 사회에서 자아 찾기가 쉬운 일은 아니다. [예문 1]에서는 자기실현이나 자기다움을 찾는 것의 어려움에 대해 말하고 있다.

● 예문 1 ●

신앙이 살아 있었던 시대가 훨씬 행복했다고 앞에서 말한 것은 바로 이 점 때문입니다. ‘무엇을 하든, 무엇을 믿든 자유’ 라는 말은 사실 괴로운 말입니다. 넓은 들판에 혼자 남겨지면 사람은 어디로 가야 할지 모르게 됩니다. 미아가 될지도 모른다는 불안감이 덮쳐오겠지요. ‘무엇을 하든, 무엇을 믿든 자유’ 라는 말은 그런 상황과 마찬가지라고 생각합니다.

에리히 프롬은 『자유로부터의 도피』에서 1920년대 이후 독일이 개인주의로부터 급속도로 극단적 파시즘(전체주의)으로 이행한 것을 ‘자유’ 라는 관념으로 설명합니다. 일반적으로 사람은 자유를 동경한다고 생각하지만 의외로 그렇지 않습니다. 자유로부터 도망쳐 ‘절대적인 것’ 에 속하고 싶어 하기도 합니다.

(강상중, 『고민하는 힘』, 이경덕 옮김, 사계절, 2009)

현대 사회에서 우리의 고민거리 중의 하나는 자기의 정체성을 찾는 것이다. “내가 누구인가” 라는 질문에 대한 답을 찾고, 자기만의 독특한 삶의 방식을 가지고 산다는 것은 말처럼 쉬운 일이 아니다. 이에 대해 일본 소설가 소세키는 자기를 잊을 때

비로소 자기 찾기가 가능하다고 역설(paradox)적으로 말하고 있다. 그만큼 현대인은 자신의 삶에 가치와 의미, 목표, 삶의 규율 등을 스스로 부여해야 하는 고독한 사람이 된 것이다. 개인의 자유는 확대되었지만, 개인의 안정감은 취약해졌다는 점에 자유의 역설이 있다.

현대 사회에서 자아 찾기는 어려운 일임에 틀림없다. 삶의 의미와 목표를 정하고 열심히 실천한다고 하더라도 반드시 성공하는 것은 아니다. 애플사의 스티브 잡스는 스탠포드 졸업식 연설문에서 실패의 연속에도 굴하지 않고 자기의 꿈을 차근차근 이루어 간 자신의 이야기를 솔직하고 진지하게 담아내고 있다. 이 연설문을 읽고 자기의 꿈과 이것의 의미, 그리고 이를 실현하기 위한 방법이나 태도를 말해 보자.

먼저 세계 최고의 명문으로 꼽히는 이곳에서 여러분들의 졸업식에 참석하게 된 것을 영광으로 생각합니다. 저는 대학을 졸업하지 못했습니다. 태어나서 대학교 졸업식을 이렇게 가까이서 보는 것도 처음입니다. 오늘, 저는 여러분께 제가 살아오면서 겪었던 세 가지 이야기를, 별로 대단한 이야기는 아닙니다만, 해 볼까 합니다. 딱 세 가지만요.

먼저, 인생의 전환점에 관한 이야기입니다. 전 리드 칼리지에 입학한 지 6개월 만에 자퇴했습니다. 그래도 일 년 반 정도는 도강을 듣다가 정말로 그만뒀습니다. 왜 자퇴했을까요? 그것은 제가 태어나기 전까지 거슬러 올라갑니다. 제 생모는 대학원생인 젊은 미혼모였습니다. 그래서 저를 입양보내기로 결심했던 거지요. 그녀는 제 미래를 생각해서 대학 정도는 졸업한 교양 있는 사람이 양부모가 되기를 원했습니다. 그래서 저는 태어나자마자 변호사 가정에 입양되기로 되어 있었습니다. 그러나 그들은 여자아이를 원했던 걸로 알고 있습니다. 그들 대신에 대기자 명단에 있던 양부모님들이 한밤중에 걸려온 전화를 받고, 저를 입양한 것입니다. 그런데 알고 보니 양어머니는 대졸자도 아니었고, 양아버지는 고등학교도 졸업하지 못한 사람이어서 친어머니는 입양 동의서 쓰기를 거부했습니다. 친어머니는 양부모님들이 저를 꼭 대학까지 보내주겠다고 약속한 후 몇 개월이 지나서야 화가 풀렸습니다. (중략)

두 번째는 사랑과 상실입니다. 저는 운 좋게도 인생에서 정말 하고 싶은 일을 일찍 발견했습니다. 제가 스무 살 때, 부모님의 차고에서 스티브 워즈니악과 함께 애플의 역사가 시작됐습니다. 차고에서 2명으로 시작한 애플은 10년 후에 4,000명의 종업원을 거느린 2백억 달러짜리 기업이 되었습니다. 제 나이 스물 아홉 살, 우리는 최고의 작품인 매킨토시를 출시했습니다. 그러나 이듬해 저는 해고당했습니다. 내가 세운 회사에서 내가 해고당하다니! 당시, 애플이 점점 성장하면서, 저는 저와 잘 맞는 유능한 경영자를 데려와야겠다고 생각했습니다. 처음 1년은 그런대로 잘 돌아갔습니다. 그런데 언젠가부터 우리의 비전은 서로 어긋나기 시작했고, 결국 우리 둘의 사이도 어긋나기 시작했습니다. 이 때, 우리 회사의 경영진들은 존 스컬리의 편을 들었고, 저는 서른 살에 쫓겨나야만 했습니다. 그것도 아주 공공연하게. 저는 인생의 초점을 잃어버렸고, 뭐라 말할 수 없는 참담한 심정이었습니다. 전 정말 말 그대로, 몇 개월 동안 아무 것도 할 수가 없었답니다. 마치 달리기 계주에서 바통을 놓친 선수처럼, 선배 벤처 기업인들에게 송구스런 마음이 들었고 데이비드 패커드(HP의 공동 창업자)와 밥 노이스(인텔 공동 창업자)를 만나 이렇게 실패한 것에 대해 사과하려 했습니다. 저는 완전히 '공공의 실패작'으로 전락했고, 실리콘 밸리에서 도망치고 싶었습니다. (중략)

세 번째는 죽음에 관한 것입니다. 열입곱 살 때, 이런 문구를 읽은 적이 있습니다. "하루하루를 인생의 마지막 날처럼 산다면, 언젠가는 바른 길에 서 있을 것이다." 이 글에 감명 받은 저는 그 후 쉰 살이 되도록 거울을 보면서 자신에게 묻곤 했습니다. "오늘이 내 인생의 마지막 날이라면, 지금 하려고 하는 일을 할 것인가?" "아니요" 라는 답이 계속 나온다면, 다른 것을 해야 한다는 걸 깨달았습니다. 인생의 중요한 순간마다 '곧 죽을지도 모른다.' 는 사실을 명심하는 것이 저에게는 가장 중요한 도구가 됩니다. 왜냐구요? 외부의 기대, 각종 자부심과 자만심, 수치스러움과 실패에 대한 두려움들은 '죽음' 앞에서는 모두 밑으로 가라앉고, 오직 진실만이 남기 때문입니다. 죽음을 생각하는 것은 무엇을 잃을지도 모른다는 두려움에서 벗어나는 최고의 길입니다. 여러분들이 지금 모두 잃어버린 상태라면, 더 이상 잃을 것도 없기에 본능에 충실할 수밖에 없습니다. 저는 1년 전쯤 암 진단을 받았습니다. 아침 7시 반에 검사를 받았는데, 이미 췌장에 종양이 있었습니다. 그전까지는 췌장이란 게 뭔지도 몰랐는데요. (중략)

지금의 여러분들은 '새로움'이란 자리에 서 있습니다. 그러나 언젠가는 여러분들도 새로운 세대들에게 그 자리를 물려줘야 할 것입니다. 너무 극단적으로 들렸다면 죄송하지만, 사실이 그렇습니다. 여러분들의 삶은 제한되어 있습니다. 그러니 낭비하지 마십시오. 도그마- 다른 사람들의 생각-에 얽매이지 마십시오. 타인의 잡음이 여러분들 내면의 진정한 목소리를 방해하지 못하게 하세요. 그리고 가장 중요한 것은 마음과 영감을 따르는 용기를 가지는 것입니다. 이미 마음과 영감은 당신이 진짜로 무엇을 원하는지 알고 있습니다. 나머지 것들은 부차적인 것이죠.

제가 어릴 때, 제 나이 또래라면 다 알만한 '지구 백과'란 책이 있었습니다.

여기서 그리 멀지 않은 먼로 파크에 사는 스튜어트 브랜드란 사람이 쓴 책인데, 자신의 모든 걸 불어넣은 책이었지요. PC나 전자출판이 존재하기 전인 1960년대 후반이었기 때문에, 타자기, 가위, 폴라로이드 사진 같은 것으로 그 책을 만들었습니다. 35년 전의 책으로 된 구글이라고나 할까요. 그 책은 위대한 의지와 아주 간단한 도구만으로 만들어진 역작이었습니다. 스튜어트와 친구들은 몇 번의 개정판을 내놓았고, 수명이 다할 때쯤엔 최종판을 내놓았습니다. 그 때가 70년대 중반, 제가 여러분 나이 때였죠. 최종판의 뒤쪽 표지에는 이른 아침 시골길 사진이 있었는데, 아마 모험을 좋아하는 사람이라면 히치하이킹을 하고 싶다는 생각이 들 정도였지요. 그 사진 밑에는 이런 말이 있었습니다. "끊임없는 갈망과 함께. 우직함과 함께." 끊임없는 갈망과 함께. 우직함과 함께. 그것이 그들의 마지막 작별 인사였습니다. 저는 이제 새로운 시작을 앞둔 여러분들이 여러분의 분야에서 이런 방법으로 가길 원합니다.

끊임없는 갈망과 함께. 우직함과 함께.

고맙습니다.

(스티브 잡스, 「스탠포드 대학 졸업식 연설문」, 2005)

스티브 잡스는 자기 삶의 전환점을 돌아보면서 꿈을 향해 노력하는 자세를 강조하고 있다. 삶의 의미와 목표는 스스로 노력하는 사람에게 열리는 것이고, 한 길을 걷다 보면 전설 같은 성취를 이룰 수 있다고 보는 것이다.

학습활동 ❷

[예문 1]을 읽고 아래의 활동을 해 보자.

1. '자유로부터의 도피'라는 말이 의미하는 바가 무엇인지 서술해 보자.

2. 자신의 인생에서 도망치고 싶었을 때가 언제였는지 이야기해 보자.

3. 자기의 꿈이나 목표를 이야기해 보고, 어떤 계기에 의해 이러한 꿈이나 목표가 생기게 되었는지 성찰해 보자.

학습활동 ❸

Activity

[예문 2]를 읽고 아래의 활동을 해 보자.

1. 자신의 삶에서 가장 용기를 냈던 순간은 어떤 때였는지 서술해 보자.

2. '끊임없는 갈망과 함께, 우직함과 함께'와 같이 자신이 좋아하는 경구나 노래 가사는 무엇인지 발표해 보자.

3. 지금 여러분들에게 고민이 되는 일과 이를 극복하기 위한 방법은 무엇인지 서술해 보자.

----

3. 자기 이야기 쓰기: 서사문 쓰기의 실제

한 사람의 일생은 한 권의 책에 비유할 수 있다. 자신이 경험한 것과 생각에 대해 우리는 의미와 가치를 부여하여 이것을 하나의 이야기로 만들어 낸다. 자아는 나를 설명하고 통합하는 자기의 이야기를 덧붙이고 재구성하면서 형성되는 것이다.

새로이 경험하게 된 다양한 사건과 관계 등은 자기 이야기의 각각의 페이지를 이루게 된다. 이러한 것들이 모여 한 편의 드라마와 같은 자기 이야기를 만들어 내는 것이다. 이러한 과정을 통해 우리는 일관된 현상으로서 자아 정체성을 갖게 된다. 따라서 자기 이야기나 일기를 쓰는 것은 통합된 자아 정체성을 유지하기 위한 좋은 방법이다. 또한 글이 아닌 끊임없는 회상과 기억을 통해서도 자기 이야기를 만들어낼 수 있다. 그러나 글로 이를 수행하면 더 정밀한 묘사와 깊은 생각이 가능해져 자기 역사를 깊이 있게 이해할 수 있다.

이처럼 자기 이야기 쓰기는 빠른 속도로 변모하는 현대 사회에서 주체적으로 자아를 구성하고 성찰하는 좋은 방법인 셈이다. 아래의 글은 어떤 학생의 자기 이야기 쓰기이다.

이제 막 겨울에 들어선 11월의 날씨였음에도 불구하고 내 마음 탓인지 유난히 추웠던 2008년 겨울, 결국 나는 다니던 미국의 고등학교에 자퇴서를 냈다. 어쩔 수 없는 선택이었지만 억울하고 답답한 기분이 드는 것도 사실이었다. 자퇴를 결심한 그 무렵 서울 길거리의 어딘가에서 흘러나오는 가수 인순이의 〈거위의 꿈〉이라는 노래를 나는 처음 접하게 되었다. "난, 난 꿈이 있었죠. 버려지고 찢겨 남루하여도"로 시작하여 "그래요 난, 난 꿈이 있어요. 그 꿈을 믿어요. 나를 지켜봐요"에서 절정을 이루고 "내 삶의 끝에서 나 웃을 그날을 함께 해요"로 끝을 맺는 노래였다. 거리에 서서 그 노래를 들었을 때에는 눈물이 났다든가 하는 식의 감정적 반응이 컸던 것은 아니었다. 하지만 밤이 되어도 그 노래가 쉽게 잊히지 않았고, 모두가 잠든 새벽에 조용히 〈거위의 꿈〉을 들으며 나는 그날 밤을 견뎠다.

내가 자퇴하기 전에 다녔던 미국의 고등학교는 심한 경쟁을 뚫고 얻어낸 일종의 성취였다. 아무에게나 주어지는 것이 아닌 만큼 내가 가진 기회를 부러워하는 이들도 많았고 나 역시 학교에 대한 자부심이 컸었다. 영어로 진행되는 모든 수업에 긴장한 것도 잠시, 얼마 지나지 않아 원하는 성적을 받을 수 있었고 내 유학 생활의 첫 해를 우수한 성적으로 마무리했다. 학기 중이나 방학 중에 이루어지는 모든 비교과 활동에 욕심을 냈고, 노력한 만큼 성과를 내기도 하였다. 이대로라면 내가 원하는 대학에 입학할 수 있을 것 같았고, 내가 원하는 성공도 이룰 수 있을 것 같았다.

그러나 언제부턴가 시작된 경련과 마비, 호흡 곤란과 같은 증상이 있는 질병에 걸려 학교 생활은 커녕 일상생활도 불가능하게 되었다. 결국 나는 삶의 비전과 기대를 품고 시작했던 유학 생활을 포기해야만 했다. 갑자기 목적과 방향을 잃은 나는 주저

앉을 수밖에 없었다. 사실 자퇴를 결정할 때쯤엔 이미 다른 방법이 없다는 현실을 받아들인 상태였으므로 오히려 차분하고 담담했지만 그 결정에 이르는 시간은 지옥과도 같았다. 어쩔 수 없이 받아들여야만 했던 그 힘든 선택의 순간에 운명처럼 〈거위의 꿈〉과 만나게 된 것이다.

여자들이 실연한 뒤에 머리를 자르는 행위와 같이, 상실을 경험한 이들이 어떤 새로움이나 변화를 추구하게 되는 것은 자연스러운 일이라는 말을 들었던 적이 있다. 아마 나의 경우도 그랬을 터인데, 나는 조금 특이하게도 몇 년 째 바꾸지 않고 있던 휴대폰의 벨소리를 바꾸고 싶다는 생각이 들었다. 오랜 고민 없이 내 벨소리는 그날부터 〈거위의 꿈〉이 되었다. 당시 나의 모든 상황을 곁에서 함께해 주던 나의 멘토가 있었는데, 그분은 내 새로운 벨소리를 듣고는 한편 안쓰러워 하셨던 기억이 있다. 그분은 내가 품고 있던 꿈과 열정을 아셨고 또한 나의 시련이 시작된 순간부터 내가 느껴야 했던 절망, 분노, 열등감 등의 감정에 대해서도 알고 계셨었다. 얼마나 실망과 우울의 시간을 살아왔는지를 아셨기에 '날기를 소망하는 거위의 고백'에서 내 안에 다시 일어서려는 의지가 있음을 보시고 반가워하셨다. 하지만 한편으로는, 도저히 이길 수 없을 것 같은 현실을 이겨내야만 정말로 기쁘게 날아오를 수 있음을 아셨기에 더욱 안타까워 하셨다. 나의 친구들 또한 내 새로운 벨소리에 대해 열렬한 반응을 보여주었다. "너의 비상을 응원한다."는 식의 격려가 가득했고 심지어는 내 별명이 '거위'가 되었을 정도였다.

사람들의 유난스런 반응 때문이었을까, 언제부터인가 가사 속 거위와 같은 마음가짐으로 살아가려는 나를 발견하게 되었다. 왜 내게 이런 고통이 찾아오느냐며 절망에 빠져 있기보다는 현재의 고난과 당당히 마주하고 싶었다. 지금은 한없이 높은 벽이 가로막고 있는 듯해도 포기하지만 않는다면 생각보다 쉽게 뛰어넘을지도 모른다고 믿고 싶었다. 아픔을 딛고 일어선 후에 바라보는 하늘은 어쩐지 더 맑고 아름다울 것 같았다. 물론 마음이 약해져서 주저앉고 싶은 순간도 많았다. 하지만 스스로 자기연민 속에 빠지려는 순간마다 인순이 씨의 열정 가득한 목소리를 통해 다시금 희망과 용기를 얻어 일어설 수 있었다. 그렇게 나는 조금씩 회복되고 점점 더 강해졌다.

지금 나의 벨소리는 더 이상 〈거위의 꿈〉이 아니다. 하지만 나는 여전히 그 시절의 꿈을 지키며 살아가고 있다. 내가 날아오르게 될 그 날이 언제인지는 알 수 없지만, 희망을 잃지 않는 한 기다림도 견딜 만하고 시련도 견딜 만하다. 지금도 난 나의 삶이 나를 지치게 만드는 순간마다 거위의 꿈에 얽힌 그 날의 일기를 읽는다. "저 차갑게 서있는 운명이란 벽 앞에 당당히 마주칠 수 있어요. 언젠가 난 그 벽을 넘고서 저 하늘을 높이 날 수 있어요. 이 무거운 세상도 나를 묶을 순 없죠. 내 삶의 끝에서 나 웃을 그날을 함께 해요."

연세대 학생, 「거위의 꿈」, 2010)

이 글은 〈거위의 꿈〉이라는 노래를 우연히 듣고, 좌절을 극복한 한 학생의 자기 이야기이다. 이처럼 자기를 객관적으로 성찰하고 솔직하게 표현한 것이 자기 이야기 쓰기이다.

학습활동 ❹

아래의 활동을 해 보자.

1. [예문 3]의 단락을 시간 순서별로 나누어 정리하고, 각 단락의 주요한 이야기와 주제를 말해 보자.

2. 자기의 삶에서 성취의 기쁨, 좌절의 실망감, 후회의 아쉬움, 경이의 희열 등이 남는 순간들을 이야기해 보자.

3. 어떤 사물이나 사람에 관련된 자기의 이야기를 서술해 보자.

| 예 |

냉장고,　스마트폰,　열쇠,　할아버지,　선생님 등

어휘 및 표현

- 자퇴서 自退書
- 성취 成就
- 응원 應援
- 자기 연민 自己 憐憫
- 시련 試鍊
- 비상 飛上
- 고백 告白

핵심 문법

■ **현재 시제:** 어떤 행위나 사건이 현재 일어나거나 현재까지 지속되는 것을 나타내는 시제

현재 시제 표현 방법: '–는다/ㄴ다, 이다, –고 있다' 등을 사용하여 표현한다.

1. 우리는 너의 비상을 응원**한다**.

2. <u>지금</u> 나의 벨소리는 더 이상 〈거위의 꿈〉**이 아니다**.

3. 나는 여전히 그 시절의 꿈을 지키며 살아가**고 있다**.

4. <u>지금도</u> 나는 나의 삶이 나를 지치게 만드는 순간마다 거위의 꿈에 얽힌 그 날의 일기를 <u>**읽는다**</u>.

■ **과거 시제:** 어떤 행위나 사건이 과거에 일어난 것을 나타내는 시제

과거 시제 표현 방법: '–었–', '–었었–', '–았던/은 적이 있다', '지금으로부터 17년 전' 등과 같은 표현을 사용하여 과거를 나타낼 수 있다.

1. 나는 알 수 없는 질병으로 나름의 기대를 품고 시작했던 유학생활을 끝내 야 **했**다.

2. 그 분은 내가 품고 있던 꿈과 열정을 아셨고, 또한 나의 시련이 시작된 순간부터 내가 느껴야 했던 절망, 분노, 열등감 등의 감정에 대해서도 알고 계**셨**었다.

3. **열일곱 살 때** '하루하루를 인생의 마지막 날처럼 산다면, 언젠가는 바른 길에 서 있을 것이다.' 라는 문구를 **읽은 적이 있다**.

4. 상실을 경험한 이들이 어떤 새로움이나 변화를 추구하게 되는 것은 자연스러운 일이라는 말을 **들었던 적이 있다**.

■ **과거 지속**: 어떤 행위나 사건이 과거에 일어나 현재까지 지속되는 것을 나타내는 시제
과거 지속 표현 방법: '-고 있었-', '-어 오다' 등을 사용해 과거지속을 표현한다.

1. 개인화 과정은 경제, 도시화, 개인적 이동 등에서 일어나**고 있었다**.

■ **미래 시제**: 어떤 행위나 사건이 미래 시간에 일어나는 것을 표현하는 시제
미래 시제 표현 방법: '-겠-', '-을 것' 등을 사용하여 나타낸다.

1. 기상센터에서 '내일 비가 오**겠**다.' 고 보도한 바 있다.

2. 우리 모두는 언젠가는 모두 죽**을 것입니다**.

3. **언젠가는** 여러분들도 새로운 세대들에게 여러분의 자리를 물려줘야 **할 것입니다**.

■ **그 밖의 시제 표현**

1. **지금으로부터 17년 전** 대학원생인 미혼모가 저를 낳**았**습니다.

2. **당시** 순전히 호기와 직감만을 믿고 저지른 일들이 **후에** 정말 값진 경험이 되었습니다.

3. **그 때만해도** 서체에 대한 공부가 제 인생에 어떤 도움이 될지 상상도 못 **했습니다**.

4. 차고에서 시작한 회사는 **10년 후에** 4000명의 종업원을 거느린 회사가 **되었다**.

 **연습문제 ❶** *Exercise*

자기의 삶에서 전환점이 된 사건을 떠올려 보고, 이 사건이 자신에게 어떤 변화를 주었는지 이야기해 보자.

 **연습문제 ❷** *Exercise*

자기의 삶에서 가장 영향을 많이 준 사람을 정하고, 그 사람과의 관계에서 자기가 깨닫게 된 것을 이야기해 보자.(800자)

08

디지털 혁명과 매체 변동

설명문이란 사물이나 사실을 객관적이고 정확하게 설명한 글이다. 설명문을 통해 우리는 사물이나 현상, 관계와 구조에 대해 깊이 이해하여 지식을 확장하고 논리적 표현력을 기를 수 있다. 이 장에서는 우리 일상을 변화시킨 디지털 혁명과 매체 변동이란 주제로 설명문 쓰기에 대해 학습한다.

1. 설명문 쓰기의 방법
2. 디지털 미디어와 문화 변동
3. 디지털 혁명과 사유: 설명문 쓰기의 실제

1. 설명문 쓰기의 방법

설명문은 특정 사건이나 대상을 독자가 정확하게 이해할 수 있도록 쉽게 풀어 쓴 글이다. 설명문은 사실을 그대로 전달하는 데 목표를 두고, 명확한 이유나 근거를 제시하여 내용을 정확히 전달해야 한다. 설명문은 단락별로 내용이 정리되어 있으며, 그 단락이 무엇에 대한 설명인지 뚜렷이 나타나 있다.

▎설명문의 구성 ▎

- **처음:** 저자가 전달하려는 내용, 사항, 배경, 동기, 목적, 방법 등을 간단하게 밝혀, 설명하려고 하는 사실이나 대상을 간략하게 서술한다.
- **중간:** 설명하려고 하는 내용을 단락으로 나누어 내용을 알기 쉽게 풀어 쓴다.
- **끝:** 가운데에서 설명한 내용을 간단하게 요약하고 마무리 짓는다.

▎설명의 방법 ▎

- **정의** Definition: 소주제나 주요 개념, 어구에 대해 뜻을 규정하는 방식. 대상의 범위를 설정하고 기본적인 특징을 서술해 준다.
- **비교** Comparison: 둘 이상의 대상의 공통점이나 비슷한 점을 들어서 설명하는 방식
- **대조** Contrast: 둘 이상의 대상의 차이점을 견주어서 설명하는 방식
- **분류** Classification: 어떤 기준에 따라 관계있는 대상을 한데 묶어 유형화하여 설명 방식
- **예시** Illustration: 추상적·관념적인 것을 구체적인 사례를 들어 설명하는 방식
- **인용** Quotation: 남의 말이나 글을 자신의 글 속에 끌어들여 설명하는 방식

다음은 에스앤에스(SNS, social network service)의 로고들이다. 이러한 에스앤에스가
우리의 일상생활에 어떤 영향을 미쳤는지 설명해 보자.

2. 디지털 미디어와 문화 변동

디지털 혁명에 의해 일상의 풍경이 많이 달라졌다. 과거에는 연인들이 카페에 마주
앉아 서로 대화와 수다를 이어 나가는 익숙한 광경을 볼 수 있었다. 그런데 이제는
연인들이 서로 마주앉아 각자의 디지털 기기를 보는 광경을 더 자주 보게 된다. 이
처럼 디지털 미디어는 사회적 환경을 변화시키고, 우리의 일상생활에 많은 변화를
가져왔다.

디지털 미디어는 정보의 습득, 오락과 여가의 도구로 활용될 뿐만 아니라, 또한 개
인과 개인, 개인과 사회 간의 커뮤니케이션의 활성화에도 많은 기여를 한다. 디지털
미디어는 같은 시간에 많은 사람들의 의견, 느낌, 취향 등을 나눌 수 있게 한다. 예
를 들면 요즘 사람들은 종이 신문이 아니라 디지털 미디어를 통해 뉴스를 읽는다.
그런데 뉴스를 접하는 태도와 방식이 변하였다. 종이 신문은 신문사라는 주체가 어
떤 사안에 대한 공공의 소식을 전하고 이에 대한 여론을 형성하는 방식이었다. 이에
반해 디지털 미디어는 개인이 다른 사람들과 공유할 정보와 지식을 생산하고 이를
공유함으로써 함께 이야기를 나누는 것이 가능한 쌍방향적 방식이다.

이처럼 디지털 미디어는 콘텐츠를 소비하면서도 이를 변형하고 비평하는 참여적 성
격과 아울러 콘텐츠를 생산하는 생산자의 역할을 사용자에게 부여한다. 이러한 디
지털 미디어가 갖는 참여적 성격은 사용자들 사이에서 역동적인 공통 감각을 형성
할 수 있게 한다.

디지털 미디어와 문화 변동이라는 소주제는 다소 추상적으로 느껴질 수 있다. 이를 정의, 비교와 대조, 분류, 인용 등 다양한 설명 방법을 통해 더 구체적이고 명확하게 이해할 수 있다. 따라서 여기서는 디지털 미디어와 문화 변동을 설명하고 있는 글들을 통해 다양한 설명 방법에 대해 학습해 보자.

1) 정의

정의란 소주제나 주요 개념, 어구에 대해 뜻을 규정해 나가는 방식이다. 아래 [예문 1]은 디지털 혁명을 상징하는 인터넷을 다음과 같이 정의하고 있다.

● 예문 1 ●

인터넷은 전 세계적인 상호작용적 네트워크다. 또한 익명성과 멀티미디어성을 그 특징으로 하며, 다양성을 기초로 한다. 그렇기에 인터넷은 각각의 개인이 '나'라는 정체를 밝히지 않고 전 세계와 교류할 수 있는 창구로서 역할하며, 절제된 문자의 양식이 아닌 다양한 재현 방식의 언어를 통해 탈규범적인 정보를 유통한다. 대니얼 벨(D. Bell)이 문화 부문의 발전 논리로서 복합과 융합을 제시하였다면, 인터넷이야말로 말 그대로 만국의 문화가 복합/융합되는 공간으로서 세계적인 문화 표준과 흐름이 형성되는 곳이라 할 수 있다.

(라도삼, 「사이버 시대의 문화 읽기」, 『인터넷 한국의 10가지 쟁점』, 함께하는 시민운동 엮음, 역사넷, 2002)

위의 예문은 인터넷이 익명성과 멀티미디어성을 특징으로 하고 다양성을 기초로 한 상호작용적 네트워크라고 정의하고 있다. 이처럼 글을 전개할 때 개념에 대해서 정의하는 것은 설명의 효과를 높일 뿐만 아니라, 개념의 혼동을 사전에 예방하는 데도 효과적이다.

2) 비교와 대조

비교와 대조는 둘 이상의 대상의 공통점이나 차이점을 견주어서 설명하는 방식이다. 설명 대상을 명확하게 정의한 후, 비교와 대조를 적절히 사용하면 대상의 특성을 알기 쉽게 전달하는 설명문이 될 수 있다. 이 방법은 잘 알려진 대상에 견주어 독자가 잘 모르는 대상을 설명하는 방법이므로, 두 대상 중 하나를 독자가 잘 알고 있는 대상일 때 더욱 효과적이다. 아래 예문에 쓰인 비교와 대조의 방법을 살펴 보자.

● 예문 2 ●

우리는 보통 책을 읽는다고 하고 웹은 검색한다고 말한다. 검색의 엄밀한 의미는 링크로 연결된 정보 사이를 이동하는 것이다. 검색은 정적인 행위가 아니라는 점에서 전통적인 독서와 구별된다. 책은 언제 서가에서 꺼내 보더라도 그게 개정본이 아닌 한 내용이 달라지는 법은 없다. 하지만 인터넷에 게재된 문서도 책과 비슷할 것이라고 생각해서는 안 된다. 동일한 사이트에 이틀 연속으로 접속해 보면 간혹 변경된 내용을 발견할 수 있다. 때로는 전체 웹 페이지의 내용이 전혀 새롭게 꾸며져 있거나 하이퍼링크의 목록이 변경 돼 있다. 또 링크로 연결되는 웹 페이지의 내용마저 바뀐 경우도 있을 수 있다. 인터넷이 최종적으로 어떤 모습을 띠게 될지는 아무도 모른다. 하지만 지속적으로 정보를 갱신하는 인터넷의 양방향성은 현대인들이 매력적으로 느끼는 부분이다.

(폴 길스터, 『디지털 리터러시』, 김정래 옮김, 해냄, 1999)

위의 예문은 비교와 대조를 활용하여 종이책 읽기와 웹 읽기의 특성을 설명하였다. 보통 비교와 대조는 대소(大小), 명암(明暗), 장단(長短) 등을 맞세워 설명한다. 종이책과 웹 모두가 읽는 행위라는 공통점이 있지만, 종이책은 깊은 사색을 하기에 적합하며 영속적인 고정성을 지니는 반면, 웹은 다양한 시청각 자료를 제공하여 대상을 입체적으로 지각할 수 있고 또한 하이퍼링크로 연결되어 많은 정보를 제공한다는 차이점을 대조를 통해 설명하고 있다.

3) 분류

분류란 흩어져 있는 사물이나 대상을 어떤 기준에 따라 관계있는 것끼리 유형화하여 묶는 설명의 방식이다. 분류는 사물이나 대상의 구성 요소를 낱낱이 나누어 설명하는 분석과 구분된다. 시, 소설, 희곡, 수필 등으로 형태를 나누어 문학을 설명하거나, 명사, 대명사, 수사, 동사, 형용사, 관형사, 부사, 조사, 감탄사 등 단어가 지닌 공통된 의미에 따라 한국어 단어를 설명하는 것도 분류의 설명 방식이다. 아래 예문을 살펴 보자.

> **● 예문 3 ●**
>
> 온라인 SHG를 포함한 온라인 커뮤니티의 자원(정보나 서포트) 제공적 측면에서 참가자를 네 종류로 분류할 수 있다.
>
> 먼저 제1 그룹은 코어 그룹으로 해당 온라인 커뮤니티의 개설자나 운영자 등 애착과 정체성이 높은 사람들이다. 소비자 간 온라인 커뮤니티에서도 정체성이 높은 사람들일수록 높은 빈도로 정보 제공을 하고 있는 것이 명백하고, 자원의 적극적 제공을 위해서는 해당 커뮤니티에 대한 정체성을 필요로 함을 알 수 있다. (중략)
>
> 두 번째 그룹은 온라인 커뮤니티에서 특별한 역할을 지니고 있는 것은 아니지만 적극적으로 참가하고 있는 사람들로, 그들은 커뮤니티 안에서 일반화된 호혜성에 대한 기대를 바탕으로 자원을 제공하는 사람들이다. 이 사람들은 제1 그룹까지는 아니더라도 어느 정도 온라인 커뮤니티에 대한 관여가 높은 것으로 추측된다. (중략)
>
> 제3 그룹은 자원을 활용하기 위해 질문만을 하는 사람들이다. 그들은 언뜻 보면 무임승차자들로 보이나, 그 질문이 좋은 계기가 되어 커뮤니케이션이 진행되는 경우도 있다. 그들이 질문을 함으로써 논의가 활성화되고 정리되므로 커뮤니티 전체의 이익이라는 관점에서 보면 이런 참가자들을 무임승차자라고 딱 잘라 말할 수는 없다. 또 그중의 일부는 제2 그룹으로 전환될 가능성도 열려 있다.
>
> 제4 그룹은 열람만 하고 질문조차 하지 않는 사람들이다. 일반적 온라인 커뮤니티에서는 이 그룹의 사람들이 다수를 차지한다.
>
> (미야타 가쿠코, 『사회관계 자본과 인터넷』, 김상미 옮김, 커뮤니케이션북스, 2010)

예문에서 보듯, 필자는 온라인 커뮤니티 참가자들을 자원 제공적 측면에서 네 그룹으로 분류하고 있다. 물론 이 그룹은 온라인 커뮤니티의 발전 단계에 따라 유동적으로 변화된다. 이처럼 분류를 통해 온라인 커뮤니티 참가자를 유형화시킴으로써, 온라인 커뮤니티 참가자의 속성을 효과적으로 설명하고 있다. 온라인 커뮤니티에서 어떤 그룹이 다수를 차지하는가를 보면 그 커뮤니티의 미래를 예상할 수 있다.

4) 예시

예시란 사례를 들어 추상적·관념적인 것을 구체적이고 이해하기 쉽게 설명하는 방식이다. 구체적인 사례를 들어 일반적인 원리를 설명함으로써, 예시의 설명 방법은 주장을 구체적이고 쉽게 전달한다. 아래의 예문을 읽어 보자.

● 예문 4 ●

2004년 12월 아시아 지역에서 일어났던 쓰나미 사태, 2005년 5월 런던의 폭탄 테러 등 또 다른 뉴스 이벤트들도 시사 블로거들을 자극했다. 블로그들은 쓰나미 이후에 커뮤니케이션과 기금 모금에 매우 유용한 수단이 될 수 있음을 보여 주었다. 예를 들어, 쓰나미헬프닷컴(tsunamihelp.com)은 구호 활동을 조직하고 자원봉사자들을 동원하는 역할을 했다. 런던 폭탄 테러 역시 블로거들에게 매우 큰 글감이었다. 현장을 목격한 사람들은 휴대 전화를 이용하여 당시 혼란스러웠던 모습을 사진으로 찍었고, 이것들은 나중에 BBC나 MSNBC와 같은 몇몇 선도적인 뉴스 사이트에 게재되었다.

(마크 트레메인 엮음, 『블로그와 시민권 그리고 미디어의 미래』, 이동훈 옮김, 커뮤니케이션북스, 2008)

위의 예문은 블로그가 언론의 뉴스 보다 먼저 생생하고 신속하게 정보를 제공하는 역할을 하고 있음을 설명한다. 또한 블로그는 재난 현장을 도울 수 있는 방법을 자발적으로 조직하고 실행하는 역할도 하고 있음을 쓰나미헬프닷컴이란 블로그 활동을 예를 들어 설명하고 있다. 예시의 방법을 활용하여 블로그라는 새로운 매체의 특성을 효과적으로 설명하고 있다.

5) 인용

인용은 남의 말이나 글을 인용함으로써, 대상이나 사물을 더욱 흥미 있고 신뢰성 있
게 드러내는 방식이다. 인용은 직접 인용과 간접 인용으로 구분한다. 직접 인용은
직접 인용 부호인 " "를 사용하여 본문에서 필요한 부분에 삽입하거나 인용문의 분
량이 많을 경우 별도의 인용 단락으로 구성한다. 간접 인용은 직접 인용 부호를 사
용하지 않고 인용한 내용이나 문장 등을 요약 · 정리하며 따오는 방식이다. 아래의
예문을 살펴 보자.

● 예문 5 ●

　소셜 서비스에는 5의 법칙이라는 게 있다. 페이스북이 인수한 프렌드 피드의 브렛
테일러가 얘기하기를, 통계에 의하면 새로 가입한 소셜 서비스 사용자가 서비스를 계
속 사용하기 위해서는 적어도 5명의 친구가 있어야 한다는 것이다. 브렛 테일러는 이
숫자를 마법의 숫자라고 부른다. 페이스북이 이메일 주소록에서 친구를 추천하고, 틈
만 나면 친구를 사귀라고 알리는 것은 5명의 친구를 만들어 주지 못하면 해당 계정이
개점휴업 상태가 되기 때문이다.

　5의 법칙은 간단하고 당연한 통찰을 준다. 소셜 서비스가 아무리 훌륭해도 서비스
를 사용하는 사람을 붙잡아 두기 위해서는 가능한 빨리 같이 놀아 줄 사람을 만들어
줘야 한다는 것이다. 마케터 입장에서는 친구가 적은 사용자는 영향력이 없다고 무시
하기 쉽다. 친구가 많은 사용자가 마테팅에 더 도움이 되는 것은 물론 사실이다.

(이준구, 『페이스북 이펙트』, 아라크네, 2010)

　위의 예문은 브렛 테일러의 '5의 법칙'이라는 개념을 간접적으로 인용하며, 그것의
의미를 설명한다. 소셜 서비스 사용을 원활히 하기 위해서는 적어도 5명의 친구가
있어야 네트워크가 형성되어 성공적인 사용자로 남을 수 있다는 설명이다. 이처럼
글을 전개할 때 인용을 적절하게 사용하게 되면, 설명의 효과를 높일 수 있다.

학습활동 ❷ *Activity*

아래의 활동을 해 보자.

1. 다음의 개념을 정의하고 그것에 기능과 역할에 대해 설명해 보자.

전자 민주주의:

빅데이터:

URL:

2. 도서관과 학술정보원의 공통점과 차이점을 비교와 대조의 방법을 활용하여 설명해 보자.

학습활동 ❸ *Activity*

1. 학술정보원을 이용하는 사람들의 유형을 자기 나름대로 분류하여 설명해 보자.

2. 인터넷은 전세계의 문화가 복합·융합되는 공간이며 세계적인 문화 표준과 흐름이 형성되는 곳이라 할 수 있다. 이를 예시를 들어 설명해 보자.

3. 아래 문장의 뒤를 이어 그것을 설명하는 한 단락을 써 보자.

> 21세기를 디지털 혁명의 시대라고 한다. B.C 7천년 경의 농업혁명, 17~18세기
> 의 산업혁명에 이어, 현재는 디지털 혁명이 일어나 산업사회에서 정보 지식 사
> 회로 옮겨 가고 있다.

어휘 및 표현 *Words & Expressions*

- 광경 光景
- 공공 公共
- 여론 輿論
- 참여적 參與的

- 역동적 力動的
- 공통 감각 common sense
- 복합 複合 / 융합 融合
- 검색 檢索

- 빈도 頻度
- 호혜성 互惠性
- 무임 승차자 free-rider
- 개점휴업 開店休業

3. 디지털 혁명과 사유: 설명문 쓰기의 실제

디지털 혁명에 따른 매체 변동으로 우리 일상생활에 많은 변화가 일어났다. 특히 트
위터, 페이스북, 카카오톡 등 넓은 전파력과 쌍방향적 소통 방식을 지닌 소셜 미디
어는 사적인 콘텐츠마저 공적인 파급 효과를 불러일으키는 대중 매체가 되었다. 이
처럼 우리는 디지털 혁명으로 즉각적이고 동시적인 소통이 가능해졌고, 정보의 수
용과 집적 능력도 획기적으로 향상되었다.

그러나 한편에서는 디지털 문화로 인해 생산성이 낮아지고 창조력도 저하되고 있다
는 우려도 제기한다. 다음 예문은 디지털 문화가 깊은 사유에 필요한, 몰입할 수 있

는 계기를 없애고 생각을 분산시킨다는 역설적인 사실을 설명하고 있다.

업무 도중 5분에 한 번씩 받은 편지함을 확인하며 한눈을 판다. 그래서 어쨌다고? 그게 왜 문제인지 이해하기 위해서는 클릭을 하면서 무엇을 하고 있는지가 아니라 무엇을 놓치고 있는지를 생각해야 한다. 가장 먼저 효율성을 최대한 발휘하고 있지 않다. 집중력이 계속 흐트러지고 이를 다시 회복하는 데는 시간이 걸리기 때문이다. 디지털 도구는 번개 같은 속도로 일을 처리하는 것처럼 보이지만 디지털 도구의 속도와 우리 사고의 속도를 혼동해서는 안 된다. 스크린은 빠른 속도로 업무 간 전환을 가능하게 하지만 한 가지에 집중하지 못하게 하기 때문에 우리의 수행 능력은 그만큼 둔화되고 있다. 이것은 가짜 효율성이며 엄청난 환상이다.

그리고 그보다 더 심각한 문제가 있다. 우리는 스크린의 쏜살같은 업무 처리 속도를 따라가기 위해 재빨리 생각하는 버릇에 길들여지면서 이보다 훨씬 더 가치 있는 무언가를 놓치고 있다. 바로 창조적으로 사고하는 능력이다. 인간이 가진 여러 능력 중에서 가장 뛰어난 것은 바로 사물들 간의 연관 관계를 파악하는 능력이다. 인간의 뇌는 이 세상에서 가장 뛰어난 연상장치로 약 1천 억 개의 뉴런이 그만큼 다양한 방법으로 서로 연결되어 있다. 이는 이미 알려진 우주의 별들보다 더 많은 수이다. 어떤 면에서 디지털 장치는 관련 있는 수많은 정보를 제공함으로써 더 쉽게 연관 관계를 파악할 수 있도록 도와준다고 볼 수도 있다. 창조적 사고와 종합적 사고를 가능하게 하는 디지털 장치의 잠재력은 말로 다 표현할 수 없을 정도다. 그러나 인간의 가장 뛰어난 창조성은 오직 시간과 정신적인 여유가 있을 때에만 발휘된다. 윌리엄 제임스는 '한 가지 대상에 몇 시간이고 빠져 있는 천재들의 집중력'과 '일반인들의 정신 상태'를 비교한 적이 있다. 물론 그런 천재도 흔치 않지만 지금처럼 스크린을 쉴 새 없이 떠돌아다닌다면 독창적이고 기발한 사고는 물론이고 어떤 일에도 창조성을 발휘하기 힘들 것이다.

효율성을 극대화하고 생산성을 높이기 위해 개발된 디지털 도구가 그 반대의 결과를 초래하고 있는데도 불구하고 여러 기업들은 맥시멀리즘적인 접근법을 버리지 못하고 있다. 몇 년 동안 기업들은 이러한 문제를 파악하지도 못했고, 파악하고도 모른 척했다. 그리고 마침내 생산성이 떨어지는 것을 눈으로 확인하고 나서야 관심을 기울이기 시작했다. 주로 업무 환경의 기술적인 문제를 다루는 리서치 기업 바섹(Basex)의 한 연구는 직원들이 업무에 방해되는 요소를 처리하느라 하루의 4분의 1 이상을 허비한다고 밝히고 있다. 그 결과 기업들은 '생산성이 낮아지고 혁신이 감소'하는 상황에 처하게 된다. 2009년에 바섹은 정보의 홍수로 인한 연간 경제적 손실이 9천 억 달러에 이를 것이라고 추정했다.

(윌리엄 파워스, 『속도에서 깊이로』, 임현경 옮김, 21세기북스, 2011)

디지털 혁명이 장밋빛 미래만을 기대하는 것은 아니다. 위의 예문처럼 디지털 혁명의 역효과를 설명한 글을 보면, 일상생활에서 디지털 사용을 줄이는 '디지털 단식'이 필요하다는 주장에 공감하게 된다. 지하철 등 대중교통을 이용하는 젊은 사람들이 대부분 스마트폰, 아이패드 등 디지털 기기를 매만지는 것을 보는 것은 이제 일상의 풍경이 되었다. 디지털 문화가 우리의 일상생활을 지배하는 이 시점에, 무엇보다도 디지털 문화에 대한 균형 있는 시각을 갖는 것이 필요하다.

디지털 혁명 이전 세대에는 정보가 곧 힘이었다. 그러나 디지털 혁명으로 정보는 더 이상 힘으로 작용하지 못한다. 정보의 접근성이 좋아져서 정보가 지닌 희소성이 줄어들었기 때문이다. 디지털 시대에는 정보를 많이 소유하려는 정보력보다는 그 많은 정보를 정확하게 분석하고 종합하여 새로운 것을 창조할 수 있는 비판적 사고력이 더 중요하다. 다음 예문을 읽어 보자.

● 예문 7 ●

　내가 도달한 결론 중 하나는 새로운 생각이나 신선한 생각 형성에서 양은 곧 질이라는 사실이다. 대부분의 사람들은 습관에서 자유롭지 못하므로 가능한 한 어렸을 때부터 새로운 정보와 경험에 자주 노출되는 것이 반드시 필요하다. (중략)
　아직까지 기계가 인간에 버금가는 천재성을 발휘하지는 못하지만, 형식적 논리

규정이나 역사적 지식으로 만들 수 있는 일에는 매우 똑똑해지고 있다. 이런 추세가 지속된다면 논리와 분석, 전문 지식이 필요할 때 비용이 덜 드는 국가나 기계들에게 아웃소싱 하는 사례가 점점 더 늘어날 것이다. 따라서 미래는 데이터를 습득, 소화, 반복할 수 있는 논리적 인간이 아닌 변칙을 간파하고, 독창적 질문을 던지고, 신선한 생각을 꿈꿀 수 있는 깊은 사상가와 혁신적 조직의 몫이 될 것이다.

또한 미래에 전세계가 디지털화되면서 서로 연결되면 지식은 여러 곳으로 분산될 것이다. 과거에 지식은 희소성이 있었다. 몇 백 년 전만 해도 지식을 얻는 데 많은 비용이 들었기 때문에 지식은 힘과 영향력의 진원지였지만 지금은 더 이상 그렇지 않다. 누구라도 눈 깜짝할 사이에 지식을 얻을 수 있게 되었다. 따라서 우리가 미래에 습득해야 할 한 가지 기술은 지식을 감지하거나 사물의 본질을 파악하는 것이 아니라 사물의 상호 관련성을 알아내는 것이다. 마찬가지로 빠르게 사라지고 마는 고도로 전문적인 기술 지식이 아닌 창의력과 새로운 지식을 창조하기 위해 다른 분야의 생각들을 받아들이고 혼합한 생각들에 가치가 있을 것이다. 이것은 다양한 종류의 지능과 깊은 사고가 유행하는 세상이다. (리처드 왓슨, 『퓨처마인드』, 이진원 옮김, 청림출판, 2011)

위의 예문 역시 미래 사회에 요구되는 창의적인 인재형에 대해 설명하고 있다. 미래 사회에는 기계가 데이터를 습득하고 반복하는 논리적인 분석을 수행하게 되므로, 사람은 법칙을 찾아내고 독창적 질문을 던지는 일, 신선한 생각을 꿈꾸는 사상가와 혁신적 조직가가 되어야 한다고 주장한다. 디지털 혁명의 시대에 더욱 필요해진 창의력을 키우기 위해, 우리들은 디지털 문명을 어떻게 활용해야 하는가 하는 문제가 가로놓여 있다.

■ **동시적 사건의 나열을 통한 대조**

1. 인간은 스크린의 쏜살같은 업무 처리 속도를 따라가기 위해 재빨리 생각하는 버릇에 **길들여지면서** 이보다 훨씬 더 가치 있는 바로 창조적으로 사고하는 능력을 잃어가고 있다.

2. 우리가 미래에 습득해야 할 한 가지 기술은 지식을 감지하거나 사물의 본질을 파악하는 **것이 아니라** 사물의 상호 관련성을 알아내**는 것이다.**

3. 개인은 순간적인 욕망이나 욕구에 **충실할 뿐**, 종합적인 자신의 이미지나 상을 구현하지 못한다.

■ **반대의 특성 대조:** '그러나, −지만' 등을 사용함

1. 창조적 사고와 종합적 사고를 가능하게 하는 디지털 장치의 잠재력은 말로 다 표현할 수 없을 정도이다. **그러나** 인간의 창조성은 오직 시간과 정신적인 여유가 있을 때에만 발휘된다.

2. 스크린은 빠른 속도로 업무 간 전환을 가능하게 **하지만**, 한 가지에 집중하지 못하게 하기 때문에 인간의 수행 능력은 그만큼 둔화되고 있다.

3. 몇 백 년 전만 해도 지식을 얻는 데 많은 비용이 들었기 때문에 지식은 힘과 영향력의 **진원지였지만** 지금은 더 이상 그렇지 않다.

4. 인터넷은 매우 혁명적이지만 위험한 면을 가지고 있다. **한편에서 보자면** 그것은 한 개인이 전 세계와 대화할 수 있다는 점에서 혁명적이다. 그러나 **다른 한편에서 보자면** 그것은 정보 수집과 가공, 처리에 있어 책임감이나 신뢰할 만한 시스템을 갖추지 못한 개인에게 자유로운 매체가 주어졌다는 것은 그만큼 위험하다.

■ **강조 표현:** 설명의 효과를 극대화하기 위해 강조 표현 사용
'그보다 더, 바로, 말로 다 표현할 수 없다, 연구는 ~라고 밝히고 있다, ~가 필요하다'

1. 디지털 도구의 사용에는 **그보다 더** 심각한 문제가 있다. 컴퓨터의 빠른 업무 처리를 따라가다 보면 **바로** 창조적으로 사고하는 능력을 잃게 된다.

2. 디지털 장치의 잠재력은 <u>말로 다 표현할 수 없을</u> 정도이다.

3. 리서치 기업에서 발표한 한 <u>연구에 따르면</u> 직원들이 업무에 방해되는 요소를 처리하느라 하루의 4분의 1 이상을 허비한다고 <u>밝히고 있다.</u>

4. 사람들은 습관에서 자유롭지 못하므로 가능한 한 어렸을 때부터 새로운 정보와 경험에 자주 노출되는 <u>것이 반드시 필요하다.</u>

학습활동 ❹ *Activity*

[예문 6]을 읽고, 아래의 활동을 해 보자.

1. 디지털 혁명으로 정보의 접근성이 획기적으로 좋아졌지만, 그것이 역설적으로 창조성을 저해하는 원인이 되었다. 이에 대해 토론해 보자.

2. 디지털 기술이 가져온 부정적인 측면과 긍정적인 측면을 대조와 예시를 들어 설명해 보자.

3. 디지털 기술이 가져온 빅데이터(Big Data)가 일상생활에 어떻게 활용될 수 있는지 설명해 보자.

학습활동 ❺

[예문 7]을 읽고, 아래의 활동을 해 보자.

1. 디지털 미디어가 어떻게 깊은 사유를 방해하는지 예시를 활용하여 설명해 보자.

---

2. '정답과 오답이 분명한 세계'와 '생각이 혼재된 세계'를 비교와 대조의 방법을 활용하여 설명해 보자.

어휘 및 표현

- 소셜 미디어 social media
- 파급효과 波及效果
- 분산 分散
- 연관관계 聯關關係
- 맥시멀리즘 maximalism
- 아웃소싱 outsourcing
- 사적 / 공적 私的 / 公的
- 집적 集積
- 잠재력 潛在力
- 단식 斷食

아래의 활동을 수행해 보자.

1. 소셜 미디어를 설명하는 글의 서론을 써 보자.(200자)

2. 소셜 미디어가 일상생활에 초래한 문화 변동을 설명하는 글을 써 보자.(1,000자)

09

세계화와 자본주의

서평이란 책의 내용을 전달하고 가치를 평가하는 글이다. 서평은 책의 내용, 의미, 논쟁점, 가치 등을 밝혀, 잠재적 독자들에게 책의 내용을 정확히 알리는 역할을 수행한다. 이 장에서는 세계화에 따른 사회 변동을 분석하는 책들을 읽고 저자의 주장에 공감, 비판, 평가하는 서평 쓰기에 대해 학습한다.

1. 서평 쓰기의 이해
2. 세계화와 공동체의 해체
3. 신자유주의 문화와 진정한 자유의 탐색: 서평 쓰기의 실제

- 서평: 책의 중심된 내용을 소개하고 이에 관한 자신의 평을 쓰는 일
- 세계화: 국경과 국가의 경계를 넘어 세계가 하나의 네트워크로 연결되어 여러 나라가 서로 긴밀하게 교류하는 것
- 신자유주의: 시장에 대한 국가의 개입을 반대하고 시장의 자유로운 흐름을 중요시하는 경제 자유주의의 입장 가운데 하나

1. 서평 쓰기의 이해

좋은 책을 많이 읽어야 좋은 글을 쓸 수 있다. 풍부한 독서 경험은 비판적이고 창조적인 사유를 가능하게 한다. 그러나 책을 무조건 많이 읽는 것만으로 사유 능력이 늘지는 않는다. 책을 읽으면서 책 속의 지식이나 사상, 필자의 경험 등을 분석, 비판, 종합하는 정신 활동이 뒷받침되어야 지적 사유는 확장된다. 우리는 서평 쓰기를 통해 지적 사유를 확장할 수 있다.

독후감이 주관적인 느낌을 서술하는 개인적인 글이라면, 서평은 이러한 감상을 객관화하여 사회문화적 맥락에서 공론화하는 공적인 글이다. 따라서 서평은 주관적 감상의 성격보다는 객관적 가치 평가의 성격이 더 강하다.

서평을 잘 쓰기 위해서는 우선 책을 주의 깊게 읽어야 한다. 가장 중요한 일은 책의 중심된 주제를 잘 이해하는 일이기 때문이다. 다음으로 책의 논지와 자신의 생각을 정리해야 한다. 책을 읽어가면서 독서 카드를 작성하거나 책의 여백에 메모를 하는 것도 좋은 방법이다. 여기에 자신의 질문이나 비판, 평가를 함께 메모한다.

- **처음:** 책이 나오게 된 배경, 책이 제기하는 문제와 주장, 책을 읽게 된 동기, 저자 소개 등을 서술함
- **중간:** 책의 구성과 내용, 중심된 생각, 인상적인 점, 쟁점이 될 수 있는 점을 서술함
- **끝:** 책에 대한 평가와 비판, 자신의 생각 등을 서술함

- 책의 전체적인 구성과 내용을 정확하게 이해해야 한다.
- 책에서 중요하지 않은 부분을 서평의 대상으로 삼거나 저자의 중심 논지를 주관적으로 이해하지 않도록 조심해야 한다.
- 저자의 중심 생각을 이해하고 수용하되, 저자의 생각에 질문하고 자신의 의견을 말하는 등 대화적이어야 한다.
- 저자의 중심 생각, 사실 전달과 서평을 쓰는 글쓴이의 평가를 명확하게 구분해서 써야 한다.
- 객관적인 가치를 평가하고, 전망을 제시해야 한다.

2. 세계화와 공동체의 해체

세계화(Globalization)는 국가 단위의 경제가 하나의 세계 경제로 통합되는 것을 의미한다. 세계화의 물결은 국가나 지역 간의 존재하던 생산, 상품, 서비스, 자본, 노동, 정보 등의 장벽을 제거하여 세계를 거대한 단일 시장으로 통합하였다. 세계화는 국가 단위의 폐쇄적인 경제체계에서 벗어나게 됨으로써 경쟁과 특화 등을 통해 자본, 노동 등의 자원이 효율적으로 배분되는 장점이 있다. 또한 세계화를 통해 상호 의존성이 심화되면서 평화, 인권, 환경 등 전 지구적인 문제 해결에도 긍정적인 영향을 줄 수 있다.

그런데 세계화로 인해 전 세계적으로 소득 격차가 확대되면서 세계화에 대한 반대의 목소리가 생기게 되었다. 세계화된 사회는 경쟁이 세계적 차원에서 이루어지다 보니 경쟁이 더욱 심해졌고, 경쟁력을 갖춘 소수의 세계적 기업만이 살아남는 구조

가 되어 전 세계의 부가 소수의 기업과 자본가에게 집중되는 현상이 발생한다. 이 경쟁 체제에서 실패한 개인들은 약간의 오락물과 먹을거리에 만족하며 살아가야 하는 처지에 내몰리게 되었다. 따라서 세계화에 대한 부정적 현상을 성찰하고 이를 극복할 대안을 모색해야 한다. 아래 예문을 읽어 보자.

● 예문 1 ●

〈20대 80의 사회〉라는 말은, 21세기에는 노동 가능한 인구 중에서 20%만 있어도 세계경제를 유지하는 데 별 문제가 없다는 말이다. 일자리를 구하는 사람들 다섯 명 중 하나면 모든 상품을 생산하고 값어치 있는 서비스를 제공하기에 충분하다는 것이다. 이 20%의 사람들은 국적을 불문하고 돈벌이나 소비생활에 적극적으로 참여할 수 있게 된다.

그렇다면 나머지 사람들은 어떻게 되는가? 일을 하고 싶은 사람들 중에서 80%는 놀아야만 하는가? 『노동의 종말』을 쓴 미국의 저술가 제레미 리프킨은 "확실히 그렇다." 라고 말한다. 아래쪽에 있는 80%의 사람들은 엄청난 문제를 만나게 된다는 것이다.

이어 열린 토론회는 '노동의 미래' 와 관련된 실업 문제로 넘어간다. 이와 관련해 참석자들 모두는 앞으로 사람들은 샌프란시스코 해변에서 행복을 느끼며 인생을 즐기기보다는 전 세계적으로 수천만 명의 사람들이 실업자 상태로 생존 경쟁에 시달리게 될 것이라고 확신한다. '탄탄한 중산층도 없고, 아무도 저항할 세력이 없는 부유한 나라' 라는 새로운 사회 질서의 밑그림이 그려지고 있다.

지난 80년대부터 유럽에 널리 퍼졌던 〈3분의 2 사회〉가 아니라 〈20대 80의 사회〉 즉, 사회 복지와 사회적 지위가 1 대 4의 비율로 배분되어야만 하는 그런 사회가 오고 있는 것이다. 이 〈20대 80의 사회〉에서는 사회로부터 배척된 80%의 사람들은 약간의 오락물과 먹을거리에 만족하여 조용히 살아야만 한다. 이 모두가 지나친 과장일까? (중략)

이러한 현상이 벌어지게 된 원인 중 하나가 다름 아닌 '세계화' 이다. 세계화는 첨단 기술을 통한 통신망의 발전, 저렴한 운송 비용, 국경 없는 자유 무역 등을 통해 전 세계를 하나의 단일한 시장으로 만들어 버린다. 이러한 세계화는 노동 시장에서도 범

지구적으로 극심한 경쟁을 불러일으킨다고 한다. 이런 설명들에 따르면, 독일 기업들은 인건비가 싼 외국으로 진출하여 거기서만 새로운 일자리를 만들게 될 것이라 한다. 전 세계를 통틀어 크고 작은 약 4만 개의 다국적 기업들이 세계적인 권력을 휘두르며 각 기업의 노동자들끼리, 또는 각 나라별로 서로 갈라져 경쟁하고 싸우게 만들고 있다고 그들은 말한다.

(한스 페터 마른틴 & 하랄트 슈만, 『세계화의 덫』, 강수돌 옮김, 영림카디널, 2003)

세계화에 기반한 신자유주의는 국가 간의 시장 경계를 허물어 시장의 자유로운 경쟁을 통해 경제 발전을 도모하려는 이론이다. 그러나 무한 경쟁의 원리는 최종의 승자를 만들어내고 최종 승자가 자원과 이윤을 독차지하는 '승자 독식'(Winner takes all)의 체제가 형성된다. 이러한 경쟁 체제에서 공동체의 개인은 자신의 성공만을 위해 다른 사람들을 경쟁의 대상으로 간주한다. 이로써 서로에 대한 신뢰는 불가능하게 된다.

신자유주의는 공동체의 평등과 복지보다는 경쟁을 통한 발전을 강조함으로써 사람 사이의 관계를 협력과 상호 인정이 없는 경쟁 관계로 만들어 버린다. 신자유주의는 경쟁에서 승리하기 위해 주위 동료를 '친밀한 적'으로 만들어 공동체를 해체시키는 문제점을 지닌다고 볼 수 있다. 아래 글을 읽어 보자.

● 예문 2 ●

문제는 최종 승자와 그 뒤를 따르는 수많은 사람들의 실력 차이가 작음에도 불구하고 승자가 모든 것을 갖게 되는 '승자 독식'의 게임 규칙이다. 신자유주의는 단순히 더 열심히 일하고 공부하면 누구든지 만족한 삶을 살 수 있다는 능력주의를 옹호하는 것에서 한 발 더 나아가 소수의 성공 신화를 확대 과장함으로써 모든 사람들의 기대 수준을 높인다. 모두가 노력만 하면 상위 1퍼센트, 혹은 상위 5퍼센트에 속할 수 있다는 '성공'의 환상은 더욱 커지고 있다. 1990년대 후반 외환 위기 이후 우리 사회에서 유행하고 있는 많은 자기 계발서와 재테크 열풍은 신자유주의가 어떻게 사람들의 '부자 되기' 꿈과 자아실현의 소망에 기대어 이들을 설득하고 동원해 내었는지를 보여 준다.

어릴 때부터 신자유주의적인 문화를 내면화한 한국의 청년들은 자신의 부족한 스펙을 걱정하며 친구들과 경쟁하고 가족이나 친밀한 관계조차 계산과 거래의 대상으로 여긴다. 그러면서 무언가 내면이 공허해지고 있다는 불안감을 문화적 풍토병으로 가지게 되었다. 경쟁이 치열해지고 사회적 성공과 실패의 명암이 클수록 집단적인 연대의 자원은 소멸되고 생존주의적인 전략만이 치열해지게 된다. 성공의 이미지는 범람하지만 타인과의 동반 성장이나 타인에 대한 배려 같은 개념은 사라지고 있다. 신자유주의의 경제와 문화 논리를 내면화하면 할수록 '성공'에 대한 강박은 커지고 의존할 것이 없어진 우리 삶은 더욱 불안해진다.

사실 우리는 살면서 여러 가지 중요한 결정을 내리고 선택한다. 그리고 그 결과에 책임을 진다. 돈이나 경제적 성취에만 매달려 인간의 다른 가치들을 희생하지 않는다면 다른 것에 더 많은 시간과 에너지를 쓸 수도 있다. 우리가 진정으로 원하는 것이 무엇인지, 우리의 삶 속에서 진정으로 중요한 것이 무엇인지에 집중한다면 삶을 단순화할 수 있다. 사회의 공적인 가치를 변화시켜 나가려는 노력도 중요하지만 개인적인 변화의 노력 역시 중요하다. 사회는 개인들에게 어떤 삶을 살고 어떠한 가치를 중요하게 생각할 것인지에 대한 선택지를 제공한다. 하지만 반대로 개인의 선택이 모여 사회적 변화의 방향과 속도를 결정하는 데 힘을 미칠 수 있다. 우리 자신과 사회를 위해서 어떠한 변화가 가능한지 사유하고 상상하고 실험하는 사회적 논의를 시작할 때다. '불안이 영혼을 잠식하는' 신자유주의 시대에 맞서 우리는 이제 인간이 가진 '삶'의 능력을 회복하도록 서로 고무하고 격려하는 태도를 갖춰야 한다.

(김현미 외, 『친밀한 적』, 이후, 2010)

신자유주의는 감정마저 상품화시킨다. 인간이 가지고 있는 행복, 기쁨, 우울, 슬픔 등의 감정마저도 노동시장에서는 관리되고 통제되어야 하는 대상이 되었다. 이러한 환경에서 정신적 스트레스가 커졌고 이를 치유하는 산업이 새로운 소비 시장으로 성장했다. 이처럼 이 책은 감정과 자본의 상호작용이 개인들의 삶에 어떠한 영향을 미치고 있는지 살펴보고 치유 문화와 결합된 신자유주의적 감정 관리의 특성에 대해 논의하고 있다.

학습활동 ❶ *Activity*

[예문 1]을 읽고 아래의 활동을 해 보자.

1. 위 예문의 핵심어와 주요 문장에 밑줄을 그어 보자.

2. '20대 80의 사회'라는 말은 어떤 의미인지 서술해 보고 여러분의 나라에서는 이러한 현상이 어떻게 나타나고 있는지 이야기해 보자.

3. 세계화가 지닌 장점과 단점을 토론해 보자.

학습활동 ❷ *Activity*

[예문 2]를 읽고 아래의 활동을 해 보자.

1. 위의 예문에서 주요한 부분에 밑줄을 긋고, 200자 내외로 요약해 보라.

2. 일상문화에서 ‘승자 독식’이 일어나는 사례를 찾아 보자.

---

3. 신자유주의를 추종하다 보면 과도한 경쟁의 논리에서 벗어날 수 없다. 경쟁이 지니
는 장점과 단점을 비교하고, 이를 사회에 적용하여 설명해 보자.

어휘 및 표현 *Words & Expressions*

- 국가 단위 國家 單位
- 통합 統合
- 장벽 障壁
- 특화 specialization
- 폐쇄적 閉鎖的
- 배척 排斥
- 다국적기업 多國籍企業
- 최종 승자 最終 勝者
- 간주 看做 하다
- 친밀한 적 intimate enemies
- 상호 인정 相互 認定
- 연대 連帶
- 소멸 消滅
- 치열 熾烈
- 선택지 選擇肢
- 잠식 蠶食 하다

3. 신자유주의 문화와 진정한 자유의 탐색: 서평 쓰기의 실제

다음의 예문은 신자유주의 문화를 비판적으로 분석한 책에 관한 서평이다. 서평의
글쓴이는 신자유주의가 대학생의 일상생활에 어떠한 영향을 주고 있는지를 분석하
며 서평을 전개한다.

　우리는 진정한 자유 속에 살고 있는가? 신자유주의라는 이름 안에 있는 '자유'는 과연 어떤 의미일까. '신자유주의'라는 하나의 흐름이 우리의 삶 속에 들어온 지는 30년도 채 되지 않는다. 그런데 이러한 신자유주의는 마치 다른 방식은 존재하지 않았던 것처럼, 혹은 앞으로도 존재하지 않을 것처럼 유일하고도 당연하게 받아들여지고 있다. 그러나 우리는 신자유주의가 제시하는 '자유'의 다른 측면을 주목해야 한다. 신자유주의에서는 인간의 행복은 시장을 자유롭게 만들 때 증폭되고 특히 국가나 전통적 공동체의 개입은 구속적이라고 간주된다. 이렇게 시장이 다른 어떤 가치보다도 우선시되면서 모든 것은 시장 경제 체제 속으로 흡수되었다.

　『친밀한 적』은 이러한 시장 경제 속으로 삶의 가치마저 수렴되고 마는 현상을 비판적으로 분석한 책이다. 연세대학교 김현미 교수가 사회학과 문화학을 전공하는 박사과정 학생들과 함께 공부하고 토론한 내용을 엮은 책이다. 이 책은 신자유주의가 우리 현대인의 삶과 욕망을 어떻게 변화시켰는지 분야별로 나누어서 설명한다. 금융, 전쟁, 이주 노동, 외모, 감성, 생명이라는 여섯 가지의 테마로 분류하는데, 이들을 총체적으로 합치면 바로 우리의 '삶' 전체이다. 경제적 효용성이라는 관점에서만 주로 분석되던 신자유주의를 문화 논리를 바탕으로 재해석했다는 점이 기존의 책과는 구별되는 특성이다. 신자유주의가 가져온 폐해는 경제적 측면 외에도 정치, 문화 등 삶의 전 영역에 퍼져 있다. 이 책은 문화적 측면에 더 비중을 두고 분석하고 있다. (중략)

　신자유주의는 시장경제에서 교육이나 돌봄과 같은 사회 재생산에 필요한 공공재부터 생명, 아름다움, 행복, 자기 계발, 치유와 같은 비물질화된 가치까지 투자와 교환이 가능한 상품이 되었다. 신자유주의가 내세우는 '자유'라는 이상 속에서 개인은 안전망 하나 없이 자신의 모든 선택과 결과에 책임을 져야 한다. 끊임없이 변화하는 '예측 불가능한' 사회에서 개인은 외모와 능력, 감정 조절 능력에까지 이르는 '자기 계발'을 통해 무한 '경쟁'에 적응해 나가야 한다. 하지만 언제나 불안감과 위험성을 느낄 수밖에 없으며 이에 대한 대처와 책임은 모두 나 자신이 떠맡게 된다.

　인간도 상품화되는 마당에 '감정'의 상품화는 그리 놀라운 일이 아니다. 신자유주의 하에서 우리의 감정은 상품화되고 하나의 자본으로서 기능한다. 이 책의 5장에서는 개개인이 '나 주식회사'의 최고 경영자가 되어 외모 관리와 같은 자기 계발에 몰두하게 된다고 말한다. 신자유주의 하에서 우리는 '나 주식회사'의 경영자로서 '감정을 관리하는 능력' 또한 하나의 자본으로 활용하게 된다. 감정은 경영의 대상이 되는 것이다. 이 책에서 말하는 감정 자본주의의 양상은 첫째, 정서의 상품화 경향, 둘째 노동자의 관리가 감정 관리를 통해 이루어지는 새로운 기업 문화의 형성, 셋째, 치유 산업의 성장이라는 세 가지로 요약할 수 있다. 이 중에서 내가 주목하였던 것은 '치유 문화'와 관련된 것이다.

최근 들어 불안, 슬픔, 우울, 무기력, 나태, 절망, 고통 등의 부정적인 정서 치료가 각종 치유 산업과 의료 산업의 주요한 마케팅 대상으로 급부상하고 있다. 개인은 자기 계발의 일환으로 자기 정서를 관리하기 위해 명상 프로그램, 정신과 상담, 책 읽기와 같은 '자기 치유'에 몰두한다. 그런데 이러한 자기 치유 열풍과 치유 사업의 성장은 현대인의 경쟁적이고 불안정한 현실, 즉 사회 구조에서 발생한 문제들이다. 이러한 사회 구조에서 발생한 문제들을 개인의 치유 영역으로 떠넘겨져 개개인들에게 모든 책임을 묻는 것이다. 결국 신자유주의 하의 개개인은 불안정한 현실로부터 발생하는 문제를 스스로 해결해야 한다는 중압감을 느낀다. 저자는 이렇게 말한다. "현재의 치유 문화는 사회적 개선의 필요성을 고민하기보다는 자기 개선에 몰두함으로써 위험하고 불확실한 사회에 대한 거짓 안정감을 제공한다." 정승화, 「감정 자본주의와 치유문화」, 「친밀한 적」, 김현미 외, 이후 2010, 184쪽.

이러한 현실에 놓인 개인은 과연 행복하다고 볼 수 있는가? 경쟁과 자본주의 물질문명에 지친 개개인들은 '자아 해방 욕구'를 '자기 계발 상품의 소비 욕구'로 바꾸는 것 말고는 할 수 있는 것이 없다. 일상 속 모든 것이 상품화되어 버린 사회에서 이 책은 인간에 대한 존재론적 질문이 이러한 현상을 극복하는 첫 단계가 될 것이라고 주장한다. 즉, "어떻게 사는 것이 행복한가?", "과연 우리 사회에서 무엇을 아름답고 가치 있는 것, 중요한 것으로 정의할 것인가?"라는 질문과 사유가 인간성과 소중한 가치들의 회복에 큰 도움을 줄 것이라고 믿는다. 이제는 진정한 자유를 찾아야 할 때이다.

(연세대학교 경제학과 학생, 「진정한 자유」, 2011)

모든 것이 상품으로 교환되는 현대 사회에서 행복의 조건과 지켜야 하는 삶의 가치
는 무엇인지 서평의 글쓴이는 질문하고 있다.

학습활동 ❸ *Activity*

[예문 3]을 읽고 아래의 활동을 해 보자.

1. 위의 예문을 처음–중간–끝으로 정리해 보자.

1) 처음: ____

2) 중간: ____

3) 끝: ____

2. 소비 욕망 충족이 '진정한 자유'를 가져다 줄 수 있는지 생각해 보자.

____

____

어휘 및 표현 *Words & Expressions*

- 이주 노동 移住 勞動
- 자기 계발 自己 啓發
- 효용성 效用性
- 치유 治癒
- 삭제 削除

■ **간접 인용법**: 자신의 주장이 어떤 상황이나 기준에 근거함을 나타내는 표현으로 '–에 의하면'이나 '–에 따르면', '그래프에서 보는 바와 같이 ∼' 등이 있다.

1. 통계청의 **발표에 의하면** 2005년 기준 평균 수명은 남자 75세, 여자 82세로 남녀 평균 78.63세이다.

2. **조사 결과에 따르면/그래프에서 보는 바와 같이** 한국어 학습자들은 대학 강의 수강과 관련하여 보고서 작성과 발표, 토론을 어려워하는 것으로 분석되었다.

3. **최근에 유행하고 있는** 〈20대 80의 사회〉라는 말은 21세기에는 노동 가능한 인구 중에서 20%만 있어도 세계 경제를 유지하는 데 별 문제가 없다는 말이다.

4. **통계청의 발표에 의하면** 2005년 기준 평균 수명은 남자가 75세, 여자가 82세로 평균 78.63세라고 한다.

5. **이런 설명들에 따르면**, 독일 기업들은 인건비가 싼 외국으로 진출하여 거기서만 새로운 일자리를 만들게 될 것이라 한다.

6. **'88만원 세대, 루저, 잉여 인간' 이란 말들은** 한창 새로운 사회를 건설하고 참여하려는 능동적 에너지를 가진 청년들을 자괴감에 빠지게 한다.

■ **직접 인용법**: 원문을 그대로 옮겨야 할 경우 직접 인용을 한다. 단어나 핵심 어구, 3행 이내의 짧은 문장을 인용할 때에는 본문 안에서 큰 따옴표(" ")를 사용하여 표시해 준다. 이와 달리 긴 글을 인용할 때에는 새로운 단락을 만들어 위아래로 한 행을 띄고, 본문보다 안으로 들여 쓴다. 마지막으로 직접 인용한 구절이나 문장의 끝 부분에 주석을 달아 출처를 밝혀준다.

1. 일을 하고 싶은 사람들 중에서 80%는 놀아야만 하는가? 『노동의 종말』을 쓴 미국의 저술가 제레미 리프킨은 "확실히 그렇다."라고 말한다. 그는 "아래쪽에 있는 80%의 사람들은 엄청난 문제를 만나게 된다."고 주장한다.

2. 신자유주의가 가져온 폐해는 경제적 측면 외에도, 정치, 문화 등 삶의 전 영역에 퍼져 있다. 이 책은 문화적 측면에 더 비중을 두고 분석하고 있다.

신자유주의는 평등, 경제적 존엄성, 분배의 정의, 과정과 타협의 중요성 등 인류가 역사적 부침을 거쳐 동의한 민주적 가치들을 우리의 삶에서 '삭제'하고 있다. 개인의 욕망이 무제한적으로 허용되는 만큼 우리 모두가 치러야 할 경제적 · 정서적 고통은 깊어 가고 있다. 정치적 발언권은 부를 기준으로 한 서열에 따라 부여되고 있으며, '나'라는 개인에 속했던 많은 부분이 나에게서 분리되어 관리와 경영의 대상이 되었다. 외모나 명품 등 '보이는 것'에 따라 인격을 판단하는 현상 또한 심각한 상황이다.❶

❶ 김유정, 「진정한 자유」, 글쓰기 과제 보고서, 2011.

연습문제 ❶　　　　　　　　　　　　　　　　　　　　　　　*Exercise*

신자유주의가 일상생활에 미친 영향을 다룬 한국 단편소설을 읽고 서평을 써 보라.(800자)

연습문제 ❷　　　　　　　　　　　　　　　　　　　*Exercise*

수업에서 활용되는 교재를 소개하는 서평의 서론을 200자 이내에서 서술해 보라.

10

서구 중심주의의 극복과 동아시아의 역할

글의 화제와 주제는 생각과 주장을 열고, 펼쳐 나가며, 마무리함으로써 완성된다.
따라서 글의 주제를 분명하게 드러내기 위해서는 글의 서술 방향과 흐름에 따라 일관성 있게
논리적으로 배열하는 것이 중요하다. 이 장에서는 서구 중심주의의 극복과 동아시아의
역할이라는 논제로 글의 서두와 본론, 그리고 결말 쓰기의 방법에 대해 학습한다.

1. 글의 화제와 주제
2. 글의 단락 구성: 서두, 본론, 결말

- 주제: 연구나 토론 등에서 중심이 되는 문제. 글의 화제에 대해 글쓴이가 말하려는 중심 생각
- 화제: 글의 주된 소재나 제재
- 구성: 글의 주제를 드러내기 위해 내용을 일관성 있게 배열하는 것
- 배열: 글에 적합한 내용을 선택하여 단락을 논리적 흐름에 맞춰 전개하는 것

1. 글의 화제와 주제

한 편의 글이 조리 있게 서술되어 있고, 내용이 분명하게 잘 드러나 있을 때 우리는 글의 주제가 명확하다고 말한다. 글을 읽을 때 주제가 명확하지 않으면 독자들은 내용을 건너뛰거나, 심지어는 읽지 않기도 한다. 따라서 글에서는 생각의 핵심 내용인 주제가 명확하게 잘 드러나야 독자들은 글쓴이의 생각을 제대로 파악할 수 있다.

예를 들어, '동아시아(또는 중앙아시아)'라는 화제(話題: topic)가 있고, '동아시아(중앙아시아)의 역할과 미래에 대한 전망'이라는 논제(論題: 논의를 위한 과제)가 주어졌다고 하자. 이러한 논제에 대해 글쓴이는 〈서구 중심주의의 역사와 문화를 극복하고 세계 평화에 기여하기 위해서는 동아시아(중앙아시아) 지역(地域)의 상호 교류와 연대를 확대해나가야 한다.〉는 중심 생각을 제시할 수 있는데, 이 중심 생각을 '주제'(主題: theme)라고 한다.

'동아시아(중앙아시아)'라는 화제와 이에 관한 논제, 그리고 이로부터 펼쳐 낸 글쓴이의 중심 생각, 즉 주제는 다음과 같이 정리할 수 있다.

- **화제:** 동아시애(중앙아시아)
- **논제:** 동아시애(중앙아시아)의 역할과 미래에 대한 전망
- **주제:** 서구 중심주의의 역사와 문화를 극복하고 세계 평화에 기여하기 위해서는 동아시애(중앙아시아) 지역(地域)의 상호 교류와 연대를 확대해나가야 한다.

화제로부터 주제를 도출하고, 도출된 주제를 확장하여 한 편의 글을 쓴다고 할 때, '서구 중심주의의 극복과 동아시아(중앙아시아)의 역할과 미래' 라는 논제를 확장하여 주제를 어떻게 도출해낼 수 있을까? 글쓴이는 여러 가지 관점에서 논제의 방향을 찾고 질문을 제기하면서 자신의 입장을 제기하고 주제를 형성해나갈 것이다. 먼저, 다음과 같은 질문들을 생각해 보자.

수백 년 동안 이어져 온 서구 중심주의는 21세기의 동아시아(동남아시아 또는 중앙아시아) 사회에서 극복되었는가? 세계화 시대가 진행되면서 국경을 자유롭게 넘나들며 교류하고 있는 오늘의 지구촌 사회에서 서구 중심주의의 모습들은 동아시아(또는 중앙아시아) 사회에서 어떻게 나타나고 있는가? 또한, 현재의 동아시아나 중앙아시아 사회는 과거로부터 이어져 온 서구 중심주의의 문화를 어떻게 극복하면서 평화와 번영을 모색하고 있는가?

이러한 질문들을 내용으로 하여, 탈(脫)서구주의의 주제를 담고 있는 아래 예문을 통해서 서두를 어떻게 시작하고, 본론은 어떻게 전개하며, 최종적으로 글의 결말을 어떻게 맺으면서 글의 주제를 형성해나가고 있는지 생각해 보자.

① <u>세계사는 한 폭의 카펫과 같다.</u> 이는 필자의 은사인 조셉 플레처 교수가 즐겨 쓰던 비유다. 각 민족·국가·지역·문명의 시간적·종적인 전개 과정(날줄)이 그들을 연결하는 횡적인 고리들(씨줄)과 얽힐 때 비로소 세계사가 탄생한다는 것이다. 날줄과 씨줄이 얽히면서 만들어내는 무늬가 곧 세계사의 양상이요 특징인 것이다. 만약 이러한 횡적인 연결고리들이 없다면 상호연관성이 없는 개별적인 민족과 국가의 종적인 역사만 존재하게 되고, 세계사는 종횡이 어우러져 짜여진 카펫이 아니라 서로 연관되지 않은 한 움큼의 실타래에 불과하게 될 것이다. 이 같은 횡적인 연결들은 어떻게 가능했는가. 여기서 우리는 실크로드라는 친숙한 용어를 떠올리게 된다. 유라시아 대륙의 동서를 잇는 대간선로였던 실크로드는 분명히 그 같은 연결고리의 역할을 했다. 그러나 만약 우리가 실크로드를 매개로 유라시아 문명들의 상호연관성을 설명하려면 심각한 문제에 봉착하게 된다. 그 <u>문제는 실크로드가 교통과 교류의 '루트'에 불과했다는 데에서 비롯된다.</u>

② 실크로드는 문명이 교류될 때 이용되는 대상, 즉 주체적인 의지가 있을 수 없는 교통로에 불과하기 때문에 교류를 추진하는 쪽은 동아시아나 서아시아 혹은 유럽과 같은 역사의 주체들일 수밖에 없다. 이렇게 되면 <u>세계사가 여전히 '주류' 문명 중심의 관점과 해석에서 벗어나지 못하게 된다는 것은 자명하다.</u> 이것이 바로 '실크로드 사관(史觀)'의 한계이다. 세계사에 대한 객관적인 성찰은 실제로 <u>실크로드를 장악하고 관리하던 주체가 중국인도 아랍인도 유럽인도 아니었음을 우리에게 일깨워준다.</u> 그럼 누구였는가. 그것은 바로 <u>중앙유라시아 초원의 유목민과 사막의 오아시스민들이었다.</u> 실크로드가 경유하는 대부분의 지역이 중앙유라시아에 속해 있었기 때문에 그것은 지극히 당연한 결과였다. 동쪽으로는 만주의 흥안령산맥 부근에서 시작해서 서쪽으로는 헝가리 초원에 이르기까지 펼쳐져 있고, 북으로는 시베리아 삼림이 시작되는 곳에서부터 남으로는 티베트 고원과 아프가니스탄에 이르는 중앙유라시아는 지역적으로 엄청나게 넓은 범위를 포괄하고 있다.

③ <u>중앙유라시아는</u> 대륙의 주변부에 위치한 집약적인 농경이 가능한 습윤지역, 즉 동아시아·동남/남아시아·서아시아·유럽의 주요 문명들과 모두 접하고 있으면

서도 <u>독자적인 문명권을 이루어 왔다</u>. 이곳을 진원지로 하여 시작된 파동은 주변부의 역사를 끊임없이 요동치게 만들었다. 중국사에 관해서 만리장성을 둘러싼 남북의 대립의 역사로, 러시아사에 대해서는 삼림민과 초원민의 투쟁의 역사로, 이란사에 대해서 이란과 투란의 갈등의 역사로 보는 전통적인 시각들도 모두 중앙유라시아가 역사에 미친 충격파의 거대함을 느끼게 해준다. <u>중앙유라시아의 주민들은</u> 기마군단으로 이루어진 정복자만은 아니었다. 그들은 <u>캐러밴 무역을 이끌던 국제상인이었고 이국의 신들을 소개한 선교사이기도 했다</u>.

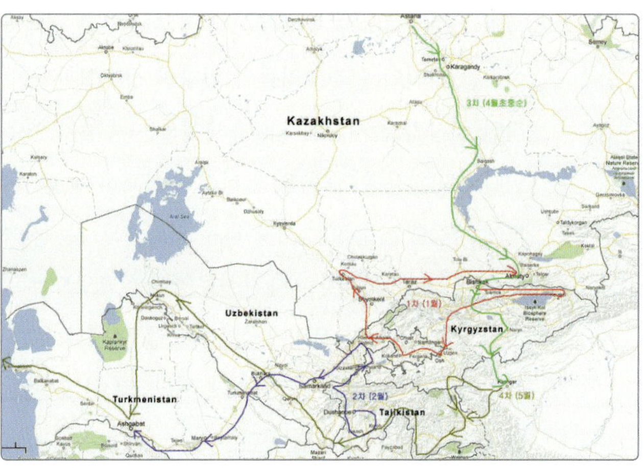

[그림 1] 중앙아시아 지역과 실크로드 루트

④ <u>중앙유라시아는 우리 민족의 역사와도 깊은 연관을 맺고 있다</u>. 한반도 지형의 골간을 이루는 백두대간은 그대로 자연스럽게 만주의 삼림과 몽골의 초원으로 연결되었기 때문에, 이미 선사시대 이래로 중앙유라시아에서 비롯된 맥동은 부단하게 한반도로 전달되었다. 경주에서 출토된 유물들이 이를 말해주고, 거란·여진·몽골·만주족과 끊임없이 투쟁하며 교류해야 했던 우리의 역사가 입증해준다. 그동안 정치적으로나 문화적으로 중국과의 관계를 중시하던 관점과 서술방식은 당연히 수정되어야 할 것이다. <u>한반도의 역사에서 중앙 유라시아 커넥션의 중요성에 대한 주의가 환기될 때이다</u>.

⑤ 중앙유라시아는 오랫동안 주변의 농경문명권 사람들에게 '미지의 땅', 아니 '야만의 땅'으로 치부되어 왔던 것이 사실이며 지금 우리는 그 같은 인식 태도를 고스란히 물려받고 있다. 그들의 역사를 말해주는 문자 기록의 대부분이 이처럼 그들을 무시하고 야만시하던 농경민족에 의해 쓰여진 것이니 그럴 수밖에 없을 것이다. 그런 기록에 의존하여 역사를 이해해온 우리는 중앙유라시아를 세계사라는 무대에서 이름 없는 조연 정도로 생각해 왔다. 그러나 이제는 우리가 지금까지 알고 있던 각본이 얼

마나 잘못된 것이었는가를 알아야 할 때가 왔다. <u>중앙유라시아가 세계사의 당당한 주연이었을 뿐만 아니라, 세계사의 진정한 이해를 위해 제자리를 찾아주어야 할 커다란 퍼즐 조각이었음을 알아야 할 때가 온 것이다.</u>

(김호동, 「김호동 교수의 중앙유라시아 역사 기행-세계사의 주역은 동양도 서양도 아닌 중앙유라시아였다」, 『주간조선』, 2007. 6. 1. 번호와 밑줄 표시는 인용자)

위의 예문은 서두①, 본론②~④, 결말⑤의 다섯 단락으로 구성되어 있다. 주요 단락의 핵심 내용은 밑줄 친 부분들을 중심으로 다음과 같이 정리할 수 있다.

▶ 서두(①): 세계사는 한 폭의 카펫과 같은 것으로, 실크로드를 매개로 유라시아 문명들의 상호 연관성을 설명하려고 하면 심각한 문제에 봉착한다.

▶ 본론:(②) 실크로드를 장악하고 관리하던 주체는 실제로 중앙유라시아 초원의 유목민과 사막의 오아시스민들이었는데, 세계사는 여전히 '주류' 문명 중심의 '실크로드 사관(史觀)'의 한계에서 벗어나지 못하고 있다.

　(③) 중앙유라시아의 민족들은 캐러밴 무역을 이끌던 국제상인이었고, 이국의 신들을 소개한 선교사들로 독자적인 문명권을 이루어 왔다.

　(④) 중앙유라시아는 한민족(韓民族)의 역사와도 깊은 연관을 맺고 있었던 곳이기 때문에 한반도의 역사에서 중앙유라시아 커넥션의 중요성에 관심을 가져야 한다.

▶ 결말(⑤): 중앙유라시아는 세계사의 당당한 주연이었을 뿐만 아니라, 세계사의 진정한 이해를 위해 제자리를 찾아주어야 할 커다란 퍼즐 조각이다.

이와 같이 글의 개요를 도출하여 단락별로 정리해 보면, 글 전체의 화제와 주제를 쉽게 찾아낼 수 있다. 개요의 내용으로부터 글의 화제와 주제를 찾아 제시하면 다음과 같다.

- **화제:** 중앙유라시아

- **주제:** 실크로드 루트의 진정한 주체이자 세계사의 당당한 주연은 중앙유라시아 초원의 유
  목민과 사막의 오아시스민들이었다.

위의 예문에서 글쓴이는 '중앙유라시아'를 글의 화제로 삼아 단락을 구성하고 배열
하여, 중앙유라시아 지역의 역사와 문화가 실크로드 루트의 진정한 주체이자 세계
사의 주연이었음을 주장하고 있다.

학습활동 ❶

[예문 1]을 읽고 다음 사항에 대해 정리해 보라.

1. "세계사는 한 폭의 카펫과 같다."는 말은 어떤 의미인지 200자 내외로 서술해 보라.

2. "실크로드 사관의 한계"란 무엇을 의미하는지 300자 내외로 그 내용을 정리해 보라.

3. "한반도의 역사에서 중앙유라시아 커넥션의 중요성"이란 무엇을 뜻하는지 예문의 내
용을 바탕으로 하여 자신의 생각을 600자 내외로 서술해 보라.

아래에 제시된 각각의 용어를 활용하여 '주제'를 드러내는 한 문장의 짧은 글을 작성해 보라.

1. 유목민(농경민):

2. 실크로드:

3. 캐러밴 무역:

4. 기마군단:

- **단어 연결 방법:** 단어와 단어를 '도, 와/−과'를 사용하여 연결한다.

  1. 잔칫집에 가서 밥**도** 먹고 떡도 먹었더니 배가 부르네.

  2. 경영학을 배우기 위해서는 기본적으로 통계**와** 수학을 기본적으로 잘해야 한다.

- **문장 연결 방법:** 한 문장과 다른 문장을 '~이고 ~이다/~뿐만 아니라 ~이다' 등을 사용하여 연결할 수 있다.

  3. 북한산에 올라서 보면 동으로는 삼각산이 **보이고**, 서로는 북악산이 **보이다**

  4. 대륙붕은 다양한 생물이 살고 있어 어장으로 중요할**뿐만 아니라** 천연 가스 등이 묻혀 있어 자원의 보고로도 **중요하다**

- **단락 연결 방법:** 앞 단락과 뒷 단락을 연결할 때 두 단락이 전하는 내용이 어떠한가에 따라 '그러나, 반대로, 그래서, 안타깝게도, 걱정스럽게도' 중에서 선택하여 사용할 수 있다.

  5. 1904년 일본이 러시아에 싸움을 걸었을 때, 일본의 승리를 예측한 사람은 드물었다. 유럽의 위세가 하늘을 찌르던 그때, 아시아의 소국이 유럽의 대국에 이기는 것을 상상하긴 힘들었다. **그래서** 일본의 승리는 유럽의 압제에 시달리던 사람들에게 큰 충격과 용기를 주었다. (중략)
  그러나 일본의 승리가 아시아에 독립과 번영을 불러오리라는 기대는 헛된 것이었다. 일본은 이미 조선을 강점하고서 식민지배 체제를 굳히고 있었다.

최근 '중앙아시아'의 역사와 문화와 관련하여 '차마고도(茶馬高道)나 '누들 로드(Noodle Road)'처럼 문화인류학적 내용의 주제를 다룬 다큐멘터리 프로그램이 많은 관심을 모으고 있다. [예문 1]의 내용을 참고하여 '중앙유라시아'의 역사와 문화에 대한 화제를 한 가지 선택하고 개요를 만든 다음, 이에 대해 논의하는 학술에세이를 작성해 보라.

1. 제목:

2. 화제:

3. 개요:

4. 본문:

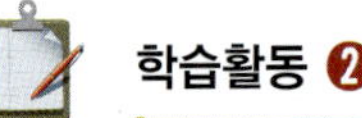

한국어에서 문장 부호는 글 안에서 글쓴이의 의도를 보완하여 표현해주고, 문장의 흐름과 의미를 세밀하고 정확하게 드러내주는 기능을 한다. 먼저 '국립국어원' 웹사이트에 접속하여 〈한국어 어문 규정〉에서 주요 '문장 부호'들을 찾아 학습한 다음, 아래에 제시한 문장에서 사용되고 있는 부호들은 각각 어떤 기능을 하는지 설명해 보라.

1. "그 신동은 네 살에 — 보통 아이 같으면 천자문도 모를 나이에—벌써 시를 지었다.

2. 9월 13일~9월 15일

3. "어디 나하고 한번……." 하고 철수가 나섰다.

4. 문방사우(文房四友): 붓, 먹, 벼루, 종이

5. 시장에 가서 사과·배·복숭아, 고추·마늘·파, 조기·명태·고등어를 샀다.

2. 글의 단락 구성: 서두, 본론, 결말

글을 쓸 때 서두를 잘 시작하는 것은 생각 만큼 쉽지 않다. 그러나 글의 서두를 쓰는 방법을 익혀 두면 큰 어려움 없이 글을 시작할 수 있다. 일반적으로 글의 서두에서는 본론에서 다룰 문제를 제기하고, 그 문제의 핵심 내용과 성격 등을 서술한다.

┃ 서두를 시작하는 방법 ┃

- 경험적 일화로 시작한다.
- 시사적인 내용을 제시하며 시작한다.
- 경구(명제)를 인용하며 시작한다.
- 고전(명저)에서 관련 내용을 인용하며 시작한다.
- 저명인의 발언을 언급하며 시작한다.

본론은 글 전체에서 다뤄야 할 핵심 내용이나 글쓴이의 생각이 집중적으로 드러나는 곳이다. 본론 단락에서는 다양하고 풍부한 논거를 들어 주장의 타당성을 논리적으로강조하는 것이 중요하다.

결말에서는 본론에서 다룬 내용을 요약하고, 논증의 결과를 정리한다. 또한, 본론에서 다루지 못한 내용이나 문제점, 대안을 제시하고 앞으로의 방향 등을 서술하면서 글을 마무리한다.

┃ 결말을 쓰는 방법 ┃

- 본론을 요약하고 대안을 제시하며 마무리한다.
- 경구(명제)를 활용하여 마무리한다.
- 고전(명저)에서 관련 내용을 인용하면서 마무리한다.
- 저명인의 발언을 활용하여 마무리한다.
- 글의 주제를 강조하면서 마무리한다.

다음 예문은 서구 중심주의의 극복과 동아시아의 역할을 전망하는 내용의 글이다. 서두에서는 글을 어떻게 시작하고, 결말에서는 글 전체의 내용을 어떻게 마무리하고 있는지 알아본다.

① 그저께 홍콩이 중국에 반환되었다. 온 세계의 관심을 끌었을 만큼, 그것은 상징적으로나 실질적으로나 중요한 사건이었다.

② 근대 유럽의 팽창은 1410년대에 포르투갈의 해외 탐험으로 시작되었다. 우아한 '캐러벨'로 이루어진 포르투갈 함대는 '항해왕' 엔리케의 지도 아래 서아프리카 해안을 탐험했고, 1498년엔 바스코 다 가마가 인도에 닿았다. 그보다 여섯 해 앞서 콜럼버스는 아메리카 대륙을 재발견했다. 마침내 16세기 말엽엔 왜군을 따라 '야소회' 소속 포르투갈 선교사들이 조선 땅을 밟았다. 그 뒤로 '과학 혁명'과 '산업 혁명'의 도움을 받아, 유럽 세력은 세계를 지배하게 되었다. 유럽 세력의 그런 우세는 물질적 분야만이 아니라 정신적 분야에서도 절대적이었다. 유럽 문명이 워낙 우수했으므로, 다른 문명들은 그것에 맞설 수 없었고 그들에게 생존은 유럽 문명의 성공적 흡수를 뜻했다. 지금 모든 사회들에서 지배적 이념과 제도들은 모두 유럽에서 나온 것들이다.

③ 따라서 유럽 문명을 가장 성공적으로 흡수한 나라인 일본이 맨 먼저 유럽 세력에 맞선 것은 이상하지 않다. 1904년 일본이 러시아에 싸움을 걸었을 때, 일본의 승리를 예측한 사람은 드물었다. 유럽의 위세가 하늘을 찌르던 그때, 아시아의 소국이 유럽의 대국에 이기는 것을 상상하긴 힘들었다. 그래서 일본의 승리는 유럽의 압제에 시달리던 사람들에게 큰 충격과 용기를 주었다. 영국 문필가 에드워드 다이시의 말대로, "토착인 군대들은, 아무리 용감하더라도, 유럽 군대들에게 패배하게 마련이라는 확신이 뿌리째 흔들렸고," 유럽 세력의 핍박을 받던 아시아와 아프리카의 나라들에서 독립 운동이 치열하게 일어났다.

④ 그러나 일본의 승리가 아시아에 독립과 번영을 불러오리라는 기대는 헛된 것이었다. 일본은 이미 조선을 강점하고서 식민 지배 체제를 굳히고 있었다. 그 뒤로 반세기 동안 일본은 유럽의 제국주의에 깊이 물든 사회가 얼마나 큰 재앙인지 처절하게 보여주었다. 그래서 전쟁사가 존 풀러가 "1453년의 콘스탄티노플 함락과 함께 역사상 몇 안 되는 정말로 큰 사건들 가운데 하나"라고 평한 '여순 함락'의 뜻이 거의 잊혀진 것은 당연했다.

⑤ 러일 전쟁이 일어난 지 꼭 반세기 만에, 유럽 세력의 압제에 대한 저항의 역사

에서 아주 큰 뜻을 지닌 일이 다시 동아시아에서 일어났다. 1954년 5월 7일 베트남 서북부 프랑스군의 디엔 비엔 푸 요새가 55일 동안의 포위 끝에 베트민군에게 항복했던 것이다. 이 승리로 베트남의 북반부는 이내 독립을 얻었으니, 유럽 세력의 식민지로 전락한 민족이 싸움터에서의 승리로 독립을, 주권을 되찾은 것은 그때가 처음이었다.

⑥ 안타깝게도, 유럽 세력에 대한 승리는 이번에도 평화와 번영을 가져오지 못했으니, 디엔 비엔 푸의 승리에서 거의 반세기가 지난 지금도 베트남은 아주 가난하고 압제적인 사회다. 그렇게 된 데엔 외세를 물리치고 온전한 독립을 쟁취할 만큼 베트민의 세력이 크지 못했다는 사정도 있었지만, 더 근본적 원인은 그들이 공산주의에 깊이 물들었다는 사실이었다. 중국, 캄보디아, 그리고 우리나라에서 보듯, 유럽 세력이 동아시아에 끼친 해악은 그들의 직접적 행동보다도 그들이 퍼뜨린 공산주의라는 그릇된 이념에서 훨씬 크게 나왔다.

⑦ 근년에 동아시아 사람들은 유럽 중심의 고정관념 하나를 다시 깨뜨렸다. 유럽의 '개신교 윤리'가 자본주의 발전의 원동력이라는 막스 베버의 주장이 나온 뒤로, 갖가지 이론들이 비유럽 사회들의 경제적 낙후가 피할 수 없는 운명임을 알게 모르게 가르쳐왔다. 역사상 가장 빠른 경제성장을 이룸으로써, 동아시아 사람들은 자신들을 유복하게 만들었을 뿐 아니라 다른 뒤진 사회들의 시민들에게 경제적 풍요로 가는 길을 보여주었고 자유주의 경제학이 융성하는 데 결정적으로 기여했다.

⑧ 걱정스럽게도, 그런 경제적 성취는 정치적 성취로 이어지지 않고 있다. 동아시아는 세계에서 가장 많은 병력이 모여 있고 군비가 두드러지게 늘어나는 지역이다. 한반도를 비롯해서 분쟁 지역들도 많다. 그러나 그렇게 큰 전쟁의 위험을 안고 있으면서도, 동아시아는 역내의 군사 문제를 상의할 국제 기구 하나 갖추지 못한 형편이다. 유럽이 '북대서양조약기구(NATO)'를 활용하는 것과 대조적이다.

⑨ 홍콩의 반환은 동아시아가 유럽 세력의 진출로 잃었던 위엄과 영토를 거의 되찾았음을 상징한다. 이제 유럽 세력에 넘어간 땅은 연해주뿐이다. 그러나 1860년 러시아가 영국과 프랑스의 공격을 받은 중국에 외교적 도움을 주고 대가로 받은 연해주는 영구적으로 러시아의 땅으로 남을 것이다. 영토에 관한 한 유난히 제국주의적 행태를 드러내는 중국도 연해주는 '찾아야 할 고토(故土)'로 여기지 않는다.

⑩ 이제 동아시아는 빠르게 모습을 갖춰가는 '지구 제국'의 일원으로 맡은 몫을 해야 할 것이다. 그러기 위해서는 먼저 역내에 평화적 질서를 마련해야 한다. 그것은 물론 무척 어려운 과제다. 그러나 난센이 말한 대로, "어려운 일은 조금 시간이 걸리는 일이다; 불가능한 일은 조금 더 시간이 걸리는 일이다." 1950년대 양차 대전의 잿더미 위에서 통일 유럽을 꿈꾼 사람들이 그 사실을 일깨워준다.

(복거일, 「동아시아의 과제」, 『국제어 시대의 민족어』, 문학과지성사, 1998,
번호 표시는 인용자)

위의 예문은 모두 10개의 단락으로, ①은 서두 단락, ②~⑨는 본론 단락, (10)은 결말 단락으로 나눌 수 있다. 글의 단락 특성에 맞추어 예문의 서두는 어떻게 시작되고, 본론 단락은 어떤 내용들로 구성되어 전개되며, 결말은 어떻게 마무리되고 있는지 정리해 보자.

▶ 서두 ① 세계의 관심을 끈 홍콩의 중국 반환은 상징적으로나 실질적으로 중요한 사건이었다.

▶ 본론 ② 포르투갈의 해외 탐험으로 시작된 근대 유럽의 문명적 팽창은 모든 사회의 이념과 제도로 정착되었다.

③ 유럽 문명에 대한 일본의 승리는 동아시아인들에게 충격과 용기를 주었다.

[그림 2] 홍콩 반환 12주년을 축하하며 홍콩특별행정구기(旗)를 흔드는 홍콩 시민들

④ 유럽 제국주의에 물든 일본 제국주의는 동아시아에서의 또 다른 재앙이다.

⑤ 베트남은 유럽 세력의 식민지로부터 독립과 주권을 쟁취한 최초의 사례이다.

⑥ 유럽 세력의 공산주의라는 이념이 동아시아에 공산주의를 전파하여 해악을 끼쳤다.

⑦ 동아시아의 비약적 경제 발전은 개신교를 바탕으로 한

[그림 3] 홍콩 반환 기념비

유럽 중심의 고정 관념을 깨뜨렸다.

⑧ 동아시아의 경제적 성취는 정치적 성취로 이어지지 못하고, 유럽의 나토
처럼 군사 문제를 상의할 제대로 된 국제 기구 하나 갖추지 못한 형편이다.

⑨ 홍콩의 반환은 유럽 세력에게 빼앗긴 위엄과 영토를 회복한 것이다.

▶ **결말** ⑩ 동아시아는 역내에 평화적 질서를 마련하여 '지구 제국'의 일원으로서
맡은 역할을 해야 한다.

위의 예문은 '홍콩 반환'이라는 시사적인 내용으로 서두를 시작하고 있다. 이어서
본론에서는 이 사건이 동아시아와 근대 유럽의 관계사에서 어떤 의미를 지니고 있
는지 여러 사례를 들어 논증하고 있다.

결말에서는 글의 화제로서 '동아시아의 과제'가 안고 있는 어려움에 대해 '난센'이
라는 유명인의 말을 인용하여 서술하고 있다. 또한, 동아시아가 '지구 제국'의 일원
으로서 제 역할을 해야 한다고 주장하며 글을 마무리 짓고 있다.

학습활동 ❸ *Activity*

[예문 2]의 내용을 생각하면서, 아래의 요구 사항에 대해 정리해 보라.

1. "유럽 세력의 우세는 물질적 분야만이 아니라 정신적 분야에서도 절대적이었다."는
문장의 내용은 어떤 의미인지 자신의 생각을 서술해 보라.

- -

- -

- -

2. 예문에서 글의 '서두'는 어떤 내용으로 시작되었고, 결말은 어떻게 마무리됐는지
정리해 보라.

1) 글의 서두:

2) 글의 결말:

3. 예문의 본론에 사용되고 있는 주요 논거를 찾아서 제시해 보라.

4. 예문에서 "근년에 동아시아 사람들은 유럽 중심의 고정관념 하나를 다시 깨뜨렸다."는 문장은 어떤 '논거'를 통해서 증명되고 있는지 설명해 보라.

5. 예문 전체의 내용을 관통하면서 글쓴이가 궁극적으로 주장하고 있는 글의 핵심 내용, 즉 주제는 무엇인지 정리해 보라.

아래에 제시된 어휘를 사용하여 짧은 글을 만들어 보라.

1. 산업혁명:

2. 개신교:

3. 고정관념:

4. 경제적 풍요:

핵심 문법 ❷ 문장과 문장을 연결시켜 주는 접속어: '그러나', '그런데', '따라서'

■ **문장과 문장 연결 방법:** 앞 문장과 뒷 문장의 내용이 어떠한가에 따라 '그러나, 그런데, 그래서, 따라서' 등의 접속어를 사용하여 문장을 연결한다.

1. **그러나:** 앞 문장과 반대되는 내용의 문장을 연결할 때 사용한다.

    ㉠ "<u>그러나</u> 일본의 승리가 아시아에 독립과 번영을 불러오리라는 기대는 헛된 것이었다."

2. **그런데:** 앞 문장과 반대되는 문장을 연결할 때 사용한다. 또는, 뒷문장이 앞 문장의 화제와 관련되면서 다른 방향으로 나아가는 내용을 서술할 때 사용한다.

    ㉠ 비가 많이 오네요. <u>그런데</u> 왜 우산을 안 가져왔어요?

    ㉠ 어느 날 친구가 나에게 자기의 약혼자를 소개해 주었다. <u>그런데</u> 친구

약혼자의 얼굴에서 옛 애인의 모습이 떠올랐다.

3. **그래서**: 앞 문장의 내용이 뒷 문장의 원인이나 조건, 근거가 될 때 사용한다.

   예 "<u>그래서</u> 일본의 승리는 유럽의 압제에 시달리던 사람들에게 큰 충격과 용기를 주었다."

4. **따라서**: 앞에서 말한 일이 뒤에서 말할 일의 원인, 이유, 근거가 됨을 나타낼 때 사용한다.

   예 원웃값이 많이 올랐다. <u>**따라서**</u> 국내 기름값도 조만간 오를 것이다.

   예 "<u>**따라서**</u> 유럽 문명을 가장 성공적으로 흡수한 나라인 일본이 맨 먼저 유럽 세력에 맞선 것은 이상하지 않다."

학습활동 ❹ *Activity*

다음에 제시된 상자 안에서 아래 문장의 (   )에 들어갈 적절한 접속어를 찾아 넣어 보라.

> 그러나, 게다가, 그리고 나서, 더구나, 그러자

1. "남북이 그냥 여름의 한중간이라 차는 달려도 봄새나 가을처럼 철다툼 한 군데 보이지 않는다. (   ) 여러 번 지나 본 경부선이라 차창은 별로 매력이 없이 저물어 버렸다."

(이태준, 「석양」)

2. "얼마 동안이나 잤는지요? 이윽고 잠을 깨어 보니 아까 내가 벽장 안으로 들어왔던 것을 잊어버리고 참 이상스러운 데에 내가 누워 있거든요. 어두컴컴하고 좁고 덥고……. 나는 갑자기 무서운 생각이 나서 엉엉 울기 시작했지요. (   ) 갑자기 어디 가까운 데서 어머니의 외마디 소리가 나더니 벽장문이 벌컥 열리고 어머니가 달려들어서 나를 안아 내렸습니다."

(주요섭, 「사랑손님과 어머니」)

3. "그 다음날부터는 며칠 동안 날이 풀려서 꽤 따뜻하였다. 그래도 화수분의 소식은 없다. 어멈은 본래 어린애가 달려서 일을 잘 못하는 데다가, 다릿병이 있어 다리를 잘 못 쓰고, (　　　) 며칠 전에 손가락을 다쳐서 일을 하지 못하는 것을 퍽 미안하게 생각한다."

(전영택, 「화수분」)

4. "누이는 시내 어떤 실업가의 막내아들이라는 작달막한 키에 얼굴이 검푸른, 누이의 한반 동무의 오빠라는 청년과는 비슷도 안 한 남자와 아무 불평 없이 혼약을 맺었다. (　　　) 얼마 안 되어 결혼하는 날, 누이는 가마 앞에서 의붓어머니의 팔을 붙잡고는 무던히나 슬프게 울었다."

(황순원, 「별」)

5. "내가 앞장을 서듯 했다. 버스 요금도 제 것까지 내가 얼른 내는 걸 보고는 아주 송구스러운 듯한 표정을 지었다. 명지로 가는 하단 나루까지는 사오십 분이면 족했다. (　　　) 한 척밖에 없다는 그 나룻배가 좀처럼 나타나지 않았다."

(김정한, 「모래톱 이야기」)

 **연습문제 ❹** *Exercise*

> 다음 글을 정확한 문장과 바른 표현으로 고쳐 다시 써 보라. 그런 다음, 글의 화제와 주제를 정리해 보라.

'동아시아'라는 말을 듣기만 해도 썩 기분이 좋지 않다. 동아시아의 줄임말인 '동아'는 중국인들에게 다른 의미를 가지고 있다. 20세기 초, 일본이 중국을 침략했을 때 일본 사람들은 중국 사람들을 '동아병부'(東亞病夫: 동아시아의 병든 사내)라고 불렀다. 그래서 동아시아라는 말만 들어도 중국 사람들은 '동아병부'가 연상된다. 이 말은 중국 문화에 깊이 베어 있고 이제 몸이 안 좋은 사람을 이르는 말로 사용되기도 한다.

그렇다면 한국은 어떤가? 한국 사람이 중국집에 자장면을 먹으로 갈 때 '짱개 먹으러 가자~'란 표현을 많이 쓴다. 한국에 사는 중국 사람들이 이 말을 진짜 듣기 싫어

한다. 중국집 지배인(掌櫃)이란 단어에서 유래된 이 단어는 옛날에 중국 사람들을 비하했던 단어이기 때문이다.

반대로 중국은 한국의 5천년 역사를 인정하지 않으며 일본에게 침략 당했기 때문에 아직도 좋은 감정을 못 가지고 있다. 이렇게 중·한·일 3국은 역사적인 관계 등으로 서로 견제하고 미워하며 현대판의 삼국지를 상영하고 있다.

하지만 이제는 21세기다. 많은 사람들이 세계 속의 동아시아가 주도적 역할을 하리라고 기대하고 있다. 빠른 경제 성장 속도로 많은 주목을 끌고 있는 중국은 적극적으로 나서고 역사의 감정을 풀어야 한다고 생각한다. 동아시아에서 중요한 역할을 한 한국 및 일본에 대한 화해의 노력을 하지 않는다면 동아시아는 20세기처럼 전쟁과 분리라는 극단적 결과를 낳을 수밖에 없다.

(학생 글)

1. 화제:

____

2. 주제:

____

____

연습문제 ❺ *Exercise*

다음 글은 영국의 옥스퍼드대학 학생자치기구인 옥스퍼드 유니언의 회장을 맡고 있는 이승윤 학생이 중국의 세계적인 피아니스트 랑랑(郞朗)과 나눈 인터뷰 기사의 일부이다. 아래의 인터뷰 기사 내용을 읽고, 랑랑이 말하는 '세계시민'이란 어떤 의미인지 각자의 입장에서 생각해 본 다음, 구체적인 예를 들어 논의하는 글을 써 보라. (1,000자)

● 한국 팬들 아시아에서 가장 열정적

[랑랑은 장르를 불문하고 여러 뛰어난 대중적 음악인들과 협연했다. 전설적인 재즈 피아니스트 허비 핸콕, R&B 스타 엘리샤 키스, 영국 록의 전설 폴 매카트니, 그리고 비스트와 에일리 등 국내 가수들과도 컬래버레이션을 했다. 싸이도 한 번 만나보고 싶다는 그는 상류층 냄새가 풍기는 클래식 음악의 경계를 허물고 있다. 콧대 높은 분들이 싫어할 만하다.]

● 기부활동도 열심히 한다면서요.

"2004년 유니세프 대사 자격으로 아프리카에 갔는데 어려운 상황에 처한 사람들이 음악을 통해 어떻게 변할 수 있는지 깨닫게 됐어요. 말라리아와 에이즈로 고통 받는 아이들이었는데 피아노 자체를 처음 봤다는 거예요. 그런데 제가 음악을 연주하니까 노래도 부르며 너무 좋아하는 거예요. 감동적이었죠. 그때부터 200번쯤 기금모음 행사를 다닌 것 같아요."

● 랑랑 국제음악재단도 그렇게 세우게 됐나요?

"네. 제 네트워크와 제가 가진 걸 통해 경제적으로 힘든 아이들, 재능이 있지만 마땅한 무대를 못 찾는 아이들을 집중적으로 돕고 있어요. 그 친구들과 콘서트에서 같이 연주도 하죠. 이런 아이들에게 기회와 미래를 주고 싶어요. 2007년 여름을 바렌보임 선생님이 이끄는 이스라엘·팔레스타인 오케스트라와 보냈는데, 기독교인과 무슬림·유대인들이 음악을 통해 모두 친구가 되는 모습을 보며 깜짝 놀랐어요. 정말 아름다웠죠. 음악이 세상을 바꿀 수 있다는 믿음이 생겼습니다."

● 중국은 랑랑에게 어떤 의미가 있습니까?

"중국은 제 고향입니다. 하지만 현대사회에서 유념할 점은 우리 모두 세계시민이란 의식을 가져야 한다는 겁니다. 이젠 자신의 문화만으론 아무것도 못합니다. 존도 동양인으로 옥스퍼드 유니언 회장을 맡으며 새로운 역사를 쓰고 있지만 한국에 있었다면 이 정도 성취할 수 있었을까요. 우리 모두 특정한 국가에서 왔고 모국을 사랑하지만 이젠 전 세계를 사랑하는 마음이 필요한 때입니다."

(영국 옥스퍼드대학 학생자치기구 '옥스퍼드 유니언'의 회장 이승윤 학생이
중국의 피아니스트 랑랑과 나눈 인터뷰 기사에서 발췌, 『중앙일보』, 2013.5.11)

11

글로컬 시대의 한류와 다문화사회

우리는 어떤 대상이나 현상을 감상하고, 분석하여 평가하기도 한다. 어떤 현상이나 대상에 대한 느낌을 글로 표현한 것을 감상문이라고 하고, 일정한 입장을 바탕으로 논리적으로 분석하여 그 의미와 가치를 평가하는 글을 비평문이라고 한다. 이 장에서는 '글로컬라이제이션'이라는 개념을 화제로 삼아, 세계화 시대의 한류 현상과 다문화사회에 관한 비평문 쓰기에 대해 학습한다.

1. 비평문 쓰기의 방법
2. 글로컬 시대의 한국 문화: 비평문의 서두와 결말 쓰기
3. 비평문 쓰기의 실제: 한류와 다문화사회

1. 비평문 쓰기의 방법

'비평(批評: criticism)'이란 어떤 사회 현상에 대해 일정한 입장을 바탕으로 의문을 제기하고 내용을 분석하여, 가치를 평가하는 의식의 활동을 말한다. 이러한 의식의 활동을 일정한 입장에 따라 근거를 내세워 주장하는 글을 비평문(critical essay)이 라고 한다.

비평문은 사회와 세계의 다양한 현상들에 대해 관심을 두고 작성하는 글로써 그 대 상과 범위에 제한이 없다. 사회의 어느 분야나 현상이라도 모두 비평의 대상이 될 수 있기 때문이다. 문학예술이나 정치·사회 현상으로부터, 요리와 스포츠와 패션 등 사회 전 분야에서 창조된 표현물이나 대상에 대해 누구나 비평을 하고, 그에 관 한 비평문을 쓸 수 있다.

논리적인 흐름을 갖추어야 하는 글이 그렇듯이 비평문을 쓸 때에도 개요를 작성하 고 나서 글을 구성하는 것이 좋다. 비평문 구성의 일반적인 형태를 제시하면 다음과 같다.

▶ **서두(도입):** 대상 선택의 동기나 개념(용어) 설정, 글의 방향 제시

▶ **본론(전개):** – 대상의 이해에 필요한 사회문화적 배경 제시

  – 대상에 관한 일반적인 견해 제시

  – 대상에 대한 분석과 해석

▶ **결말(마무리):** 대상에 대한 평가와 의의 또는 전망 제시

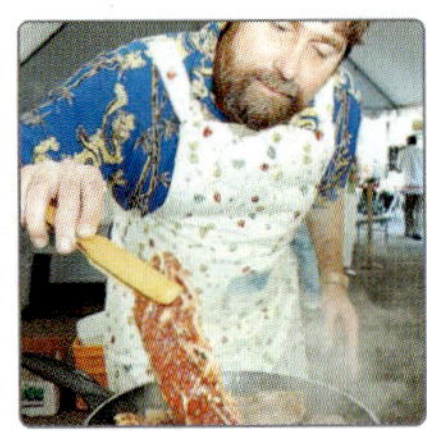

[그림 1] 음식 한류를 이끄는 미국의 한국 음식 콘테스트 장면

최근의 한류(韓流)는 한 사람의 인기 있는 연예인이나 대중 문화에 국한되기보다 한국 문화 전반에 대한 관심으로 확장되고 있다. 다음 예문은 한국의 음식 문화가 지닌 특징에 주목하여 그 문화적 가치와 가능성을 논의하고 있는데 비빔밥과 불고기, 김치와 나물처럼 세계인의 입맛에 가깝게 다가가고 있는 일상의 음식들을 다룸으로써 흥미를 불러일으킨다.

한국의 대표적인 음식 문화를 대상으로 하고 있는 아래 예문을 읽고 어떻게 비평문을 구성하고 논의하고 있는지 살펴보자.

● **예문 1** ●

고립식이 아니라 관계와 융합을 통한 혼합식의 김치 문화를 극단화하면 비빔밥이 된다. 비빔밥은 말 그대로 여러 음식을 한데 섞어서 비비는 음식이다. 이는 독립된 개별 음식 맛을 즐기는 서양 것과 가장 대조를 이룬다. 한데 섞이고 어울려서 어느 것이 어느 맛인지 모르게 융합 혼성된 맛을 즐기는 음식인 까닭이다. 비빔밥을 먹으면서 포크, 나이프를 바꿀 필요가 어디 있겠는가. 마이클 잭슨이 한국에서 가장 즐겨먹은 음식이 바로 비빔밥이었다는 것을 생각해봐도 김치와 마찬가지로 비빔밥이 한국 음식의 내력과 특성을 설명해주는 모델이라는 사실을 부정하지 못할 것이다.

▲ 서두: 대상 선택의 동기와 개념 설정, 글의 핵심 내용 및 방향 제시

한국 음식의 또 하나의 특성으로 지적되는 쌈 문화 역시 비빔밥의 한 변형이라고 볼 수 있다. 쌈은 여러 종류의 음식을 섞어서 한입에 들어갈 수 있도록 한 데서 나온

혼합식의 일종이다. 쌈의 맛은 통째로 모든 것을 입 안에 넣고 씹는 그 맛이다. 일본 요리는 눈으로 먹는다고 하지만 쌈을 먹는 한국인들을 보면 온몸으로 먹는다고 하는 표현이 적절하다. 그만큼 쌈 문화는 총체적인 감각을 포함한 음식이요, 식사법이라고 할 수 있다.

불고기도 그냥 먹는 것이 아니라 상추 같은 것에 싸서 먹을 때 그 맛의 시너지 효과가 나타난다. 일본사람들은 오랫동안 순수한 채식주의자로 육식을 금해 왔지만 한국은 채식 못지않게 쇠고기 등 육류 요리도 즐겼다. 그래서 한국의 쇠고기 요리는 육식을 주로 하는 목축민의 요리보다도 더 다양하고 더 높은 수준을 보여준다. 이 같은 채식 문화와 육식 문화의 공존이 바로 오늘날 불고기집에서 볼 수 있는 쌈 문화라고 할 수 있을 것이다.

김치, 비빔밥, 쌈과 함께 나물 문화도 같은 맥락에서 읽을 수가 있다. 이 지구상에서 한국만큼 나물이 발달된 곳도 드물 것이다. 더구나 나물 음식의 근간은 채집 문화의 유물이라고 할 수 있기 때문에 문명 자체를 서로 혼합한 것이라고 할 수 있다. 농경 시대의 삶을 살면서도 자연 그대로의 것을 산과 들에서 캐어 요리를 만든다. 어느 한 가지를 택일하지 않고 모둠 지어 있거나 혹은 분할되어 있는 것을 쌈을 싸듯 한데 싸서 먹는다. 나물의 형태 자체가 서로 얽혀 있으며 얽혀 있는 것을 씹는 맛이 나물 문화의 진수라고 할 수 있다.

짐승의 먹이에는 요리라는 것이 없다. 자연 그대로의 것을 먹는다. 인간만이 자연의 재료를 그냥 먹지 않고 가공, 가열하여 음식을 만들어 먹는다. 레비스트로스의 말대로 날것은 자연이고 불로 익혀먹는 것은 문명이다. 그러나 한국의 음식은 날것도 익힌 것도 아닌 그 중간 항(項), 자연과 문명을 서로 융합하려는 시스템 속에서 음식을 만들어낸다. 그래서 한국인은 유난히도 발효식을 좋아하고 나물을 좋아하고 비빔밥을 좋아했다고 풀이할 수가 있다. 또한 새로운 것을 추구하면서도 한 편으로는 자연 그대로의 것을 보존하려는 두 가지 모순을 한곳에 조화시키고 융합하려는 균형 속에서 한국의 요리법이 탄생한 것이라고 정의할 수도 있다.

▲ 본론: 대상에 대한 문화인류학적 배경, 대상에 대한 분석 및 해석

맛의 교향곡을 만들어내듯이 한국 음식은 한국 문화가 세계와 어울리고 자연과 어울리는 글로벌 시대의 포용력 있는 문화적 잠재력을 지니고 있음을 보여준다. 그 나라의 음식 속에 그 나라의 미래의 운명이 숨어 있다고 해도 지나친 말은 아닐 것이다.

▲ 결말: 대상에 대한 평가와 의미 부여, 전망 제시

(이어령, 『디지로그 선언』, 생각의나무, 2006)

[그림 2] 동남아시아 한류 열풍을 주도한 한식 음식 드라마 「대장금(大長今)」의 한 장면

서두 단락에서는 한국 음식의 특징을 보여 주는 대표적인 대상으로 비빔밥을 선택한 동기와 주요 개념 및 글의 핵심 내용, 방향을 서술하고 있다.

본론 단락에서는 불고기와 쌈, 나물 문화의 성격과 구성 원리를 설명하면서 자연과 문명을 융합하려는 한국적 음식 문화의 특징을 이야기하고 있다. 또한, 나물과 비빔밥의 음식 문화가 지닌 융합의 시스템을 분석하여 한국의 요리법에 담긴 자연 친화적 특징을 해석하고 있다.

결말 단락에서는 한국의 요리법이 갖는 문화적 의의를 평가하고, 사회문화 또는 문화인류학적 맥락에서의 의미와 전망을 제시하고 있다.

학습활동 ❶ *Activity*

위의 [예문 1]을 바탕으로, 다음에 제시한 문제에 대해 서로 의견을 교환한 후 그 내용을 글로 정리해 보라.

1. "관계와 융합을 통한 혼합식의 김치 문화를 극단화하면 비빔밥이 된다."

2. 비빔밥이 한국 음식의 특성을 보여 주는 음식이라고 본 이유는 무엇인가?

3. 글쓴이는 쌈과 나물을 음식 문화적 측면에서 어떻게 해석하고 있는가?

4. 글쓴이는 글로벌 시대에 한국의 요리법과 음식 문화가 어떤 가치를 지니고 있다고 생각하는가?

학습활동 ❷
Activity

각자 관심 있는 분야의 비평문을 찾아 읽어 본 다음, 그 비평문의 전체 내용을 600자 내외로 요약하고, 화제와 주제 및 개요를 정리해 보라.

■ 제목:

■ 내용 요약:

■ 화제:

■ 주제:

■ 개요

－ 서두:

－ 본론:

－ 결말:

2. 글로컬 시대의 한국 문화: 비평문의 서두와 결말 쓰기

과학기술의 발전과 인터넷 혁명에 힘입어 21세기의 글로벌 문화가 인류 역사상 그 어느 때보다 활발하게 펼쳐지고 있다. SNS에 의해 정보 전달이 활발하게 이루어지면서 사람들의 의사소통과 교류의 방식이 혁신적으로 바뀌고 있다. 또한, 지구촌의 문화는 국가와 민족의 경계를 넘나들면서 점차 다문화사회로 바뀌어가고 있다. 한류 문화가 세계인의 이목을 집중시키는가 하면, 단일민족 중심의 한국 사회 또한 세계화 추세에 따라 다문화사회로 빠르게 변모해가고 있다.

그러나 자본의 세계화에 따른 지구촌 사회의 균질화로 인해 의식과 행동의 표준화가 가져다 주는 삶의 편리함과 효율성 못지않게 획일화와 집단화의 우려를 자아내고 있기도 하다. 이러한 주장을 담고 있는 글을 통해서 글로컬 시대의 한국 문화에 대해 생각해 보는 한편, 비평문 쓰기에서 구체적으로 서두와 결말을 어떻게 구성하면 좋을지 생각해 본다.

비평문에서는 주장을 담아낼 수 있는 적절한 개념(용어)을 사용하면 설득력을 높일 수 있다. 한국 문학의 세계화를 위해 세계 문학의 구도 안에서 한국 문학의 정체성이 논의되기를 바라는 다음 예문에서도 이 점을 확인할 수 있다.

● 예문 2 ●

'한국 문학의 세계화'라는 용어가 함축하고 있는 또 다른 전제는 문화의 수출과 그와 관련된 한국 문학의 고정된 정체성에 관한 것이다. **한국 문학의 세계화**라는 표현은 지금까지 한국 문학과 세계 문학의 관계에 있어 한국이 수신자가 되어 세계 문학의 여러 경향과 조류들을 받아들이는 일방통행식의 흐름이었다면, 이제 발신자의 입장에서 한국 문학을 세계에 알려야 한다는 생각을 은연중에 깔고 있다. (중략) '한국 문학의 세계화'라는 용어는 자칫 잘못하면 한국 문학에 대한 일종의 **'실체론적 접근'**을 중시하게 만들 우려가 있다. 이러한 실체론적 접근법은 항상 지역적이고 특수한 어떤 것을 보편화시켜야 한다는 발상에서 자유롭지 못하게 된다. **'글로컬라이제이션**

(glocalization)' 이라는 용어가 잘 드러내주듯이 지역적인 것과 세계적인 것은 일종의 관계망 속에서 동시에 작용하는 개념들이다. 지역적이고 특수한 것이 먼저 어떤 실체로서 정립되고, 이러한 실체가 어떤 전략을 통해 세계화된다는 발상은 매우 단순하고도 위험한 발상이다. 정말 한국 문학이 세계화된다는 것이 중요하다면, 또한 한국 문학을 민족주의의 관점에서 벗어나 세계 문학의 틀 속에서 놓고 바라보려 한다면 한국 문학에 대한 '관계론적 접근'이 필요하다고 보기 때문이다.

서두에서 '한국 문학의 세계화'라는 용어에 깔린 인식론적 전제에 대해 다소 길게 거론한 것은 한국 문학을 세계 문학의 공간 속에 위치시키고 한국 문학의 지평을 세계적인 것으로 확장시키려는 노력에서 흔히 저지를 수 있는 오류들을 피하고 위에서 말한 한국 문학에 대한 관계론적 접근의 구체적인 양상에 대해 설명하기 위해서이다. 그러나 한국 문학에 대해 실체론적 접근을 시도하건 관계론적 접근을 시도하건 간에, 사전에 반드시 선행되어야 할 작업은 한국 문학의 정체성에 관한 논의이다. 문제는 이러한 정체성에 대한 탐구가 어떠한 각도에서 이루어져야 하는가이다. 나는 성급하게 그리고 다소 도식적으로 이 각각의 접근을 통해 얻어진 정체성을 '닫힌 정체성'과 '열린 정체성'이라는 대립적인 용어로 설명하고자 하는데, 이는 설명의 편의를 위한 것이지 어떠한 개념적 구속력도 가지고 있지 않음을 사전에 밝혀둔다.

(박성창, 「한국 문학의 세계화를 다시 생각한다」, 『글로컬 시대의 한국 문학』, 민음사, 2009, 글자 강조와 밑줄 표시는 인용자)

객관적인 사실과 실험 결과를 전달하는 실험보고서나 과학기술 논문과 다르게 비평문은 발언하려고 하는 주관적인 생각을 핵심 개념 또는 용어를 활용하여 서술하거나, 어떤 이론에 근거하여 논리적으로 주장하는 글이다. 이러한 성격의 글에서는 주장의 핵심을 효과적으로 뒷받침해주는 이론이나 생각을 담아내는 개념 또는 용어를 설정하여 사용하면 글의 설득력을 높일 수 있다.

따라서 비평문 쓰기에서는 비평 대상을 요령 있게 설명하거나 논증할 수 있는 핵심 개념이나 용어를 만들어내는 것이 필요하다. 위의 예문에서 사용된 용어나 개념을 정리하면 아래와 같다.

위의 예문은 이러한 용어나 개념을 핵심어로 삼아 글 전체에서 글쓴이 자신의 주장을 담아내고, 이를 연결 고리 삼아 논리적 연결성을 이루어 서술되고 있다.

■ **비평문 쓰기의 방법 1**: 비평 대상의 논점을 핵심적으로 설명할 수 있는 개념 또는 용어를 사용한다.

비평문은 다른 장르의 글쓰기와 마찬가지로 글을 어떻게 시작하고 마무리하느냐가 중요하다. 무엇이 관심 사항이고, 어떤 내용으로 글을 전개하겠다는 기본 방향이 서두에서 잘 제시되어야 한다. 따라서 글의 서두에서 글쓴이의 의도와 글 전체의 방향을 명료하게 설정하여 독자들이 관심을 가지고 글을 읽어나갈 수 있도록 해주어야 한다.

다음 예문은 한류 현상을 통해서 한국 문학의 세계화를 전망해보는 비평문의 서두 부분이다. 예문을 읽고 비평문의 서두가 어떻게 구성되는지 살펴보자.

● **예문 3** ●

　몇 년 전만 해도 '한류' 라는 말은 언론 매체에서 집중적으로 다루어졌지만, 한류의 열기가 어느 정도 가라앉은 현 상황에서는 좀처럼 언론의 이슈로 부각되지 않는 듯이 보인다. 하지만 최근 몇 년 동안 벌어진 '한류' 의 현상들을 가만히 들여다보면 한류가 확산과 진정이라는 두 가지 상반된 국면에 접어든 것이 아닌가 하는 추측을 가능하게 한다. 즉 초기에 일본과 중국 혹은 베트남과 같은 동남아시아를 중심으로 전개되던 한류가 러시아, 중앙아시아, 중동 혹은 유럽까지 확산되는 한편 특히 중국과 일본을 중심으로 한때의 과열 국면을 진정시키고 새로운 모색의 단계에 접어들고 있다. 이러한 상황을 긍정적인 시각으로 바라본다면 특정 스타나 소수의 인기 드라마에 지나치게 의존하던 스타 시스템에서 벗어나 한국 문화의 저변 확대를 통해 새로운 한류의 움직임을 모색할 수 있게 되었다거나, 한국 문화의 우수성이나 탁월함을 한류의 원인으로 돌리는 편협한 민족주의적 시각에서 한발 물러나 한국 문화의 특수성과 보편성을 더 냉정한 시각에서 고찰할 수 있게 되었다는 점을 들 수 있을 것이다.(중략)

이 글에서는 지금까지 한류에 대해 이루어진 논의들을 크게 세 가지 논점으로 압축시킬 수 있다고 보고, 이 세 가지 논점을 중심으로 '한국 문학의 세계화'와 관련된 문제를 짚어 보고자 한다. 세 가지 논점들을 이 글에서 다룰 순서대로 적어 보면 다음과 같다. ① 한류를 고부가가치 문화 산업 시대를 선도할 일종의 '대박 산업'으로 만들려는 상품 문화적인 논점, ② 한류를 '한국 문화의 자부심'과 '한국 문화의 우수성'을 알리는 계기로 보려는 논점, ③ 한류를 동아시아 문화의 상호 교류와 복수적인 문화의 공존을 가능하게 하는 수단으로 보려는 논점.

(박성창, 「'한류'로 되짚어 본 한국 문학의 세계화」, 『글로컬 시대의 한국 문학』,
밑줄 표시는 인용자)

비평문의 서두 부분인 위의 예문에서는 먼저 한류 현상의 원인에 대해 진단하고 고찰한다. 글쓴이는 이를 확장하여 '한국 문학의 세계화'와 관련된 논의로 이어가기 위해 세 가지 논점을 제시하고 있다. 서두의 마지막에 요약된 내용은 글 전체의 '개요' 역할을 하면서, 동시에 글의 전개 방향을 알려주고 있다.

■ **비평문 쓰기의 방법 2**: 글 전체의 논점과 방향을 분명하게 제시한다.

비평문의 서두에서는 글의 논점과 방향을 분명하게 제시해주어야 하듯이, 글을 마무리하는 결말 단락에서도 본론에서 논의한 내용들을 요령있게 정리해주어야 한다. 즉, 마무리 단락에서는 본론에서 논의한 비평 대상의 한계나 의의에 대해 글쓴이의 주장을 강조하면서, 비평 대상에 대한 전망을 제시해주는 것이 필요하다. 위의 [예문 3]에서 인용한 비평문의 결말 부분을 보자.

(중략) 위에서 첸 관싱이 지적하듯이 한류는 미국으로부터 동아시아로의 문화의 일방적인 흐름이 이루어지던 시대로부터 이제 동아시아가 상호 소통하는 시대로의 전환을 상징적으로 보여 주는 사건이라고 할 수 있다. 일반적으로 한류를 통한 동아시아의 문화적 흐름이 가능하게 된 원동력으로 유사한 인종, 한자 문화권이라는 언어적 근접성 그리고 무엇보다도 유교 문화적 전통의 공유 등의 요소들을 들고 있다. 이런 측면에서 볼 때 문학을 통한 한·중·일 3국의 문학 교류는 예전에 비해 훨씬 중요한 의미를 지니게 될 것이다. 그러나 아시아적 문화 공동체는 매우 시사적이기는 하지만 아시아 문화 공동체는 유럽 문화 공동체나 미국 문화의 교류를 위한 하나의 교두보일 뿐 그것 자체가 문화 교류의 한계 영역으로 설정되어서는 안 된다. 우리에게 절실한 것은 우리와 같은 문화권인 동아시아와는 달리 구미 지역에 한류를 확산시키는 일이며 이는 동아시아 문화 교류와는 다른 전략, 더 적극적인 전략을 요구하기 때문이다. 여기서 강조하고 싶은 것은 동아시아 문화권의 중요성에 대한 부정이 아니라, 세계와의 소통을 하는 전 단계로서 아시아 문화 공동체를 생각하자는 것이다.

기술 국제화와는 달리 문화의 국제화는 매우 복잡한 문제들을 야기하며, 이는 전통, 고유함, 저항, 유혹, 동화 등의 문제들이 서로 엇갈리면서 부딪히는 갈등의 장에서 기술되어야 한다. 문화에 대한 민족주의적 태도나 제국주의적 관점 모두 이러한 복합적인 논리를 단순화시킬 위험이 있다. 앞서 우리는 '한국 문학의 세계화'를 위해서는 무엇보다도 작가들의 '내적인 전략'이 필요하지만 제도적이고 거시적인 차원에서 이루어지는 '외적인 전략' 없이는 세계무대에서 빛을 발휘할 수 없다고 했다. 이는 이론적으로 볼 때 가장 한국적인 것은 가장 세계적인 것과의 마주침 속에서만 생명력, 다시 말해 문학적 모더니티를 획득할 수 있는 주장과 일맥상통한다. <u>문화의 개방성과 역동성을 구호가 아닌 문학적 체험으로 육화시킬 때 진정한 한국 문학의 세계화를 기대할 수 있을 것이다.</u>

(박성창, 「'한류'로 되짚어 본 한국 문학의 세계화」, 『글로컬 시대의 한국 문학』, 밑줄 표시는 인용자)

예문의 결말 단락에서는 글 전체를 통해서 여러 논거를 들어 주장해 온 내용들을 다음과 같이 정리하고 있다.

▶ 여기서 강조하고 싶은 것은 동아시아 문화권의 중요성에 대한 부정이 아니라, 세계와의 소통을 하는 전 단계로서 아시아문화 공동체를 생각하자는 것이다.
(주장의 강조)

▶ '문화의 국제화'는 '기술의 국제화'와 다르기 때문에 한국 문학의 세계화를 위해서는 문화에 대한 민족주의적 태도나 제국주의적인 관점을 버리고 더 거시적인 차원에서 세계무대를 구상하는 '외적인 전략'이 필요하다.
(대안 제시)

▶ '가장 한국적인 것이 가장 세계적인 것'이라는 전제에서 한국 문화의 개방성과 역동성을 진정으로 육화시켜 나갈 때 한류의 세계화가 가능해지며, 궁극적으로 한국 문학의 세계화도 가능할 것이다.
(전망 제시)

위의 [예문 4]에서 알 수 있듯이, 비평문의 결말은 글의 전체 내용을 통해 일관되게 주장해 온 사항들을 강조하여 정리해주는 한편, 글 전체의 주제와 호응할 수 있는 전망을 제시해주어야 한다.

■ <u>**비평문 쓰기의 방법 3**</u>: 글 전체의 내용을 정리하고 강조하면서, 주제와 호응할 수 있는 전망을 제시한다.

[그림 3] 세계화와 지역화를 동시에 추구하는 국제 공동 행사로 터키에서 열린 '이스탄불-경주 세계문화엑스포 2013' 포스터

[그림 4] 터키에서 한류 돌풍을 일으키는 데 한몫을 하는 태권도 공연 모습('이스탄불-경주 세계문화엑스포 2013' 조직위원회 홈페이지)

비평문에는 전문가가 쓰는 비평문 이외에 일반들도 쉽게 쓸 수 있는 독후감이나 서평, 영화평, 공연 감상평, 여행기, 요리평 등이 있다. 자신이 최근에 읽은 책이나, 감상한 문화예술 공연 한 편을 선택하여 1,000자 내외의 분량으로 비평문을 작성해 보라.

3. 비평문 쓰기의 실제: 한류와 다문화사회

한류와 다문화사회에 대한 논의는 최근의 한국 사회에서 가장 관심을 끌고 있는 사안 가운데 하나이다. 이러한 사회 현상에 주목하여 그것을 분석하고 평가하는 글을 씀으로써 한국 사회를 이해하고 한국의 문화와 한국인의 의식을 더 잘 이해할 수 있다. 언어를 배우는 것은 그 사회와 문화라는 맥락 속에서 이루어진다는 것을 생각할 때 사회문화 비평문 쓰기는 사회문화적 맥락을 이해하고 글로 쓰는 복합적 행위로서 의미를 가진다.

현재의 한국 사회가 다문화사회인가, 그렇지 않은가에 대한 논의는 논란의 여지가 있긴 하지만, 다문화사회로 변화해 가고 있음에는 의심의 여지가 없을 듯하다. 다음 글은 이러한 전제 위에서 다양한 매체 보도와 프로그램, 여러 가지 보고서, 통계 자

[그림 5] 다문화 영화 「마이 리틀 히어로」(2013)의 출연 배우 지대한(오른쪽)과 황용연(왼쪽). [그림 6] 「마이 리틀 히어로」의 장면들을 담고 있는 영화 포스터 사진

료, 사례 등을 찾아 근거로 삼음으로써 논의의 타당성을 확보하고 있다. 사회 현상에 대한 판단을 담는 글에서는 이와 같은 논리적 근거가 글의 설득력을 높이는 중요한 요소가 된다.

● 예문 5 ●

① 한국 사회가 2007년 8월에 체류 외국인의 숫자가 백만 명에 달하자 매스컴은 앞 다투어 '한국이 외국인 백만 명' 시대를 열면서 '다문화사회가' 되었다고 연일 보도하였다. 비록 백만 명이라는 인구는 한국 전체 인구의 2.2%에 불과한 적은 수이지만, 우리나라 국민들이 수천 년 동안 단일민족사회라는 데에 자부심을 가졌던 것을 생각하면 놀라운 변화이다. 이러한 변화는 불과 십여 년에 걸쳐 빠르게 진행되었기에, 한국 사회는 압축적 경제성장에 이어서 다출신국·다인종사회화도 압축적으로 급속하게 진행되고 있다고 하겠다.

② 지난 10여 년간 한국에 체류하는 외국인 인구는 급속도로 증가하여, 1994년에는 95,778명에 불과하였으나 2007년에는 1,066,273명에 이르게 되었고, 출신국가도

40여 개국을 넘으면서 빠르게 다출신국·다인종사회로 변화하고 있다(법무부, 2007). 2007년 체류 외국인의 자격별 구성도 다양하여 단순 노무인력이 48만 명에 육박하였고, 결혼이민자가 11만 명, 유학생이 4만여 명, 전문 인력도 거의 3만 명에 이르렀다(법무부, 2007). 이 통계에는 합법체류자 외에도 불법체류자가 포함되었으며, 전체 체류 외국인의 21%에 달하였다(법무부, 2007). 또한 결혼 이민자가 한국인과 결혼하여 꾸민 다문화가정의 자녀가 2006년 3만 5천여 명이었으나, 2029년에는 3명 중 1명이 다문화가정의 자녀가 될 것으로 추정하는 언론보도도 있다.

③ 그렇다면 우리 사회를 다문화사회라고 말할 수 있을까? 한국 사회는 오랫동안 단일민족국가로 인식되었고 외국인 인구는 여전히 극소수에 불과하기 때문에 한국 사회를 다문화사회라고 보는 것은 시기상조라고 보는 견해도 있다. 이는 외국인들이 우리사회로의 이민 등을 통해 장기 또는 영원히 거주하면서 생활하는 국민이 되는 것보다는 여행 및 사업을 위해 단기로 체류하는 경우가 많기 때문일 것이다.

④ 그러나 한국 안에서 이러한 논의가 진행되는 동안 이미 해외에서 우리를 바라보는 시각은 한국이 '다문화사회화' 되고 있다는 것이다. UN의 인종차별철폐위원회(CERD, Committee on the Elimination of Racial Discrimination)의 한국 관련 2007년 8월 회의보고서에서는 한국이 '혼혈인'과 외국인에 대한 인종차별적인 법과 제도를 바꾸어야 한다고 지적한다. 특히, 한국 사람들이 별다른 느낌 없이 자주 쓰는 표현인 '혼혈인'에 대하여 극심한 인종차별적인 표현이라고 신랄하게 비판하면서 '단일민족국가'라는 표현도 자제해 줄 것을 권고하기에 이른다.

⑤ 이와 같이 한국 안에는 여러 가지 모습의 출신국과 인종에 대한 편견과 관습이 존재하며, 이는 이제 단순히 한국 안에서 우리끼리 해결할 문제를 넘어 해외와 국제기구에서까지 관심의 대상이 되고 있다. 이 보고서에서 한국 정부는 한국 사회가 다문화사회로 진행할 것임을 명확히 밝히며, 사회 관습을 포함하여 정부 정책과 제도를 바꾸어 나가는 데 최선의 노력을 다하겠다고 답변을 하였다(UN CERD, 2007). 이제 한국의 다문화사회화에 대한 연구는 더 이상 늦출 수 없는 중요한 과제이다.

⑥ 한국인이 외국인 백만 명 시대를 열 즈음해서 '다문화사회', '다문화주의' 등에 대한 담론이 한국 사회 곳곳에서 진행되기 시작하였고, 서울을 비롯한 각 지방자

치단체와 민간단체에서 다문화 관련 프로그램을 속속 내놓기 시작하였다. 또한 어머니가 한국인인 한국계 미국인 대니얼 헤니(Daniel Henney)가 한국 드라마와 영화에서 두각을 나타내면서 인기를 끌고, 미식축구 선수인 하인즈 워드(Heinz Ward)가 2006년에 미국 슈퍼볼에서 최우수선수상을 타면서 자신이 속한 팀의 승리를 이끌어 내자, 한국은 과거에 혼혈인에 대해 보여주었던 편견을 일시에 불식시키고 그들을 진정한 한국인으로 받아주는 모습을 보여주었다. 한국전쟁 후 미국인 군인과 한국 여성 사이에서 태어난 자녀에 대하여 보이던 극심한 편견과 따돌림이 더 이상 존재하지 않는 것처럼, 한국은 그들을 포용하고 그들을 자랑스러워했다. 이제 한국의 텔레비전에서 외국인들은 외국어교육 프로그램의 강사나 한국 방문 프로그램에 가끔 나오는 정도가 아니라, 외국인과 다문화가정이 주인공인 〈Love in Asia〉, 〈미녀들의 수다〉 같은 프로그램들에 주인공으로 등장하였다. 이 프로그램들은 각 방송국의 황금시간대에 편성되고 많은 시청자를 확보하고 있으며, 급속히 변화하고 있는 한국 다문화사회의 한 단면을 보여준다.

(김은미 · 양옥경 · 이해영, 『다문화사회, 한국』, 2009, 나남, 번호 표시는 인용자)

단락 ①과 ②에서는 외국인과 이민자, 다문화가정에 대한 통계를 들면서 다문화사회로의 변화 추세를 제시하였다. ④에서는 UN 보고서를 근거로 다문화사회에 관한 한국 사회와 한국인의 의식 부족을 지적하고 있으며, ⑥에서는 최근의 다문화사회에 관한 관심과 현상을 실제 사례를 통해 언급하고 있다.

이러한 근거들은 다문화사회로 가는 흐름 속에서 앞으로 해결해야 할 문제를 짚어내면서도 긍정적 전망을 가능케 하는 현상을 포착함으로써 우리가 가져야 할 지향과 태도를 설득력 있게 전달하는 힘이 되고 있다.

1. 한국이 다문화사회가 되었다는 보도가 나온 사회적 배경을 다룬 단락(①~⑥)을 선택하여, 각 단락에서 제시한 배경을 요약해 보라. (2개)

2. 한국을 아직 다문화사회로 보기 어렵다는 견해의 근거는 무엇인지 찾아 정리해 보라.

3. 다문화사회로서의 한국 사회가 가진 문제점을 분석한 단락을 찾아 그 문제점과 사례를 찾아 써 보자.

1) 단락:

2) 문제점:

3) 사례:

4. 글쓴이가 다문화사회로의 변화에 대한 긍정적 전망을 서술하고 있는 부분은 어느 단락인지 찾아 그 예를 세 가지로 정리해 보라.

1) 단락:

2) 사례:

(1)

(2)

(3)

사회 현상이나 문화 현상을 직접 관찰하고 분석하며 비평하는 일뿐만 아니라, 이와 같은 주제를 다룬 다양한 예술장르의 작품들도 비평의 대상이 된다. 작품을 감상한 후 비평할 때는 그 작품의 장르와 그에 따른 속성을 고려하면서도 내용에 대한 충실한 이해를 담고 있어야 한다.

다음 예문은 다문화가정의 주인공을 다룬 영화 『완득이』에 대한 비평문이다. 영화 비평문은 영화적 요소 즉, 핵심적인 내용을 보여 주는 장면이나 인물, 연기 등이 분석 대상이 된다. 이러한 점을 염두에 두고 글을 살펴보자.

● 예문 6 ●

    때로는 거슬리는 결점마저 애써 눈감아버리고픈 영화가 있다. <u>간간이 눈에 밟히는 결점이 있더라도 미간을 찌푸리거나 냉소하기보다는, 그래도 나는 이 영화가 참 좋다, 라고 말하고 싶은 영화</u> 『완득이』가 세계의 단면적인 묘사에 머물고 말았다 해도, 생기 가득한 인물들이 얽히고설키며 소소하게 풀어내는 흥겹고도 정겨운 이야기는 이러한 아쉬움을 상쇄하기에 충분하다.

    『완득이』에는 악인이 등장하지 않는다. 더구나 빈곤, 장애, 다문화 가정, 이주 노동자, 결손 가정과 교육에서의 차별 등 다양한 사회적 문제를 건드리는 것과 달리, 그 어떤 영역에서도 첨예한 대립과 갈등은 발생하지 않는다. 참으로 신기한 일이다. 물론 외국인 노동자를 추방하거나 그들을 돕는 활동마저 제재하고 그들에게 삐딱한 시선을 던지는 이들이 등장하긴 하지만, 『완득이』는 대립과 갈등의 요소를 최소화함으로써 영화의 주요 인물들이 '예정된' 조화로운 세계에 더 쉽게 다가설 수 있도록 한다. 『완득이』에서 묘사되는 동네가 현실적 질감의 비루한 공간과 인물로 가시화된다 할지라도, 영화의 전반적 서사는 현실에 깊이 뿌리내리기보다는 까치발을 들어 그로부터 조금은 떠 있는 듯한 느낌을 준다. 현재의 시간에서 상실한(것으로 상상되는) 조화로운 과거의 세계를 경험하는 듯한 인상 속에 현재의 다양한 사회적 문제를 얼버무리려 한다.

    그렇다면 우리는 『완득이』에 대해 현재의 시간성을 회피하지 않은 채로, 달리 말해 과거의 이미지가 불러일으키는 향수의 감수성에 의존하지 않고 다문화사회(와 다양한 형태의 주변화된 삶)가 조화롭게 공존할 수 있는 가능성을 이야기하는 것은 어려운 일일까, 하는 질문을 던질 수 있을 것이다. 달리 말해, 『완득이』는 다문화사회의 동시대적 문제를 이야기하는 척하지만, 실제로는 그것을 현재의 시간 안에 위치시키는 것을 주저하고 있는 것은 아닌가? 우리는 현재보다 과거를 훨씬 조화롭고 따뜻한 것으로 '상상' 하고, 그렇기에 향수의 감수성은 현재의 갈등과 파국에서 벗어날 수 있는 피난처로서 과거를 미화하곤 한다. 현재로부터 한발 비켜나 현재의 문제를 해결하려는 태도, 그것이 『완득이』가 완성한 조화로운 세계가 ① '조화(調和)로운 조화(造花)의 낙원' 처럼 비치는 가장 큰 이유일 것이다.

　이러한 면에서 『완득이』가 표면적으로 완득이(유아인 분)의 성장영화처럼 보인다 해도, 그를 세상과 온몸으로 부딪히며 내적인 성장을 일구는 소년이라 말할 수는 없을 것이다. 대립과 갈등의 장애물이 그리 높게 제시되지 않을 뿐더러, 심지어는 그 주변 인물 하나하나가 그의 성장을 돕기 위해 옹기종기 모여 앉은 것처럼 보이기 때문이다. ② 킥복싱 도장의 관장(안길강 분)은 "맞아봐야 때리는 법을 안다."고 말한다. 완득이는 스파링에서 얼굴이 찢기고 피멍이 들어 링 위에 나뒹굴면서도 그제야 크게 웃는다. 하지만 링 바깥의 세계에서 두들겨 맞을 조건을 완벽하게 갖춘 완득이가 그만큼 충분히 얻어맞았는지는 의심스럽다. 조화(造花)의 인공 세계는 그의 악조건에 어울리는 강펀치를 좀처럼 날리지 않는다. 그러니까 링은 세상살이의 은유로 영화에 놓여 있지만, 실상은 진짜 세계의 작동이 멈춰 있다는 사실을 은닉하는 도구인 셈이다. 완득이의 성장이 아름다움에도 불구하고 향기가 없는 것은 이 때문이다.

　하지만 『완득이』는 이러한 결점에 애써 눈감아버리도록 유혹하는 힘이 있다. 이는 무엇보다 『완득이』가 주변화된 인물 각각을 '자폐적 방' 에서 끄집어내 서로 소통하게 하는 과정의 생동감과 그 영화적 태도 덕분일 것이다. 『완득이』에 등장하는 인물 대부분이 과거의 인물처럼 보이는 가장 큰 이유는 그들이 시대의 낙오자로서 주변으로 밀려난 것처럼 보이기 때문이다. 『완득이』는 이러한 주변부의 삶을 섣불리 중심으로 되돌리려 하지 않고 『써니』처럼 필요 이상 요란 떨지 않으면서도 주변부의 영역에서 자신들의 삶을 긍정할 수 있는 힘, 달리 말해 '비루한 것들의 카니발' 과도 같은 활력을 발산한다. 『완득이』의 소소한 사건들에 연계된 인물들은 세상을 체념한 채 자기방어적인 자폐의 방에 스스로를 격리한 자들에 불과하다. 『완득이』는 마치 "얌마, 도완득"하며 완득이를 방 바깥으로 불러내는 똥주(김윤석)의 외침처럼, 자폐의 방에 수감된 인물들을 그 바깥으로 끌어내 서로가 마주볼 수 있는 기회를 부여한다. 그런 그들이 영화 종반부에 다 함께 모이는 장소가 교회라는 사실에서, 그들을 향한 현실적 구원은 서로의 이름을 부르며 마주볼 수 있는 소통의 공간을 통해서만 가능하다는 태도가 드러난다. 『완득이』는 중심은 좁아지고 주변은 확장되는 이 시대에 주변부 인생들의 소통과 연대의 소중함을 역설한다. ③ 『완득이』에서 이러한 연대의 기회를 마련하는 이는 똥주다. 똥주가 무심한 척 주변부를 배회하며 꽁꽁 얼어붙은 주변부의 삶을 하나의 물길로 녹여내는 과정이 설득력을 가질 수 있었던 것 역시 김윤석의 이러한 매력과 무관하지 않을 것이다. 비록 그것이 조화의 인공적 세계에 터를 두는 아쉬움이 있다 해도, 비루한 것들의 소통과 연대로부터 비롯되는 긍정과 낙관의 힘은 『완득이』의 가장 큰 매력이다. ④ 비루한 것들의 카니발이 발산하는 흥겨움이 함께 한다면, 굳이 중심에 서지 않아도 좋을 것이다.

(안시환, 「소통과 연대에서 비롯하는 낙관의 힘」, 『씨네21』, 2011. 11. 24.
번호와 밑줄 표시는 인용자)

이 글에서 글쓴이는 영화의 내용을 보여주면서도 영화에 대한 개괄적 평가를 담고 있는 장면 제시(①), 대립과 갈등의 극적 긴장감을 고조시키는 장면(②), 인물에 대한 분석과 배우들의 연기 평(③) 등을 서술하고 있는데, 바로 이것이 앞서 말한 영화 비평문의 핵심 요소들이다. 이러한 부분들은 독자가 실제 영화를 보는 것처럼 생생하게 느끼고 상상할 수 있도록 해 주는 영화 비평문의 핵심 구성 요소들이다.

또한, 위의 비평문에 사용된 '조화로운 조화의 낙원'(①), '비루한 것들의 카니발'(④) 같은 은유적 표현들은 이 영화에 대한 글쓴이의 느낌과 비평적 판단을 효과적으로 전달해 주는 핵심 개념들이다. 이러한 표현들은 한 마디로 글쓴이의 영화에 대한 비평적 관점 또는 시각을 독자들에게 전달하는 기능을 하고 있다.

영화 『완득이』를 보고 줄거리를 요약해 보자. (600자 이내)

비평을 구성하는 핵심 내용과 그것을 표현한 장면의 묘사 부분을 찾아 정리해 보자.

1. "결점이 있더라도 ~이 영화가 참 좋다' 라고 말하고 싶은 영화"라고 말할 수밖에 없게 한, 비평의 핵심적인 내용을 담은 은유적 표현을 찾아 보자. (2개)

2. 본문에서 언급한 비평의 핵심 요소 두 가지를 잘 표현해준 장면 묘사를 영화 『완득이』에서 찾아 보자. (2개)

아래에 제시된 어휘 및 표현의 의미를 찾아보고, 이를 사용하여 200자 내외의 짧은 글을 만들어 보라.

1. 정체성:

2. 제국주의:

3. 문화 공동체:

핵심 문법 **새로운 단어 만들기**　　　　　　　　　　　　　　　　　*Grammar*

- **단일어:** 단어의 어근(root)만으로 이루어진 단어

  ㉠ 산, 돌, 하늘, 바람, 학교, 수업

- **파생어 1:** 접사(prefix)에 단어의 뿌리를 붙여 만들어진 것으로 '접사 + 어근' 구성

  ㉠ **풋**과일, **풋**사과, **한**겨울

- **파생어 2:** 단어의 뿌리에 접사를 붙여 만들어진 것으로 '어근 + 접사' 구성

  1) '-화(化)' : '그렇게 만들거나 됨'의 뜻을 가진 접사

     ㉠ 이질**화**, 동질**화**, 파편**화**, 도시**화**

  2) '-적(的)' : '어떠한 성질을 띠는, 그에 관계된, 그 상태로 된'의 뜻을 가진 접사

㉲ 지역**적**, 민족주의**적**, 문화**적**, 도식**적**
  3) '-성(性)' : '어떠한 성질을 지니는'의 뜻을 가진 접사
      ㉲ 우수**성**, 근대**성**, 정체**성**, 보편**성**

연습문제 ❸ *Exercise*

한국보다 앞서 이주민이나 다문화사회에 대해 고민을 해 온 나라들이 많다. 이러한 주제를 담은 영화, 문학, 만화, 미술, 음악 등 다양한 장르의 작품을 찾아 감상한 후 다음과 같이 개요를 작성하고 비평문을 써 보자.

1. 작품을 선택한 동기와 주제:

----

2. 대상의 이해에 필요한 문화·사회적 배경:

----

3. 줄거리나 내용 구성 요소의 분석 및 해석:

----

4. 의의와 평가:

12

과학기술과 생명 윤리

설득력 있는 글을 쓰기 위해서는 정확한 논점을 세우고, 일관된 논지를 유지하여 주장하려는 바를 논증해야만 한다. 좋은 논증을 하기 위해서는 적절한 논거를 들어 객관적으로 증명해 가는 절차가 필요하다. 이 장에서는 '과학기술과 생명 윤리'에 관한 화제를 중심으로, 주장을 설득력 있게 논증하는 글쓰기에 대해 학습한다.

1. 논점 찾기
2. 논점 세우기
3. 논증하기

- 논점: 글 전체의 주제와 관련된 주요 논의거리
- 논증: 어떤 생각이나 주장의 타당성을 논리적으로 증명하는 일
- 논거: 어떤 사실이나 주장, 이론 등이 진실 또는 참임을 논리적으로 밝혀낼만한 근거

1. 논점 찾기

논점이란 글 전체의 주제와 관련된 주요한 논의거리를 뜻한다. 글 전체의 내용을 조리 있게 서술하고 타당하게 논증하기 위해서는 논점을 정확하게 파악하고, 주장하려는 내용을 명확하게 제시해야 한다.

논점을 정확하게 파악하고 세워야 설득력 있는 글을 쓸 수 있다. 쟁점이 되는 화제의 핵심을 제대로 이해하여 논점을 세우기 위해서는 글의 논점을 정확하게 분석해야 한다. 논점을 분석하는 목적은 다음과 같다.

┃ 논점 분석의 목적 ┃

- 화제의 내용과 주제를 형성하는 데 목적이 있다.
- 화제의 내용과 주제를 바탕으로 논지를 세우는 데 목적이 있다.
- 글의 전체 논점과 세부 논점을 적절하게 세우고 배열하는 데 목적이 있다.

글의 논점은 각 단락의 핵심 어휘와 구절을 찾아 서로 연결시켜가면서 파악할 수 있다. 다음 예문을 읽고 논점을 찾아보자.

　　오늘 우리의 생명공학 기술을 이용한 예술 작품은 단지 자연을 모방하는 수준이다. 그러나 내일은 자연이 하나의 예술 작품이 될 수 있다. 우리의 후세들은 자신들이 만들어낸 창작물이, 오늘날 우리가 자연을 모방하여 만든 창작물보다 훨씬 더 월등한 자연 그대로의 것이라고 확신할지 모른다. 그들은 그들 나름대로 자연을 모방한 것을 자연 그대로인 것으로 볼지 모르며, 그들의 작품이 곧 그들의 현실이 될 수 있다.

　　30여 년 이상 전에 조수아 레더버그 박사는 "진화를 예술적 수준으로 바꾸는 유용한 단백질"(Lederberg, Joshua, "Experimental Genetics and Human Evolution," *Bulletin of the Atomic Scientists*)을 개발할 가능성을 기대하며 글을 쓴 적이 있다. 포스트모더니즘 시대의 DNA 재조합 기술은 "예술가들의 도구"이다. 인간은 이 새로운 기술 수단을 이용하여 진화를 예술 작품으로 꾸준히 변화시키는 창조적 예술가의 역할을 떠맡을 수 있다. 그러나 이 새로운 기술은 과거 우리가 알고 있던 예술적 감성과는 매우 다르다. 어떤 의미로 그것은 합리적 계산·대량 생산·주문 생산 기술에 빠져버린 가짜 예술이다.

　　예술적 형식으로서의 유전공학은, 문화를 이해하고 우리의 존재를 인식하는 방법에 큰 영향을 끼친 새로운 포스트모더니즘적 사고방식의 전형을 보여준다. 예술, 건축, 영화, TV, 대중음악, 그리고 우리가 점점 더 즐겨 찾는 가상 세계 속에 있는 새로운 포스트모더니즘의 세계는 거의 한계가 없다. 이 세계에서는 과거, 현재, 미래가 서로 얽혀 있고, 인생은 딱딱하지 않고 더 즐거우며, 그리고 약속된 규칙은 항상 변화한다. 새로운 시대는 숙명과 운명에 의해서가 아니라 치유하려는 마음 상태에 의해 좌우된다. 이러한 마음 상태에서 각 개인은 시간이 허용하는 한 많은 환상, 경험, 생활 양식을 자유로이 창출하고 즐길 수 있다. (중략)

　　컴퓨터와 유전공학 기술을 일종의 예술 도구로 봄으로써, 새로운 시대는 인간 경험의 예술적 측면이 다시 출현하는 일종의 창조적 르네상스 시대가 될 것이라는 환상을 갖게 만든다. 오히려, 새로운 기술은 예술적 감각을 완전히 마비시킬 우려가 있다. 진정한 예술이란 항상 외부 세계와 '깊은 교감'을 통하여 이루어지며, 우리가 경험하는 현실에 관하여 다른 사람들과 내면 깊은 곳에서 감정과 정서를 공유하는 것이다.

루이스 멈퍼드는 예술이란 "주로 인간 능력의 확대에 관심을 갖는 기술과는 달리, 본질적으로 그 어떤 것보다도 사랑의 표현"(루이스 멈퍼드, 『예술과 기술』)이라고 상기시켰다.

아마도, 유전공학은 생물에 대한 인간의 지배 능력을 궁극적으로 확대시켰고, 이전의 어떤 기술보다도 가장 진보된 형태의 기술일 것이다. 그런데 예술의 진정한 의미로 볼 때 유전공학은 사회 계층에 따라 달리 받아들여진다. 예를 들어 오늘날 유행하는 '신체 성형'을 생각해 보자. 포스트모더니즘 문화에서는 많은 사람들이 신체 성형을 예술적 표현 수단으로 본다. 그러나 어떤 사람들은 신체 성형을 창조적 행위로 보기보다는 다른 사람에게 인정받고 잘 보이게 하기 위하여 자신을 다시 조작하려는 순응적 행위로 본다. 그 목적은 결함을 교정하고 업무 수행 능력을 개선하여 사회적으로 적어도 중간 수준의 능력을 인정받기 위한 것이다. 그것은 자신의 독특한 내면적 존재를 세상에 투영하는 행위— 즉 내성적 교감 의식—가 아니라 오히려, 그 세계에 자신을 적응시키기 위해서 자신을 다시 개조하려는 시도이다. 그것은 예술을 대체하는 기술이다.

자기 자신과 후손을 '수정', '변형', '조작' 하기 위하여 어떤 유전자를 삽입, 재조합, 삭제할 것인지 결정하는 일은 예술적 표현이라기보다는 기술적 처방이다. 그것은 예술이 아니라 교묘한 기술이다. 어떤 사회 이론가들이 말하는 소위 '창조적 시대' 라는 것이 실제로는 무제한적인 소비자 선택의 시대이다. 불행하게도 우리는 선택 능력과 창조 능력을 점점 더 혼동하고 있는데, 특히 새로운 생명공학 기술과 관련해서는 더욱 그렇다. 우리가 자신을 조작할 수는 있지만, 그 조작이 실제로는 시장에서 구매할 수 있는 일종의 선택에 불과한 데도 우리는 것을 창조적 행위로 오해한다. 결국 생명공학 혁명이란 선천적인 자신의 생물학적 조건과 자연을 자신의 기분에 따라 개조할 수 있는 자유를 제공하는 궁극적인 소비자 선택의 장이다. 더 중요한 것은 새로운 유전공학 기술이 우리에게 신과 같은 능력을 주어 많은 생물들의 생물학적 장래와 특징들을 선택—고금을 통하여 가장 중요한 구매 행위—할 수 있다는 것이다.

(제러미 리프킨, 『바이오테크의 시대』, 민음사, 1999)

위의 예문에서는 21세기의 바이오테크 시대를 맞이하여 자연의 질서를 재창조하기에 이른 오늘의 유전공학 기술을 비판적으로 고찰하고 있다. 책 전체의 내용 가운데 「자연을 다시 발명한다」는 장에서 발췌한 이 부분에서 글쓴이는 오늘날 인류의 유전공학 또는 생명공학 기술이 어떤 의미에서는 "합리적 계산 · 대량 생산 · 주문 생산 기술에 빠져버린 가짜 예술"이라고 비판한다.

이 예문의 내용에서, 글쓴이가 유전공학 기술을 예술 창작물에 빗대어 비판하고 있는 부분은 다음과 같이 두 가지 관점으로 정리할 수 있다.

- 〔**예술적 창작물**〕: 외부 세계와 '깊은 교감'을 통하여 이루어지며, 우리가 경험하는 현실에 관하여 다른 사람들과 내면 깊은 곳에서 감정과 정서를 공유하는 것
- 〔**유전공학 기술**〕: 자기 자신과 후손을 '수정', '변형', '조작' 하기 위하여 어떤 유전자를 삽입, 재조합, 삭제할 것인지 결정하는 교묘한 기술적 처방

예문에서 글쓴이는 유전공학 기술을 예술적 창작물 같은 인간의 '창조 능력'과 구별하면서, 개인의 기분에 따라 시장에서 소비 물품을 구매할 수 있는 '선택 능력'이라고 설명한다. 따라서 유전공학 기술('순응적 행위')은 예술적 표현('창조적 행위')이라기보다는 기술적 처방이 된다. 즉, 예술이 아니라 교묘한 기술에 불과한 것으로 비판되고 있다.

- 〔**글의 논점**〕: 예술적 창작물은 '창조적 행위'이며, 유전공학 기술은 '순응적 행위'이다.

학습활동 ❶

Activity

[예문 1]을 읽고 다음 사항에 대해 서술하라.

1. 예문에서 조수아 레더버그와 루이스 멈퍼드 견해의 핵심 내용을 찾아 정리해 보라.

1) 조수아 레더버그: ____

____

2) 루이스 멈퍼드: ____

____

2. 예문에서 미래사회의 유전공학 기술은 어떤 역할을 하게 되는지 글쓴이의 생각을
찾아 정리해 보라.

____

____

____

3. 예문에서 "예술을 대체하는 기술"이란 무엇을 의미하는지 핵심 내용을 찾아 정리해
보라.

____

____

____

[그림 1] 생명공학 기술이 탄생시킬
지도 모르는 미래의 슈퍼햄버거

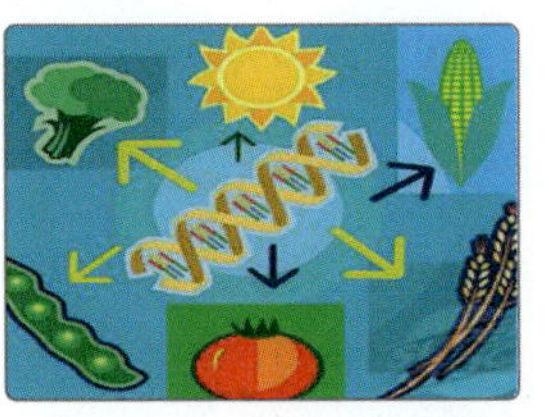

[그림 2] 유전공학 기술로 생산할 수
있는 기능성 강화 작물

아래에 제시된 각각의 용어를 활용하여 그 의미가 정확하게 드러날 수 있도록 짧은 글을 작성해 보라.

1. 르네상스:

2. 생명공학:

3. 진화:

🔍 **핵심 문법 ❶ 생각이나 주장을 강조하는 표현 방법**   *Grammar*

■ **강조 표현:** 글쓴이가 자신의 생각을 강조하기 위해서는 다음과 같은 표현을 사용한다.

1. '-는 것이다': '-는다'라고 해도 되는 것을 '-는 것이다'로 써서 자신의 생각을 객관화하여 강조한다.

> ⑩ "진정한 예술이란 항상 외부 세계와 '깊은 교감'을 통하여 이루어지며, 우리가 경험하는 현실에 관하여 다른 사람들과 내면 깊은 곳에서 감정과 정서를 **공유하는 것이다.**" / "더 중요한 것은 새로운 유전공학 기술이 우리에게 신과 같은 능력을 주어 많은 생물들의 생물학적 장래와 특징들을 선택—고금을 통하여 가장 중요한 구매 행위—할 수 **있다는 것이**

다"

  2. '-는 바이다': 동사와 함께 '앞에서 말한 대로이다'를 나타낸다.

    (예) 그 일은 누구나가 **바라는 바이다.** / 행복한 학창 생활을 하면서 좋은 학점

      을 받는 것은 누구나가 **바라는 바이다.**

  3. '-ㄹ 테다': 글쓴이의 확고한 의지를 나타낸다.

    (예) 내년에 미국에 꼭 **갈 테다.**

2. 논점 세우기

분석 대상 글의 논점을 정확하게 파악하는 일은 새로운 논리를 세워 글을 작성하는 과정에서 중요하다. 글의 논점을 정확하게 파악해야만 그로부터 새로운 주장과 논점을 세울 수 있기 때문이다.

논점을 세우기 위해서는, 주장의 타당함을 논리적으로 뒷받침할 수 있는 구체적이고도 분명한 논거를 찾아야 한다. 논거가 불확실하거나 불충분할 경우에는 논증을 통해서 얻어진 결론의 의미가 효력을 발휘할 수 없다.

다음 예문은 이른바 '유전자 결정론(genetic determinism)'으로 불리는 생명 현상의 유전적 진실에 대해 논점을 세워 주장을 펼치고 있는 글이다. 이 글에서, 논점을 어떻게 세워 주장을 펼쳐 나가고 있는지 파악해 보자.

● 예문 2 ●

  한 생명체가 죽으면서 다음 세대에 남길 수 있는 유일한 물질이 DNA뿐이며 그 DNA 속에 들어 있지 않은 정보가 갑자기 하늘에서 뚝 떨어질 수 없는 법이고 보면, 생명 현상의 모든 것은 일단 유전자에 의해 그 영역이 결정되는 것이다. 우리가 아무리 날고 싶어도 갑자기 날 수 없는 것은 우리 몸속에 날개를 만들어 주는 유전적 변이

가 존재하지 않기 때문이다. 유전자 속에 들어 있지 않은 것은 우리에게 존재할 수 없다. 그런 의미에서 유전자는 필연적으로 우리의 운명을 좌우할 수밖에 없다. 하지만 동일한 유전자가 언제나 동일한 모습으로 표현되지는 않는다. 유전자가 표현되는 과정이 환경의 영향을 받기 때문이다.

지난 세기말 영국의 이언 월머트(Ian Wilmut) 박사가 복제양을 만든 이후 세상은 마치 금방이라도 히틀러나 칭기즈칸이 여기저기에서 나타나 온 세상을 쑥대밭으로 만들기라도 할 것 같은 공포에 떨고 있다. 분명히 알아야 할 사실은 유전자를 복제한 것이지 생명체를 복제한 것은 결코 아니라는 점이다. 아무리 칭기즈칸을 복제한다 하더라도 그가 칭기즈칸으로 성장할 가능성은 거의 없다. 위대한 정복자가 될 약간의 포악한 성격은 타고날지 모르나 세상이 완전히 딴판으로 바뀐 현대에 그가 제2의 칭기즈칸이 될 확률은 거의 없다. 테레사 수녀를 여럿 복제한다 해도 그들이 모두 남을 위해 평생을 바치지는 않을 것이다.

복제인간은 출산 시간이 많이 늦어진 쌍둥이에 불과하다. 나는 쌍둥이로 태어나지 않았지만 내가 만일 지금 나를 복제한다면, 무슨 이유에선지 어머니의 뱃속에서 몇십 년을 더 있다가 나온 쌍둥이 동생이 태어났다고 생각하면 그만이다. 몇 초 간격으로 태어난 쌍둥이 형제들이 결코 똑같은 사람으로 자라지 않는 것과 마찬가지로 그 늦둥이 쌍둥이 동생이 나와 완벽하게 똑같은 인간이 될 리는 절대 없다. 유전자는 나와 완벽하게 같을지라도 그 유전자들이 발현되는 환경이 이와 다르기 때문에 전혀 다른 인간으로 성장하게 될 것이다.

사회생물학자들은 결코 생명체가 유전자의 꼭두각시라고 말하지 않는다. 생명체가 하는 모든 일이 유전자의 존재 이유에 어긋날 수 없다는 것을 말할 뿐이다. 지난 수십억 년 동안 이 지구상에서 벌어진 생명의 역사는 결국 DNA라는, 한 기막히게 성공적인 화학 물질의 일대기와 다름없다. 태초에는 별 볼일 없이 발가벗은 채로 태어났지만 묘하게도 자기 복제를 할 줄 알았던 DNA는 지금도 여러 생존 기계들을 만들어 오로지 한 가지 일, 즉 자기 복제를 위해 애쓰고 있다. 우리 속담에 '호랑이는 죽어서 가죽을 남기고 사람은 죽어서 이름을 남긴다.'고 했지만, 결국 '호랑이도 죽어서 유전자를 남기고 사람도 죽어서 유전자를 남길 뿐'이다.

(최재천, 「추천의 말」, 에드워드 윌슨, 『인간 본성에 대하여』, 이한음 옮김, 사이언스북스, 2011)

논점을 세우려면 먼저 기존 논의의 핵심이 무엇인지 파악해야 한다. 그런 다음, 기존의 주장을 비교·검토하고 그 논거의 타당성을 점검한다. 이어서, 기존 주장의 논점과 자신의 주장이 무엇이 다른지 명확하게 제시한다. 마지막으로, 자신이 내세우려는 주장을 뒷받침하기 위한 근거를 찾아 논점을 세운다.

[예문 2]에서 글쓴이는 글의 논점을 다음과 같이 세우고 있다.

[글의 논점] 모든 생명 현상은 유전자에 의해 그 영역이 결정되며, 인간은 다른 동물들과 같이 궁극적으로는 유전자를 남기는 존재에 불과할 뿐이다.

논점 세우기가 완료되면, 본격적으로 논증하는 글을 쓰기 위해 논거로 삼을 수 있는 자료들을 확보하고, 이를 토대로 글을 조직하고 구성한다. 위의 예문에서는 다음과 같은 논거들을 도출해낼 수 있다.

[논거 1] 유전자를 복제한 것이지 생명체를 복제한 것이 아니기 때문에 히틀러나 칭기즈칸을 복제한다 해도 그들이 똑같이 히틀러나 칭기즈칸이 되지는 않는다.

[논거 2] 유전자가 똑같은 쌍둥이일지라도 유전자들이 발현되는 환경이 다르기 때문에 쌍둥이들이라도 전혀 다른 인간으로 성장하게 될 것이다.

[논거 3] 유전자가 표현되는 환경의 영향을 받기 때문에 언제나 동일한 모습으로 표현되지 않는다.

[그림 3] 유전자 결정론(genetic determinism)을 다루고 있는 SF영화 「가타카」(1997)의 한 장면

[그림 4] 생명 복제의 비인간화와 디스토피아 사회를 비판하는 영화 「아일랜드」(2005)의 포스터

인간 복제의 문제를 다루고 있는 아래 글을 읽고, 영화 「블레이드 러너(Blade Runner)」 (1982)를 찾아 감상해 보라. 이후 영화의 내용에서 한 가지 논점을 찾아 정리한 다음, 이를 바탕으로 동료 학생들과 토론해 보라.

인간의 복제에 있어서는 더 심각한 문제점이 도사리고 있다. 그것은 우리들이 '마음'이라고 부르는 것도 복제가 가능한가이다. 우리들은 종종 어떤 일을 결정할 때 "내 마음이야.", "내 마음대로 할 거야."라고 말한다. 그런데 마음이란 과연 어떤 것인가? 마음은 어디에 있는가? 고대로부터 많은 사람들이 이런 의문을 품어 왔다. '마음이 어디에 있는가?'를 생각할 때 많은 사람들은 우선 마음을 어떤 종류의 '실체'로

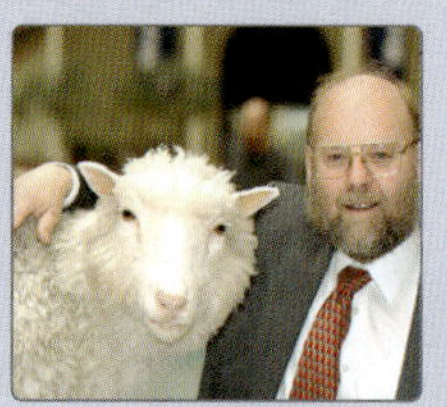

[그림 5] 복제 기술을 적용하여 만든 복제양 돌리(1997)와 이언 윌머트 박사

생각하고 실체라면 특정한 장소에 있을 것으로 여긴다. 그러나 이와 같은 보편적인 생각이 아직 학계의 인정을 받고 있는 것은 아니다. 존재한다는 것과 '특정한 장소에 있다'는 것과는 별개의 일이기 때문이다.

학자들은 마음이란 뇌의 작용임에 틀림없지만 그 위치를 알 수 없으므로 '어디에 있다'는 것을 정한다는 것은 무리라고 말한다. 그러나 뇌를 없애면 마음도 없어진다. 이러한 모순점을 학자들은 다음과 같이 추론하고 있다. 외부세계에서 뇌로 정보가 들어가고 신경세포가 정보를 처리하고 판단하며 이에 입각하여 어떤 행동이 만들어진다. 그렇게 하여 뇌의 여러 장소가 관계하여 기억이나 지각·판단·행동 등 정신 현상을 형성하고, 이러한 것을 모두 조합시킨 게 바로 사람의 마음이다. 따라서 뇌가 없으면 마음이 없어지게 되지만 '뇌=마음'이 아니라 어디까지나 뇌가 작용함으로써 비로소 마음이 만들어진다는 결론이다. 사람의 뇌에서는 대뇌피질을 중심으로 지식정보 처리가 이루어지고 있다. 대뇌 표면을 덮은 두께 2.5㎜의 층(회백질)은 약 140억 개의 신경 세포와 그것을 지탱하는 약 400억 개의 글리아세포로 구성되어 있는데, 이를 대뇌피질이라고 한다.

뇌의 작용(기능)은 신경세포가 돌기를 뻗고 거기에 이어진 신경 회로에 활동 전위

(펄스)가 전해짐으로써 이루어진다. 신경세포는 시냅스라는 이음매를 통해 신경물질을 교환하여 전기적 신호를 화학적 신호로 바꿔서 전달하고 있다. 그러한 것이 많이 모여 마음이 되고 있다고 생각한다면 뇌의 신경회로가 모두 해석됐을 경우 마음을 모두 알 수도 있을 것이다.

마음의 활동이란 뇌의 활동을 수반하면서 일어나는 여러 의식 수준의 조합이다. 의사(意思)의 힘이나 컴퓨터와 비슷한 기능을 갖는 매우 고차원적 정신활동이 있는가 하면, 즐겁거나 불쾌한 것처럼 본능의 수준에서 좌우되는 것도 있다. 그러나 대뇌피질의 기능 등 인간의 뇌를 잘 알게 된다고 해서 마음의 이전(移轉)이 간단해지는 것은 아니다. 뇌와 마음의 문제에서도, 비록 뇌 구조의 모든 것이 물질적으로 해명되어도 마음은 결코 유물론적으로 환원되지 않는다는 것이다. 학자들 간에 의견 일치를 보이지 않는 것은 기억과 마음이 같은 것이냐 아니냐 이지만 기억과 마음을 이전하는 것이 불가능하다는 것은 결국 인간 복제가 불가능하다는 것을 뜻한다. 결국 태어나서 예전 자신의 기억을 그대로 갖고 있지 못하다면 껍데기 뿐의 인간 복제도 의미가 없다는 것이다.

(이종호, 「인간 복제」, 『영화에서 만난 불가능의 과학』, 뜨인돌, 2003)

3. 논증하기

논증이란 어떤 생각이나 주장의 타당성, 즉 논제의 진리성을 논리적으로 증명하는 일을 말한다. 논증을 하려면 주장의 내용이 분명해야 하며, 그 주장의 타당성을 논리적으로 입증할 수 있어야 한다.

▎논증을 위해 필요한 사항 ▎

- 주장의 타당성과 정당성을 입증할 수 있는 공정한 논거
- 정확하고 객관적인 지식, 그리고 이를 뒷받침해 줄 수 있는 타당한 논거
- 논증하려는 내용을 논리정연하게 구성할 수 있는 표현 능력

논증 방식이란 논거가 되는 판단들과 결론이 되는 판단들의 논리적 연결이며, 일련의 추론들의 연결 과정이라고 할 수 있다. 따라서 논제의 진리성을 확보하기 위해서는 다음과 같은 점들에 유의해야 한다.

▌ 논증 시의 유의 사항 ▐

- 논제가 정확한지 검토한다.
- 논제 증명의 근거가 되는 논거들을 충분히 수집한다.
- 논증에 도움이 되는 방법과 절차를 연구한다.

다음 예문은 유전정보와 관련된 내용을 다루고 있는 글이다. 아래에 제시한 예문을 읽고, 글의 저자는 논거를 어떻게 활용하여 자신의 생각과 주장을 논증해가고 있는지 생각해 보자.

● 예문 3 ●

인류가 우리의 몸을 구성하는 모든 정보인 유전정보를 알았다는 것이 지금 당장 내가 세상을 살아가는 데 무슨 영향이 있을까, 라고 의아하게 생각하는 사람도 있을 것이다. 그러나 앞으로 수백 수천 년의 오랜 역사가 흐른 후에는 '인간 유전체 해독'이 과거의 종이나 나침반, 증기기관의 발명보다도 인류를 변화시킨 가장 중요한 유산으로 기록될 것이다. 왜냐하면 우리 몸을 구성하는 부품 리스트인 유전정보의 해독은 우선 유전자 정보의 이상으로 발생하는 암이나 당뇨병 등 일반적으로 유전병이라고 통칭되는 질병들에 대한 이해를 높이고, 그 진단을 매우 쉽게 만들 것이기 때문이다.

또한 태아의 경우 양수를 채취하여 시행하는 유전자 검사를 통해 유전병 등 많은 질병의 발병 가능성을 예측할 있다. 물론 현재의 기술로는 우리 몸을 구성하는 어떤 부품이 어떻게 잘못되었는지 진단한다고 하여 그 치료가 모두 가능한 것은 아니다. 이미 유전정보에 따라 개체가 만들어지고 난 후에 잘못된 유전자를 대체할 수 있는 방법(유전자 치료라고 불림)은 아직 성공적으로 개발하지 못했기 때문이다. 그렇기에 우리가 이전에는 운명으로 받아들였던 유전정보를 치료법도 없이 꼭 알아내어 긁어 부스럼을 만들어야만 하는지에 대해서는 여전히 논쟁이 진행 중이다. (중략)

현재 유전체 정보를 상업적 목적에 이용하는 몇몇 회사들은 'DNA 스캔'이라는 검사를 제공하고 있다. 'DNA 스캔'은 개인의 유전체로부터 변형된 유전자들을 모두 찾아내 질병의 가능성을 예측하는 서비스로, '어떤 유전자에 이상이 있으니 어떤 질병을 조심하라' '어떤 질병에 걸릴 가능성은 몇 %이다' 등의 검사 결과를 제시하여 이익을 올리고 있다. 또한 미래에는 머리가 아플 때 타이레놀을 먹는 것처럼 모든 사람에게 동일한 약을 처방하는 것이 아니라, 각 개인의 유전체 정보를 바탕으로 개개인의 유전정보에 따라 가장 적합한 약을 찾아 처방하는 '맞춤형 약'으로 발전해나갈 것으로 예측된다.

요즘 텔레비전의 범죄 수사극에서 쉽게 볼 수 있듯이 우리 개개인은 모두 조금씩 다른 DNA 염기서열을 가지고 있으므로 유전정보는 개인의 신원을 확인하는 데에도 유용하게 이용되고 있다. 재미있는 예가 오래전에 잉그리드 버그만 주연의 영화로도 만들어졌던 러시아의 마지막 황녀 '아나스타샤' 이야기이다. 볼셰비키 혁명으로 총살된 러시아 황실 가족 중 가장 어린 자신만 살아남았다고 주장하며 러시아의 황녀 '아나스타샤'를 자처하던 여인의 신원이 그녀의 사후 병원에 남겨졌던 조직에서 추출된 DNA 정보를 통해 가짜로 판명된 것이다.

그러나 거꾸로 개개인의 유전정보가 데이터화되고 유출된다면 엄청난 사회문제가 발생할 수 있다. 예를 들어 개인 의료보험이나 생명보험이 현재는 나이에 따라 가입자를 차별하고 있지만, 병에 걸릴 가능성을 유전정보를 통해 예측할 수 있다면 이를 근거로 가입자를 차별하게 될 것이다. 또 집안이나 경제력뿐만 아니라 그 유전자 때문에 부모가 결혼을 극심하게 반대하는 일이 일반화될 수도 있다. 아마도 결혼 정보업체에서는 유전정보를 근간으로 '귀골'이 아닌 '귀DNA 그룹'을 선별하고자 할 것이다. 즉, 사회에서 유전정보에 근간을 둔 인간 차별이 가능해질 수 있다. 따라서 개인의 중요한 프라이버시로서 혈액 등 생체 샘플에 대한 관리 및 그로부터 쉽게 얻어낼 수 있는 유전정보에 대한 법적 장치 등의 마련이 절실하다.

(송기원, 「DNA, 너는 내 운명?―생명과학의 발달과 인간의 세상살이」,
『멋진 신세계와 판도라의 상자―현대 과학기술 낯설게 보기』, 문학과지성사, 2010)

생명 복제의 시대를 맞아 유전정보의 해독이 인류의 삶을 더 건강하고 풍요롭게 해 줄 것인지, 아니면 유전정보에 의한 권력화와 차별화에 따라 새로운 신분 질서가 만들어져 어둡고 우울한 디스토피아 사회로 전락할 것인지 쉽게 예측할 수 없다. 위의 예문에서 먼저, 글의 화제와 글쓴이가 논증하려는 주제를 찾아 정리하면 다음과 같다.

- **화제:** 인간 유전정보
- **주제:** 인간 유전체의 해독에 따라 가까운 미래에 유전정보에 근간을 둔 인간 차별이 가능해져 개인의 프라이버시가 침해될 수 있기 때문에 유전정보에 대한 법적 장치의 마련이 시급하다.

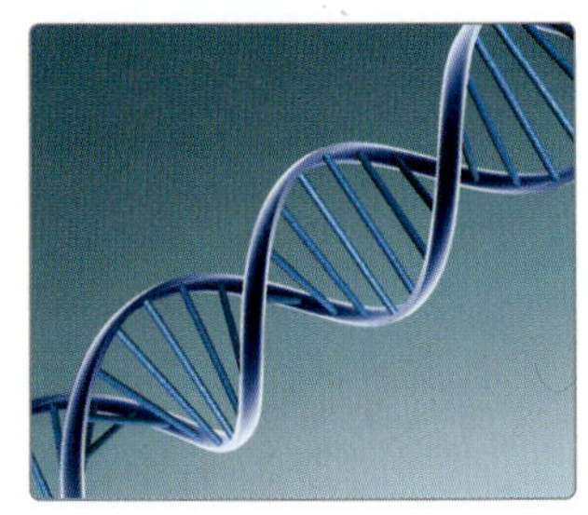
[그림 6] 유전정보의 매개체인 DNA

위의 예문은 '인간 차별과 개인의 프라이버시를 침해할 수 있는 유전정보에 대한 법적 장치 마련이 시급하다.'는 주제에 대해 다음과 같은 논거를 채택하고 있다.

- **주요 논거:**
    - 유전체 정보가 상업적 목적에 이용될 수 있다.(DNA 스캔)
    - 잘못된 유전자를 대체할 수 있는 방법(유전자 치료)이 개발되지 못했다.
    - 유전정보에 근간을 둔 인간 차별이 일어날 수 있다.

학습활동 ❸ *Activity*

다음 명제들을 효과적으로 논박하려면 어떤 논거들이 필요한지 생각하여 짧은 글을 작성한 다음, 서로의 견해에 대해 논의해 보라.

1. 원자력 발전은 값싸고 안전한 에너지를 얻을 수 있는 유일한 대안이다.

2. 우리 사회에서 출세를 하려면 반드시 명문대학을 나와야 한다.

3. 로봇기술의 발전은 궁극적으로 인간의 생존을 위협할 것이다.

4. 범죄를 효과적으로 예방하기 위해서는 형량을 강화해야 한다.

5. 자유주의 시장 원리를 위협하는 ‘대형마트 의무 휴무제’ 는 폐지되어야 한다.

학습활동 ❹

위의 예문에 나오는 다음 용어들에 대해 그 의미를 설명해 보라.

1. 유전정보:

2. DNA 스캔:

3. 인간 차별:

 **핵심 문법 ❷ 직접 인용 및 간접 인용 표현** *Grammar*

1. 직접 인용 표현

- 다른 사람이 말한 것을 직접 인용하여 전할 때 '–라고 말하다, –라고 주장하다, –라고 묻다, –라고 써있다' 등을 사용한다.

  (예) "인류가 우리의 몸을 구성하는 모든 정보인 유전정보를 알았다는 것이 지금 당장 내가 세상을 살아가는 데 무슨 영향이 있을까"**라고 말하는** 사람도 있을 것이다.

2. 간접 인용 표현

- '–라고 말하다/–라고 주장하다/–라고 묻다' 등은 '–라(고) 말하다/–라(고) 주장하다/–라(고) 묻다' 와 같이 간접 인용하여 표현할 수 있다.

  (예) 사람들은 섬진강을 누이 같은 강물**이라고 말한다.**

  (예) 엥겔스는 원래 남녀가 평등한 지위를 가지고 살아가던 사회가 신석기 혁명을 통해 서로의 역할이 구분되는 사회로 변화되었**다고 주장한다.**

 **연습문제 ❷** *Exercise*

[예문 3]의 내용을 참고하여 아래의 사항에 대해 짧은 글을 작성해 보라.

1. 인간의 '유전체 정보 해독'이 가져올지도 모르는 미래 사회의 모습에 대해 긍정적인 면과 부정적인 면으로 나누어 정리해 보라.

1) 긍정적인 면:

2) 부정적인 면:

----

2. 앞의 【예문 3】에 서술되어 있듯이, 인간의 유전정보가 데이터화되고 유출되었을 때에는 상상하기 어려운 사회 문제가 나타날 수 있다. 유전정보가 유출되어 범죄 집단에 의해 악용되었을 때 나타날 수 있는 사회 문제들에 대해 적절한 논거를 들어 논증하는 글을 작성해 보라. (1,400자)

다음에 제시한 각각의 글에서 논증이 타당한지 검토해보라. 만약 타당하지 않다면 그 이유가 무엇인지 조원들끼리 토론을 진행한 후, 내용을 정리하여 300자 내외의 짧은 글을 작성해 보라.

1. 선량한 사람은 자신의 가족에 대해 헌신적이다. 그 사람은 자신의 가족에게 헌신적이다. 그러므로 그 사람은 선량할 것이다.

2. 과학과 기술의 발전은 인류에게 많은 혜택을 가져 왔다. 국가와 국가 사이의 전쟁은 과학과 기술의 비약적 발전을 가져온 중요한 계기였다. 그러므로 전쟁은 인류에게 많은 혜택을 가져다주었다.

3. 술과 담배는 건강에 해롭다. 그는 애주가이자 애연가이기도 하다. 그러므로 그는 건강이 좋지 않을 것이다.

다음에 제시한 각각의 글에서 논증이 타당한지 검토해 보라. 만약 타당하지 않다면 그 이유가 무엇인지 조원들끼리 토론을 진행한 후, 그 내용을 정리하여 300자 내외의 짧은 글을 작성해 보라.

늑대는 오래 전부터 강가에 와서 물을 마시는 새끼 양을 잡아먹으려고 생각했다. 그런데 무턱대고 잡아먹으면 늙은 양들이 몰려와서 귀찮게 굴 것이므로, 궁리하고 궁리하던 끝에 한 가지 구실을 생각해 냈다.

늑대는 새끼 양 곁에 다가와서 고함치듯 꾸짖었다.

"어른이 물을 마시려는데 넌 왜 물을 흐리는 거야?"

그러자 새끼 양은 상냥하게 말했다.

"물은 아래로 흐릅니다. 아저씨는 위에 있고 저는 아래에 있는데 제가 어찌 물을 흐린단 말입니까?"

늑대는 하는 수없이 다른 구실을 찾아냈다.

"보아하니 넌 아주 예절이 없구나! 지난해 봄에도 넌 이 어른을 만나서 인사도 안 하고 버릇없이 입을 짝 벌리고 하품만 하더구나! 너처럼 버르장머리 없는 놈은 잡아먹는 것이 지당하다!"

말이 끝나자 새끼 양은, "늑대 어른, 전 올봄에 태어났는데 어떻게 지난해 봄에 어르신을 만날 수 있단 말입니까? 라고 논박했다.

"엉?! 옳아, 그렇지. 그렇지만 네 어미가 버릇이 없으니까 너 역시 예절 없는 놈이지!"

늑대는 새끼 양이 대답할 새도 없이 잡아먹어 버렸다.

(김득순, 『이야기 속의 논리학』, 새날, 2002(개정판 17쇄))

College Writing for

III부

학술적 글쓰기의 실제

Foreign Students

13

글쓰기의 윤리

학술적 글쓰기에서 주장의 타당성을 입증하기 위해서는 권위를 인정받고 있는 글에서 관련
정보를 찾아 인용을 해야 한다. 이때 참고한 자료들을 정해진 규정에 맞게 인용해야만 표절을
피할 수 있다. 이 장에서는 학술 자료의 검색과 활용 과정에서 요청되는 학문적 정직성으로서
올바른 인용과 표절을 방지하는 방법 등 글쓰기의 윤리에 대해 학습한다.

1. 정직한 글쓰기와 표절 피하기
2. 올바른 인용의 방법

- 학습 윤리: 대학 공부를 하는 과정에서 지켜야 할 정직성의 태도와 원칙
- 표절: 타인의 글을 참고하면서, 인용 부호와 주석을 달지 않은 채 자기 글로 도용하는 행위
- 인용: 타인의 생각이나 글의 일부를 자신의 글 안에 가져와 사용할 때 적절한 부호(인용 부호)를 사용하여 밝혀주는 글쓰기의 기본 규칙

1. 정직한 글쓰기와 표절 피하기

대학에서 학습 활동을 할 때 가장 주의를 기울여야 하는 것은 정직한 글쓰기에 대한 마음가짐이다. 바람직한 학습, 좋은 글쓰기란 정직한 마음을 가지고 성실하게 과제를 수행할 때 창조될 수 있기 때문이다.

정직한 글쓰기는 일반적인 글쓰기만이 아니라 대학의 학술적 글쓰기 과정에서 강조하는 기본 전제이자 중요한 덕목이라고 할 수 있다. 다음 예문은 한국 사회에 만연한 학문적 정직성의 결핍 현상에 대해 서술하고 논문의 일부이다.

예문 1

우리 사회의 여러 영역에서 '표절(plagiarism)' 문제를 둘러싼 논란이 사라지지 않고 있다. 대학 사회에서의 논문 표절, 위조(fabrication)와 데이터 변조(falsification) 같은 과학적 부정행위(scientific misconduct), 문화예술계에서의 작품 표절이나 위작 시비 등이 제기되면서 연구와 창작 행위에서의 부정직성(dishonesty)에 대한 우려가 고조되고 있다. 특히 대학 사회에서 학술 논문의 표절 문제가 불거지면서 이제 우리 대학들도 '학문적 정직성(academic honesty)' 또는 '학문적 성실성(academic integrity)'에 관한 규정을 마련하여 적극적으로 시행해야 한다는 목소리가 높아지고 있다. 여기에는 연구자의 학술 활동과 논문 저술 과정에서 '정직성(성실성)' 덕목을 엄격하게 적용하지 않고서는 학문의 창조적 발전을 기대하

기 어려울 뿐만 아니라 연구 성과에 대한 국제 사회의 신뢰를 확보하기 힘들다는 위기의식이 반영되어 있다.

　그러나 학문적 정직성에 관한 여러 항목들 가운데 '표절'과 관련하여 우리나라 대학의 현실을 들여다보면 적지 않은 문제점이 있음을 발견할 수 있다. 학생들은 좋은 학점을 얻기 위해 다른 사람의 글을 자기 것처럼 가져다 보고서를 꾸미는 일이 적지 않고, 인터넷에서 보고서를 구매하기도 한다. 스스로의 노력에 의한 성과물이 아니라 타인의 독창적 아이디어나 연구 결과를 출처 제시 없이 그대로 가져와 자신의 성과물로 삼는 학문적 부정행위를 아무런 죄의식 없이 벌이고 있는 것이다. 물론 이런 현상이 꼭 한국 사회, 한국의 대학에서만 나타나고 있는 것은 아니다.

　몇 해 전의 언론 보도에 따르면, 1990년대 중반에 작성한 푸틴 러시아 대통령의 경제학 논문이 피츠버그 대학 교수들의 논문을 베껴 썼다고 하여 의혹을 받은 일이 있으며, 1996년에 일어난 미국 오클라호마 폭탄테러 관련 기사로 퓰리처상을 수상했던 뉴욕 타임스의 기자가 프리랜서 기자의 기사를 베낀 것으로 밝혀져 사임한 사례도 있다. 또한, 하버드 대학의 한 교수가 다른 대학 교수의 저서로부터 19개 단어로 이루어진 구절을 표절했다는 의혹이 제기되어 징계(a reprimand) 처분을 받기도 하였다. (『조선일보』, 2005. 4. 15).

　이런 예들은 여기서 그치지 않는다. 미국의 빌 클린턴 전 대통령이 1993년 제42대 대통령 취임 연설을 하면서 출처를 밝히지 않은 채 다른 사람의 연설문 내용을 표절했다고 하여 논란이 되기도 하였다.(『조선일보』, 2008. 2. 20) 얼마 전에는 부시 대통령의 특별 보좌관이 한 지방 신문에 게재한 칼럼이 표절로 판명되어 공직에서 물러나기도 하였다.

　미국의 대학 사회 안으로 눈을 돌려 표절 문제를 생각해 보면 상황은 더욱 심각하다. 표절 문제에 대해 엄격한 규정을 마련하고 있을 뿐만 아니라, 이에 대한 교육을 철저하게 실시하고 있는 미국 사회에서도 역설적이게도 표절을 둘러싼 논란이 끊임없이 일어나고 있다. 미국 대학의 인문사회과학 분야에서 책이나 논문의 표절 수준은 10~15% 정도라고 하며, 인터넷의 보급으로 표절 경험이 있는 대학생이 1999년 10%에서 2005년 40%로 증가하였다고 한다. 대학 교육의 현장에서 겪고 있는 필자의 경험에 비추어 판단할 때 우리나라 대학들의 경우에도 표절을 비롯한 학문적 부정직성의 사례들이 제기되어 심각한 사회 문제로까지 번져나가고 있다.

미국의 대학들은 1950년대부터 학문적 정직성에 깊은 관심을 두고서 학생들이 시험에서의 부정행위나 글쓰기에서의 표절 등 이른바 학문 정직성을 위반하는 행동을 하지 않도록 세부 지침(guideline)을 마련하여 교육하고 있다. 대학이나 교육 단체들은 글쓰기 센터의 프로그램이나 웹사이트를 통해서 학생들이 학문(학습) 활동 과정에서 지켜야 할 '학문적 정직성'의 원칙과 세부 방침을 만들어 구체적으로 제공해 주고 있다.

이런 교육 정책이나 제도는 대학 사회에서 확고한 윤리 의식과 태도를 유지하면서 학문 활동을 하는 것이 중요하다고 판단하는 교육적 관점에서 비롯된 것이다. 표절이란 무엇이며, 타인의 글을 어떻게 인용해야 하는지 학생들이 그 방법을 잘 알고 있어야 표절을 피할 수 있기 때문이다. 실제로 한국의 대학생들은 정확한 인용 방법이나 표절을 피하는 방법에 대해 제대로 교육을 받은 경험이 부족하기 때문에 '의도적인 잘못(deliberate wrongdoing)'까지는 아니어도 '부주의에 의한 실수(lapse of inadvertence)'로 표절을 하게 되는 경우가 많이 일어나고 있다.

이런 현상을 방지하기 위해 미국의 대학들은 학생들이 학문적 정직성을 준수할 수 있도록 '명예 규약(honor code)'을 제정하여 운영하고 있다. 학생들의 표절 방지를 위해 이미 100여 년 전부터 '시카고 글쓰기 교본(Chicago Manual of Style)'을 발간하여 교육하고 있는 시카고 대학의 사례에서 알 수 있듯이 '정직한 글쓰기(doing honest work)'는 대학에서의 학문 활동에서 가장 기본이 되는 요소라고 할 수 있다.

(김성수, 「미국 대학의 '학문적 정직성' 정책에 대한 연구—대학 글쓰기에서 '표절' 문제를 중심으로」,
『작문연구』 제5호, 2008. 3)

위의 글은 국내외의 대학뿐만 아니라 우리 사회 모든 분야에서 표절 현상이 심각하게 발생하고 있음을 몇 가지 사례를 들어 제시하고 있다. 예문에서는 1990년대 이후 인터넷 사용이 일반화되면서 과학기술이나 예술 창작 분야를 비롯하여 전 학문 분야에서 타인의 지적 재산을 도용하는 사례들이 급증하고 있음을 지적하고 있다.

이런 현상이 일어나 사회 문제가 되고 있는 것은 개인의 윤리성 결여에서 비롯되기도 하지만, 타인의 지적 재산이나 창작물을 왜 존중하고, 왜 경의를 표해야 하는가에 대한 학습이 이루어지지 못했다는 데에 근본 원인이 있다. 이런 맥락에서 대학 공부를 시작하는 학생들은 학습 윤리나 정직성 원칙을 준수하기 위해 정확한 인용 규칙이나 표절을 예방하는 방법 등 학문(학습) 윤리의 세부 사항들에 대해 잘 알아 둘 필요가 있다.

학습활동 ❶

Activity

> 최근에 제정된 학문 분야의 '윤리 지침'에는 어떤 것들이 있는지 대학별로 찾아 정리해 보라. 이와 함께 학생들에게 학문적 정직성을 강조하는 '윤리 규범(honor code)'에는 어떤 것들이 있는지 찾아 그 내용에 대해 토론해 보라.

미국의 텍사스 대학(오스틴)에서는 표절을 자신의 학업 성적 향상을 위하여 다른 사람의 글을 도용하고 구입하며, 공짜로 얻고 취하는 일체의 행위로 정의하고 있다. 그래서 다음과 같은 행위를 하면 표절로 판명한다.

- 자신의 글에 가져온 정보의 출처를 밝히지 않고 사용할 때
- 짧은 구절을 인용할 때 인용 부호를 하지 않거나, 긴 구절을 인용할 때 새로운 단락을 만들어 들여쓰기를 함으로써 직접 인용임을 나타내지 않았을 때
- 원 자료의 구절을 인용하여 자신의 표현으로 바꿔 쓰면서 인용 표시를 하지 않았을 때
- 승인을 받지 않은 채 타인의 아이디어나 사례 또는 글의 구조를 그대로 가져왔을 때
- 글을 구입하거나 또는 타인으로부터 받아서 자신의 것으로 제출했을 때
- 하나의 글을 다른 두 개의 과목에 사용하거나 또는 먼저 수강한 과목의 담당 교수 허락 없이 나중에 수강하는 과목에서 학점을 취득하기 위해 이미 제출했던 글을 재사용 했을 때

실험실에서 지켜야 할 정직성의 원칙

- 동료와 함께 실험을 진행할 수 있고 작업에 대해 토론할 수 있다. 그러나 실험의 전 과정과 결과는 반드시 스스로 정리하고 기록해야 한다.
- 특별한 언급이 없다면, 자신의 데이터만을 사용하여 실험 결과를 기록해야 한다.
- 데이터를 베끼거나 조작해서는 안 된다.
- 좋지 않은 결과를 생략하거나 숨기지 말고 노트에 기록해야 한다.
- 실험 과정에서 발생한 실수도 기록해야 한다. 또 실험이 실패한 경우도 그 결과를 정확하게 기록해야 한다.
- 가정과 모순되는 결과가 나왔다고 할지라도 그것을 정직하게 밝혀야 한다.

(정희모 외, 『대학 글쓰기』, 삼인, 2008)

〈http://www.utexas.edu/cola/depts/rhetoric/firstyearwriting/plagiarismcollusion.php〉

하버드 대학의 『출처를 인용하는 글쓰기-학생 가이드북』에서는 표절을 예방하고
피하는 방법으로 다음 사항들을 제시하고 있다.

- 마감 직전에 급하게 논문을 쓰는 일을 피하기
- 메모를 할 때 내 생각과 다른 사람의 견해를 구분하기
- 실제보다 더 잘 아는 것처럼 보이려 들지 말기
- 시간 안에 과제를 제출하기 힘들 경우 교수와 상의하기
- 컴퓨터 작업을 할 때에는 항상 백업 파일을 만들어두기

(Gordon Harvey, Writing with Sources-A Guide for Students(Expository Writing
Program, Harvard University), Hackett Publishing Company, Inc., 1998)

이 소책자에서는, "표절을 하지 않으려고 모든 글을 인용으로만 채운다면 그것은
자신의 생각이 빠진 재미없는 글이 될 수 있다."며, "인용을 하되 짧게 축약하는 방
법을 배워야 한다."고 강조한다. 그런 의미에서 인터넷을 사용하는 일이 많은 오늘
의 현실을 생각할 때 자료를 어떻게 활용하고 인용할 것이냐 하는 문제는 무척 중요
하다.

하버드 대학의 『인터넷 자료를 활용하는 글쓰기』에서는 인터
넷 표절을 피하기 위해서 자료 사용의 일반 원칙을 다음과 같
이 제시하고 있다.

- 원저자의 아이디어에 대한 소유권을 존중한다.
- 자료 위치를 기록한다.
- 늘 변화하는 자료를 기록한다.
- 정확한 문맥으로 자료를 기록한다.

(Writing with Internet Sources-A Guide for Harvard Students,
Expository Writing Program: 'Writing Resources')

> **Tip**
>
> **'이공계 실험보고서와 논문에서 자주 발생하는 표절의 사례들'**
> - 다른 연구자의 자료를 출처를 밝히지 않고 사용한다.
> - 다른 학생의 문제풀이 과정을 자신의 것으로 취한다.
> - 다른 학생의 실험보고서를 보고 자신의 실험보고서로 작성한다.
> - 이미 제출한 보고서나 논문의 내용을 다른 수업이나 다른 학술지에 제출한다.

학습활동 ❷

미국의 여러 대학 가운데에서 한 대학의 웹사이트를 방문하여 '올바른 인용'과 '표절을 피하는 방법'에 관한 내용을 찾아 정리한 다음, 그 내용을 토대로 조원들끼리 자신의 나라의 '학문적 정직성' 정책과 무엇이 다른지 비교하여 토론해 보라.

[그림 1] 미국 퍼듀 대학의 글쓰기 랩 (http://owl.english.purdue.edu/writinglab)

학습활동 ❸

'조 활동'에서 지켜야 할 정직성의 원칙에는 어떤 것들이 있는지 정리해 보고, 각각의 경우에 대해 구체적 사례들을 적용하여 토의해 보라.

학습활동 ❹

대학에서의 학문적 정직성 원칙을 심각하게 훼손하는 사례들에는 어떤 것들이 있는지 찾아 정리해 보라.

보　고　서

제 목 ....

〈연세대학교 글쓰기 윤리 규정〉

1. 내(우리)는 과제물의 내용을 스스로 연구하여 작성하였다. ☐
2. 참조 · 인용한 자료(책 · 논문 · 인터넷 자료)의 출처를 정확하게 제시하였다. ☐
3. 과제물에 사용된 도표나 데이터를 조작(위조 · 변조)하지 않았다. ☐
4. 공동과제 수행에 참여하지 않은 사람을 제출자에 포함시키지 않았다. ☐
5. 이 과제와 동일한 내용을 다른 과목의 과제물로 제출하지 않았다. ☐

*내(우리)는 〈연세대학교 글쓰기 윤리 규정〉을 준수하여 이 과제를 제출합니다.

교과목명 ________________________

교 수 명 ________________________

학　 과 ________________________

이　 름 ________________________

제 출 일 ________________________

서　 명 ________________________

연세대학교
YONSEI UNIVERSITY

[그림 2] 보고서 제출 시 사용하는 '표절 방지' 체크리스트 예(연세대학교 글쓰기 윤리 규정)

2. 올바른 인용의 방법

정직한 글쓰기로서 표절을 예방하기 위해서는 올바른 인용의 방법을 습득하여 활용하는 것이다. 인용만 정확하게 잘 해도 표절을 하지 않고 좋은 글을 쓸 수 있기 때문이다. 따라서 학술적 글쓰기에서는 무엇보다도 올바른 인용 원칙과 방법을 익혀두는 것이 중요하다.

학술적인 글쓰기에서는 다음과 같은 목적에서 인용을 한다.

| 인용의 목적 |

- 다른 사람의 글을 해석하고 비판하기 위해 인용을 한다.
- 공통되거나 상반된 견해를 가져와 제시함으로써 주제에 관한 논의를 분명하게 하기 위해 인용을 한다.
- 권위 있는 주장과 견해에 기대어 자신의 논지를 입증하고 뒷받침하기 위해 인용을 한다.

다음 예문은 대학의 학문 수행 과정에서 일어나는 표절 행위의 문제점을 제시하면서, 인용의 원칙과 방법이 얼마나 중요한지 서술하고 있다. 글을 읽고, 대학에서의 학문적 정직성 원칙과 인용의 원칙 및 방법에 대해 생각해 보자.

● **예문 2** ●

　가장 큰 문제는 다른 연구자의 연구 실적을 자신의 연구 실적인 양 도용할 때 발생한다. 이는 엄연한 표절로서 그것이 한두 개의 단어에 불과하든 증명이나 데이터, 그림, 생각이든 그 종류에 상관없이 학문의 원칙을 심각하게 위반하는 행위이다. 이런 행위가 적발되면 논문이 통과되지 못하는 것은 물론이고, 해당 강좌를 이수할 수 없게 되는 등 심각한 부작용을 감수해야 한다. 극단적인 경우에는 정학이나 퇴학을 당할 수도 있다. 표절로 밝혀지면 주차 위반 딱지 정도가 아니라 고속도로 충돌 사고처럼 엄청난 결과가 초래되는 것이다. 더구나 고의성이 드러난다면 안전벨트를 하지 않은 채 고속도로에서 충돌 사고를 당했을 때와 마찬가지로 엄청난 대가를 치르게 될

것이다.

　물론 표절이 흔히 일어나는 일은 아니다. 간혹 단순하고 순진한 실수로 말미암아 발생할 때도 있다. 책을 읽으면서 인용문을 써 놓은 메모를 깜빡 혼동하면 자신의 말과 다른 연구자의 말을 구별하지 못할 수도 있다. 나중에 논문을 쓰면서 이렇게 써 놓은 메모를 사용할 때 무심코 다른 연구자의 말을 자신의 독창적인 의견으로 착각할지도 모른다. 그러나 이처럼 고의가 아니라 하더라도 표절을 의심하는 교수나 학생처장에게 그러한 사실을 증명하기란 쉽지 않다. (중략)

　물론 잘못된 메모 방식이 표절의 유일한 사례는 아니다. 논문을 급하게 완성하느라 정신이 없는 학생들은 필수 사항인 인용 표시를 잊기 십상이다 그저 꼼꼼하지 못하기 때문에 그런 실수를 하는 학생도 있지만 인용 표시 규칙을 이해하지 못해서 그러는 학생도 있을 것이다. 슬픈 일이지만 한두 명의 학생은 고의로 부정행위를 저지르기도 한다.

　그 원인이 무엇이든 표절은 학문의 기본 원칙을 심각하게 위반하는 행위이다. 이는 학부생과 대학원생 그리고 교수들까지 모두 해당되는 말이다. 다른 연구자의 말이나 생각을 자신의 것으로 허위 기재하는 행위는 사기에 해당한다. 학문적 정직성을 지키기 위한 기본 원칙들을 다시 한 번 짚어보자. 자신의 이름으로 제출하거나 발표되는 모든 연구 실적은 실제로 자신이 연구한 것이어야 한다. 다른 연구자의 연구 실적을 인용하거나 참고했다면 그 출처를 밝혀야 한다. 다른 연구자의 말을 활용할 때에는 공개적으로 정확하게 제시해야 한다. 인용문이나 데이터를 비롯해 실험 결과나 다른 연구자의 생각을 결코 왜곡해서는 안 된다.

　인용의 규칙은 솔직함과 정직함이라는 기본 원칙을 따른다. 만약 다른 연구자의 말을 인용할 경우 인용 부호를 붙이거나 문단을 바꿔 들여쓰기 함으로써 인용문임을 분명하게 표시하고 출처 또한 밝혀야 한다. 단순히 저자의 이름만 밝히는 것으로는 부족하다. 특히 직접 인용문일 경우 인용 부호를 붙이고 전체 문장을 명시해야 한다. 다른 연구자의 말을 쉽게 풀어쓸 경우 원문과 거의 비슷한 말로 쓰지 말고 자신만의 언어를 최대한 살려 써야 하며, 이 경우에도 출처를 밝혀야 한다.

　시각적인 이미지나 건축 도면, 데이터베이스, 그래프, 통계표, 육성(spoken

word)을 비롯해 인터넷에서 얻은 정보에도 똑같은 규칙이 적용된다. 만약 다른 연구자의 것이라면 반드시 그 출처를 밝혀야 한다. 설사, 본인 생각에 잘못된 자료라서 그 오류를 비판할 목적으로 사용하더라도 반드시 그 출처를 밝혀야 한다. 해당 자료가 공적인 영역에서 자유롭게 이용 가능한 것들이라 해도 마찬가지이다. 해당 연구자가 자신의 연구 실적을 사용하도록 허가했다 해도 출처를 생략할 수 없다. 이는 다른 연구자의 연구 실적을 참고하거나 이용한 사실을 밝혀야 한다는 동일한 원칙에 따른 것이다. 유일하게 예외적인 경우가 있는데 그건 바로 널리 알려진 정보를 이용할 때이다. 예컨대 중력에 대해 논할 때, 굳이 아이작 뉴턴(Issac Newton)에 대한 각주가 필요하지는 않다.

(찰스 립슨, 『정직한 글쓰기』, 김형주 · 이정아 옮김, 멘토르, 2008)

위의 [예문 3]에 자세하게 서술되어 있듯이 시카고 대학의 글쓰기 지침에서는 타인의 글을 정확하게 인용하고, 정직하게 논문을 쓰는 방법으로 다음의 여섯 가지 항목을 제시하고 있다.

▮ 인용의 원칙 ▮

- 다른 사람의 업적에 의존했다면 반드시 출처를 밝혀주라.
- 다른 사람이 쓴 단어를 사용했다면, 정확하게 인용하라. 인용 부호로 표시하고, 인용문을 포함하라.
- 바꿔 쓰기를 한다면, 자신만의 색깔이 담긴 어조로 바꿔 써라. 바꿔 쓰려는 작가의 어조를 그대로 가져다 쓰지 않도록 하라. 이때에도 반드시 출처를 밝혀주어야 한다.
- 다른 사람의 글을 자신이 쓴 것처럼 서술해서는 안 된다.
- 두 개의 강좌를 수강하고 있을 경우 해당 교수로부터 허락을 받지 않고 같은 논문을 두 수업에 따로 제출해서는 안 된다.
- 논문은 사지도, 팔지도, 빌려서도 안 된다. 반드시 스스로 작업하여 완성하라.

(Charles Lipson, Doing Honest Work in College—How to prepare citation, avoid plagiarism, and achieve real academic success, The University of Chicago Press, 2004)

글을 쓰는 과정에서 타인의 생각과 주장에 공감을 하여 자기 글에 가져오고 싶을 때 인용을 하게 된다. 인용 없는 학술적 글쓰기는 없다고 할 수 있을 정도로 인용은 모든 학술적 글쓰기의 과정에서 필수불가결한 요소이다. 따라서 학술적 글쓰기를 잘 하기 위해서는 인용을 잘 해야만 한다.

인용의 방식에는 '직접 인용'과 '간접 인용'이 있다. 직접 인용은 원문을 변형하지 않고 그대로 인용해야만 읽는 사람들이 인용자와 인용문을 구분할 수 있다고 판단할 때 활용하는 방식이다. 이를 '완전 인용'이라고 한다. 예를 들어, 시나 소설의 일부, 법조문이나 수학 공식 등과 같이 원문의 표현이 조금이라도 바뀔 경우 그 뜻이 훼손되는 경우에 주로 사용한다.

단어나 핵심 어구, 3행 이내의 짧은 문장을 인용할 때에는 본문 안에서 인용 부호 ("")를 사용하여 원문임을 표시해 준다. 3행 이상 또는 100자 이상의 글을 길게 인용할 때에는 새로운 단락을 만든 다음 본문의 폭보다 두 칸 이상 오른쪽으로 들여 쓴다.

▍직접 인용을 하는 경우 ▍

- 다른 사람의 자료를 1차 자료로 인용할 때
- 원문의 직접 인용이 아니면 독자들이 오해할 우려가 있을 때
- 원문의 글쓴이가 표현하고 있는 글의 모습 그대로를 인용할 필요가 있을 때

간접 인용은 인용문이나 논문의 내용을 원문 그대로 인용하지 않고 인용자의 설명과 표현으로 바꾸어 인용하는 방법이다. 이때에는 원문의 본래 의미가 달라지지 않도록 주의해야 한다.

'주석(註釋, notes)의 목적'
- 인용한 글의 출처를 밝히기 위해 사용한다.
- 주장의 근거를 뒷받침하고, 증거 자료의 정당성을 입증하기 위해 사용한다.
- 본문에서 다루기가 적절하지 않은 설명이나 자료, 또는 본문 내용을 확장하여 생각할 수 있는 계기를 마련해주기 위해 사용한다.
- 본문에서 제기한 문제점을 부각시켜 논의하거나 여러 부분의 연관성을 부각시키기 위해 사용한다.

'주석(註釋)의 종류'
- 본문주(本文注, text-notes): 본문의 내용 안에 붙이는 주석
- 각주(脚註, foot-notes): 쪽 하단에 붙이는 주석
- 후주(後註, end-notes): 참고한 문헌 목록을 대신하여 인용한 글을 밝혀 붙이는 주석
- 저자-발행연도 표시(author-date notes): 본문에서 참고한 문헌의 저자와 출간연도만 간략하게 밝히고, 구체적인 서지 사항은 참고문헌 목록에서 밝히는 주석

- 독자를 고려하여 개념을 쉽게 설명할 때

- 원문의 표현을 자기 글의 스타일로 바꿔야 할 때

- 인용할 자료의 내용을 개념화하여 다시 서술하려고 할 때

- 서술하는 과정에서 더 정확한 학술적 문장과 표현으로 바꿔야 할 때

직접 인용이나 간접 인용 모두 인용 부분의 끝에 각주를 달아 출처를 밝혀 준다. 인용의 방식과 관련하여 한 가지 덧붙인다면, 인용은 짧게 할수록 좋다. 보고서를 쓸 때 삼분의 일 쪽이나 반쪽 가깝게 인용을 하여 제출하는 일이 있는데, 이런 보고서는 효과적으로 인용을 했다고 볼 수 없으며, 이 경우에는 오히려 표절에 가까워지게 된다. 장황한 인용보다는 꼭 필요한 만큼 간결하게 인용을 하는 것이 바람직하다.

인용을 하고 주석을 붙이는 방식은 학회지나 출판사, 또는 문서의 성격에 따라 조금씩 차이가 있다. 여러 형태 가운데 대표적인 경우 몇 가지를 들어 주석을 붙이는 형식에 대해 살펴본다.

'참고문헌(bibliography) 정리 방법'
- 다수의 공동저서인 경우 주요 저자 4명까지는 이름을 밝혀주고, 나머지는 '외(外)'로 표기 한다.
- 한국어로 된 문헌을 먼저 제시해야 하지만, 외국문헌의 경우에는 동양(東洋)과 서양(西洋) 순으로 표기하되, 저자가 그 중요도를 판단하여 제시 순서를 정한다.
- 동일한 저자의 문헌을 여러 편 제시할 때에는 연도 순으로 정리한다.
- 동일한 저자의 문헌을 여러 편 제시할 때에는 처음에만 이름을 적고, 나머지는 줄표를 그어 이름의 반복을 피한다.

| 단행본 |

기본 형식은 글쓴이 이름(저자명), 책 제목, 출판 사항(발행 지역, 출판사, 발행연도, 판(쇄) 수 등), 참고한 쪽 수 순으로 기재한다. 단행본에 대한 주석을 다는 방식에는 편서냐 번역서냐, 또는 영인본 및 전집이냐에 따라 여러 유형이 있지만, 가장 기본이 되는 유형을 제시하면 다음과 같다. 단행본을 나타내는 데에는 『 』나 ≪ ≫ 등의 부호로 표시한다.

㉫ 주경철, 『문학으로 역사 읽기, 역사로 문학 읽기』, 서울, 사계절, 2009년 12월 21일(1판 1쇄), 53쪽.

논문의 주석을 다는 방식은 기본적으로 단행본과 크게 다르지 않다. 그러나 논문은 학술지나 잡지와 같은 정기 간행물에 실리는 경우가 많아 학술지나 학회명, 간행물의 권수나 계절 및 월(月) 명을 정확하게 기재해야 한다. 논문을 표시하는 부호는 〈 〉나 「 」 등을 사용한다.

㉾ 이윤진(2011), 「학문목적 한국어 학습자를 위한 윤리적 글쓰기 교육의 방향」, 『이중언어학』 제45호, 이중언어학회, 168~172쪽.

| 전자 자료 |

인터넷에서 자료를 찾아 인용하거나 활용할 때에는 전자 주소를 정확하게 표기해 주어야 한다. 인터넷의 URL 주소에 대한 출처뿐만 아니라 참고한 날짜까지 정확하게 표시해 주어야 한다.

㉾ 조현설, 「내 책상 속의 신화」(연재 14, 〈신화와 동화〉), 『웹진 문지(webzine moonji)』 (http://webzine.moonji.com/?p=4012, 2013-8-25)

학습활동 ❺ *Activity*

1. 다음은 '후주(後註: end-notes)' 방식을 취하고 있는 번역서의 예문 일부분이다. 앞에서 학습한 내용을 바탕으로 아래의 예문에서 추출할 수 있는 여러 종류의 인용 방식과 형태, 그리고 주석을 다는 방식 등에 대해 토의한 후 그 내용을 유형별로 정리해 보라.

1)

> 로빈슨 크루소(Robinson Crusoe)의 작가 대니얼 디포는 네덜란드인들을 이렇게 묘사했다. "그들은 유럽의 중간상인이자 금융업자이며 주식중개인이다. 그들은 다시 팔기 위해서 사며, 다시 출항하기 위해서 정박한다. 그들이 운영하는 방

대한 상업 활동 가운데 가장 큰 부분은 세계 각지로부터 상품을 공급받아 다시 세계각지로 공급하는 것이다."[11] 그러나 네덜란드인들은 단순한 상인이 아니라 솜씨가 좋은 상인이었다. 그들은 다른 나라에서 재배되거나 채굴된 것을 가져다가 완성품을 만들었고, 이 과정에서 상당한 이윤을 얻었다. 그들은 원사(原絲)를 들여와서 염색된 직물로 가공했고, 목재로는 부잣집거실에 사용할 벽판과 자국의 많은 인쇄소에서 사용할 고급종이를 만들었다. 담배를 들여와서 우수한 품질의 시가도 만들었다. 그들은 상품과 승객들을 운반할 운하망도 건설했는데, 이는 그들이 복잡한 사업에 자금을 대고 그것을 조직하는 능력이 탁월하다는 점을 증명한다. 항구에 정박 중인 범선들은 마치 움직이는 숲 같았다. 그들의 부두와 창고는 나무 상자와 각종 통, 짐 꾸러미들로 넘쳐났다. 앞뒤로 움직이는 크레인은 중국의 비단, 발트 지역의 곡물, 뉴캐슬의 석탄, 스웨덴 광산의 구리와 철, 스페인의 소금, 프랑스의 포도주, 인도의 후추, 신세계의 설탕과 담배, 스칸디나비아의 목재 등을 분주히 하역했다. 신세계에 팔기 위해서 서아프리카에서 실어온 노예들은 결코 고향 땅에 되돌아가지 못했다.[12]

(조이스 애플비, 『가차없는 자본주의』, 주경철·안민석 옮김, 까치, 2012)

2) 〈위의 예문 1)의 후주〉

[11] Daniel Defoe, *A Plan of the English Commerce: Being a Compleat Prospect of the Trade of This Nation, As Well As the Home Trade and Foreign Trade* (London, 1782), 192, as quoted in Charles Wilson, *The Dutch Republic and the Civilization of the Seventeenth Century* (New York, 1968), 20.
[12] Wilson, *Dutch Republic*, 27.

2. 학술 자료의 인용 방식에서 '직접 인용'과 '간접 인용'은 어떻게 다른지 아래의 예문을 읽고 토의한 후 그 차이점에 대해 설명해 보라.

소설가인 E. M. 포스터는 자신의 저서인 『소설의 이해』 마지막 장의 제목을 '패턴과 리듬'이라고 붙이고 있다. 그는 이 장을 시작하며 그 동안 자신의 저서에서 스토리와 인물, 플롯을 다루어온 경과를 이야기한 다음 "이제 우리는 주로 플롯에서 나오며 인물과 기타 다른 현존 요소가 역시 기여하는 어떤 것에 관하여 고찰"하겠다는 말을 하고 그 '어떤 것'에 해당하는 것을 나타내기 위해 회화의 '패턴'이란 개념과 음악의 '리듬'이란 개념을 원용하겠다는 뜻을 밝힌다. 그는 이 개념들을 문학에 적용하는 경우 뜻이 모호해진다는 점을 지적하면서 그것들이 무엇에 기인하며, 그것들을 파악하기 위해서 독자들에게 어떤 특징이 필요한가를 묻는다. 포스터는 "스토리는 우리의 호기심에 호소하고 플롯은 우리의 지력에 호소하지만, 패턴은 우리의 미각(aesthetic sense: 심미적 감각)에 호소하고 우리가 책을 전체로 보게 만든다."[5]라고 말하면서 구체적인 사례를 들고 있다. 그가 든 사례는 아나톨 프랑스의 장편소설 『타이스』와 퍼시 러보크의 『로마 구경』이다.

---

5) E. M. 포스터, 『소설의 이해』, 이성호 옮김, 문예출판사, 1996, 164쪽.

(최유찬, 『문학의 모험–채만식의 항일투쟁과 문학적 실험』, 역락, 2006)

▎각주와 참고문헌에서 주석을 다는 방식 ▎

[각주의 예]　　　조제희, 『생각의 창과 등불』(서울: 태학사, 2008), 24~31쪽.

[참고 문헌의 예]　조제희, 『생각의 창과 등불』(서울: 태학사), 2008.

'단행본 각주의 기입 순서'
- 저자, 편자, 역자의 이름
- 책이름(책제목과 부제를 포함)
- 총서명과 권수(단행본이 총서(library) 중의 한 권일 경우)
- 판(쇄) 수
- 출판사항(출판지, 출판사, 출판연도)
- 인용 또는 참고 쪽수

다음에 제시한 주석의 체재(첫 번째 주의 경우)를 보고, 각각의 경우에 대해 다른 예를 찾아 제시해 보라.

1. 권(volumes)수 및 쪽(page)수 표시: 〈vol. 3, p. 36〉, 〈p. 15〉, 〈pp. 27-28〉

→ ____

2. 일반 잡지: 〈Newsweek, 25, Oct. 1974〉, 〈진리 · 자유, 2008 summer, no. 68〉

→ ____

3. 신문 기사: 〈조선일보, 1999. 12. 31, 2면〉

→ ____

4. 학위 논문: 〈심원섭, 주요한 초기 문학과 사상의 형성 과정 연구, 박사학위 논문(서울: 연세대학교 대학원, 1992. 12), 56~58쪽〉

→ ____

5. 복수의 저자: 〈사에구사 도시카쓰 외, 『한국 근대문학과 일본』 (서울: 소명출판), 2003.〉, 〈송건호 · 진덕규 · 김학준 · 오익환 외 8인, 『해방 전후사의 인식』 (서울: 한길사), 1980〉

→ ____

〈참고문헌〉

- 김성수 외, 『과학기술의 상상력과 소통의 글쓰기』(개정판), 박이정, 2013.
- 신형기 외, 『글쓰기』, 연세대학교 출판부, 2003.
- 이화여자대학교 출판부 편, 『연구 방법과 논문 작성법』, 이화여자대학교 출판부, 1999.
- 정희모 외, 『대학 글쓰기』, 삼인, 2008.
- 사와다 아키오, 『논문과 리포트 잘 쓰는 법』, 이명실 옮김, 들린아침, 2005.
- W. 부스 외, 『학술 논문 작성법』, 양기석 옮김, 나남출판, 2000.
- Gordon Harvey, *Writing with Sources: A Guide for Students*, 2nd Edition, Hackett Publishing Company, 2008.

14

보고서 쓰기

이 장에서는 보고서를 쓰는 이유와 절차를 알아보고, 이를 토대로 한 편의 보고서를 써 본다.
또한, 글을 읽고 핵심 내용을 파악하여 간략하게 요약하는 방법을 살펴본다.

1. 보고서 쓰기
2. 요약하기

- 보고서: 대학 및 대학원에서 학생들이 강의와 관련하여 학기 중에 제출하는 학문 목적의 글
- 요약문: 글의 내용 중 핵심적인 부분을 간단하게 정리한 글
- 답안: 수업 시간에 간단히 치르는 퀴즈부터, 학생들을 평가하기 위한 중간·기말고사 문제에 대해 서술한 답

1. 보고서 쓰기

보고서나 논문은 대학이나 대학원 과정에서 요구되는 학문목적의 글이다. 학문목적의 글로는 학자들이 자신의 연구 성과를 발표하기 위하여 쓴 논문인 학술 논문, 대학원에서 석사 및 박사 학위를 받기 위한 심사 자료로 제출하는 논문인 학위 논문, 대학 및 대학원 학생들이 한 학기를 마치면서 제출하는 소논문과 대학 및 대학원에서 학생들이 강의와 관련하여 학기 중에 제출하는 보고서가 있다.

대학이나 대학원에서 보고서를 쓰는 것은 학생들이 하나의 주제에 대하여 스스로 조사하고 연구하는 능력을 기르고, 해당 강의와 관련된 지식을 쌓아, 그 분야에 대한 비판적인 안목을 길러 자신의 견해를 논리적으로 전개할 수 있는 능력을 기르는 데 목적을 가진다. 물론 강의에 따라 강의실에서 불가능한 조사 활동을 통해 다양한 자료를 수집하기 위하거나 학생의 학업 능력을 평가하기 위해 보고서 쓰기를 이용하기도 한다.

┃ 보고서를 쓰는 이유 ┃

- 학생들이 스스로 조사하고 연구하는 능력 향상
- 해당 강의와 관련된 지식으로 토대로 그 분야에 대한 비판적인 안목 기르기
- 주어진 주제에 대한 자신의 견해를 논리적으로 전개하는 기술 연마
- 다양한 자료 수집 및 학생의 학업 능력 평가

1) 보고서의 유형

일반적으로 보고서는 조사 및 연구의 대상과 목적, 기간, 방법, 결과 및 평가 등으로 이루어진다. 그러나 보고서의 성격에 따라 조사 및 연구 기간이나 방법, 그리고 작성자의 견해를 밝히는 평가 부분은 포함되지 않을 수도 있다.

보고서의 유형에는 학습보고서, 실험·실습보고서, 관찰·조사보고서, 답사보고서 등 다양하다. 그러나 자료를 찾고 참고하여 결과를 보고한다는 점에서 공통점을 가진다.

┃ 보고서의 유형 ┃

- 학습보고서
- 실험·실습보고서
- 관찰·조사보고서
- 답사보고서

2) 보고서의 형식

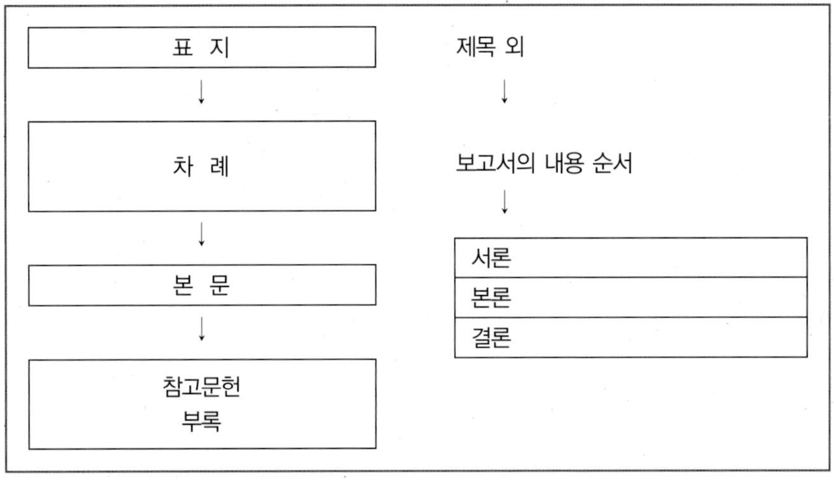

- **표지**: 보고서의 표지에는 보고서의 제목을 쓴다. 다음으로 줄을 바꾸어 보고서를 요구하는 강좌명과 교수명, 제출자의 정보(이름, 학번), 그리고 마지막으로 보고서의 제출일을 기록하여야 한다.
- **차례**: 차례는 로마자와 숫자를 함께 쓰는 수문자식이나 숫자만으로 쓰는 숫자식이 있다.

▌ 차례 작성 방법 ▌

수문자식	숫자식
I. 서론	1. 서론
II. 본론	2. 본론
2.1.	2.1.
2.2.	2.2.
2.3.	2.3.
III. 결론	3. 결론

- **서론**: 서론에서는 보고서에서 다룰 문제와 관련된 상황 소개와 함께 그것과 관련된 문제점을 제시한다. 이어 문제를 해결하기 위한 방법과 연구 목적, 본론의 내용을 간략히 소개한다.
- **본론**: 본론에서는 본 연구에서 다루는 주요한 문제와 그것의 해결 방안 등을 자세히 다룬다.
- **결론**: 결론에서는 본문에서 다룬 내용을 요약하고 더불어 본 연구의 성과를 간략히 쓴 다음 본 연구의 한계를 제시하여 다음에 이루어질 연구에 도움이 되도록 한다.

3) 보고서 작성 절차

보고서 작성은 주어진 과제를 파악하여 주제를 선정하고, 이를 뒷받침할 수 있는 자료를 수집하는 일로부터 시작된다. 자료 수집이 끝나면 글쓴이의 관점에서 정리하고 분석하여 개요를 작성해야 한다(4장 참조). 개요를 따라 초고를 쓴 뒤 부족한 부분을 수정함으로써 보고서 작성은 마무리된다.

▌ 보고서 작성 절차 ▌

- 1단계: 과제 분석 및 주제 찾기
- 2단계: 자료 수집 및 정리
- 3단계: 개요 작성
- 4단계: 초고 쓰기 후 고쳐 쓰기

▌ 과제 분석 및 주제 찾기 ▌

보고서를 쓰기에 앞서 먼저 주어진 과제가 무엇을 요구하는지를 정확히 파악해야 한다. 보고서에는 과제가 구체적으로 주어지는 경우도 있으나, 글쓴이가 스스로 과제의 범위 안에서 주제를 찾아야 할 때도 있다.

앞에서 기술했듯이, 주제는 주어진 화제로부터 문제의식을 찾아 구체화하는 작업으로 주제를 찾기 위해서는 무엇을 쓸 것인지 대상과 범주를 정하고 글을 쓰는 목적을 분명히 한 후 마지막으로 글을 읽는 독자의 수준과 관심 영역을 파악해야 한다.

▌ 자료 수집 및 정리 ▌

보고서를 통해 자신의 생각을 표현하고 독자를 설득하려면 근거 자료나 사례로 뒷받침해야 한다. 이 때 다양한 자료를 얻기 위해서는 어떤 자료를, 어떤 방법으로 구해야 할지 생각해 보아야 한다. 참고문헌 읽기, 인터넷 자료 조사, 설문 조사나 취재 등 다양한 방법을 이용할 수 있다.

자료 수집에 앞서 강의 시간에 사용한 책이나 논문에 인용된 자료의 목록을 만든다. 이후 주제와 관련된 검색어를 입력해 얻은 자료의 목록을 만든다.

▌ 도서관에서 자료 찾기 ▌

- 원하는 도서관 검색 사이트에 접속하기
- 참고문헌 정보(자료명, 저자, 출판사 등)를 입력하기

– 정확한 정보가 없는 경우 주제 검색어로 자료 찾기

– 자료 확인 후 대출하거나 열람 및 다운받기

┃ 개요 작성 ┃

개요란 글쓰기에 앞서 글의 중심적인 것을 개략적으로 요약하
여 보여주는 것으로, 그것은 글의 주제를 선명하게 드러내기
위해 하는 것이다.

개요를 작성하는 것은 불필요한 내용이나 부족한 내용이 없는
지 한눈에 볼 수 있게 하고, 글의 내용이 중복되는 것을 피할
수 있는 잇점이 있다. 이 때 유의할 점은 글의 목적과 내용이

개요 작성 전 주의사항
– 주제와 주제문을 작성해 본다.
– 주제문을 뒷받침할 문장을 생각해 본다.
– 뒷받침 문장을 자연스럽게 논제와 연결할 수 있는 방법을 찾아본다.

논리적인 흐름에 따라 구성되어야 한다. 논리적인 흐름이란 다시 말하면 글이 전체
적으로 일관성이 있어야 하고, 단락과 단락이 연결될 때는 자연스럽게 연결되도록
하는 연결성을 고려하여 작성해야 한다.

┃ 개요 작성하기 ┃

– 개요에서 글의 중심 내용을 개략적으로 요약해서 보여주기

– 개요는 글의 주제와 그것을 전달하는 내용이 논리적으로 전개되도록 구성하기

– 일관성과 연결성을 고려하여 개요 작성하기

4) 개요 작성의 예시 1

학습활동 ❶ *Activity*

저출산과 그에 따른 급속한 고령화 사회로 변화하는 현상에 대한 글을 쓰려고 한다. 이 글에
대한 개요를 작성해 보라.

1. 고령화는 왜 일어나고 있는가? 고령화 현상

국내 현황

2. 고령화가 어떻게 진행되고 있는가?

고령화 증가 추이: 저출산, 평균 수명 연장

3. 고령화가 왜 문제가 되는가?

생산 활동 인구 감소, 사회 복지 비용 증가, 노인의 사회적 차별 문제 …

4. 고령화 문제를 어떻게 해결할 수 있는가?

정년 기한 연장, 노인의 일자리 창출, 사회 복지 시스템 도입, 다양한 평생 교육 …

연습문제 ❶ *Exercise*

주어진 논제를 토대로 개요를 작성하고, 글의 목적에 맞게 수정해 보자.

고령화 사회의 문제와 대책	저출산 현상의 문제와 대책

'환경오염'이라는 화제가 있고, 그 중에서 "지구의 온난화는 현재 심각한 상태인가? 만약 심각하다면 어떻게 해야 하는가?"라는 논제로 글을 쓰려고 한다. 이 글에 대한 개요를 작성해 보라.

1. 환경오염에는 어떤 것이 있는가?

환경오염의 개념, 환경오염의 유형 소개

2. 환경오염 중 지구온난화는 무엇이고, 어떻게 나타나고 있는가?

지구온난화의 개념과 그 영향: 해수면 상승, 북극과 남극의 빙하 면적 감소 …

3. 지구온난화가 왜 문제가 되는가?

해수면 상승, 지구의 기온 상승, 생태계 변화 …

4. 지구온난화를 막거나 온난화 속도 문제를 어떻게 해결할 수 있는가?

대중교통 이용, 친환경 산업 육성, 다양한 환경 교육 …

2. 요약하기

요약문이란 글의 내용 중 핵심적인 부분을 간단하게 정리한 것이다. 꼭 필요한 내용을 가장 필요한 단어를 사용하여 간단하게 쓰는 게 요약문의 관건이다.

요약문을 쓰기 위해 먼저 글에서 중심이 되는 내용과 중심 문장을 찾아야 한다. 글의 중심이 되는 문장을 골라낸 후 단락 간의 관계를 고려하고 전체적인 글의 구조를 생각하여 배치하여야 한다.

요약의 의미

본문	글을 쓴 사람의 중요한 생각을 생략하지 않고 제대로 전달하는 것이 중요
방법 1	1. 먼저, 글 전체를 대략적으로 읽기 2. 다음으로, 글의 단락에서 중요한 어휘와 주장을 찾기 3. 중요한 어휘와 주장에 밑줄을 긋기

1) 요약하기 과정

- 글을 전체적으로 읽은 후 글쓴이의 생각을 전달하는 중심 내용 찾기
- 단락에서 가장 중요한 문장 찾기
- 단락별로 찾은 중심 문장을 단락 간의 관계와 글의 구조를 고려하여 배열하기

단계 1	1. 밑줄 친 단어와 주장을 노트에 옮겨 적기 2. 옮겨 적은 문장들을 논리적으로 잇기
단계 2	3. 요약한 글 전체를 읽어보고 주어진 글과 대조하기 4. 중요한 내용 중 빠진 부분이 없는지 확인하기

단계 3	5. 주어진 글에 대한 자신의 생각을 적기 6. 글에 대한 자신의 생각을 중심으로 요약한 글을 수정하기
단계 4	7. 본 글이나 주장의 중심 내용과 그것이 가진 문제점을 찾아보기 8. 요약한 글의 마지막에 그 글의 문제나 한계를 덧붙이기

활용 분야

활용 분야	강의 내용 정리하기 : 강의를 듣고 그날 한 강의 내용 중 중요한 내용을 요약해서 정리하기
활용 분야	시험답안지 준비하기 1. 시험을 보기 전에 배운 교과서와 노트를 참고해서 중요한 이론이나 주장을 찾기 2. 교과서와 강의노트를 중심으로 내용을 수정하여 완성하기

2) 요약하기에 사용되는 방법

- **주제문 선택:** 글에서 가장 중심적인 주제문을 선택하기
- **주제문 작성:** 글에 중심적인 주제문이 없을 경우 새로운 주제문을 작성하기
- **삭제:** 글의 내용에 별로 중요하지 않은 설명, 부연 설명, 예시 등은 삭제하기
- **대체:** 예시 등에 쓰이는 여러 가지 표현은 그것을 포함하는 일반적인 단어나 상위 개념으로 대체하기

요약하기에 사용되는 방법을 사용하여 아래 글의 내용을 요약하는 연습을 해 보자.

[순서 1] 아래 글을 읽고 가장 중심적인 문장을 찾아서 밑줄을 긋고 아래에 써 보자.

⬇

[순서 2] 아래 글에서 중심적인 생각을 주장하기 위해 사용된 예를 찾아서 다시 써 보자.

⬇

[순서 3] 아래 글을 주제문과 뒷받침문장을 쓴 후 글을 시작하는 표현과 맺는 표현을 찾아 다시 써 보자.

⬇

[순서 4] 아래 글에서 골라 놓은 문장들을 '삭제'와 '대체' 등의 방법을 사용하여 글이 자연스럽게 연결되도록 고칠 수 있다. 아래 〈예시〉를 참고하여 문장을 고쳐 보자.

⬇

예시)

1. 요즈음 "바꿔야 산다"며 혁신과 창조를 부르짖는 변화의 시대다. 도대체 어디서 변화의 실타래를 풀어갈 것인가? '내'가 변화의 시기에 서 있다면 어떻게 해야 할까?
    → '모든 것이 변해야 산다.'라는 변화의 시기에 있다면, 나는 어떻게 해야 할까?

2. 이를 공자는 옛것과 새것의 변증법적인 관계로 풀어가고 있다.
    → 변화의 시기에 어떻게 할 것인지 그 방법을 공자의 '온고지신(溫故知新)'에서 찾을 수 있다. 공자는 변화를 옛것과 새것의 변증법적인 관계 속에서 찾고 있다.

아래 글은 『논어』에 나오는 공자의 '온고지신(溫故知新)'이라는 말을 현대에 맞게 적용할 수 있는 방법을 '전화기'를 예로 들어 제시하고 있다. 아래에서 저자의 핵심적인 주장을 담으면서 내용을 간략하게 요약해 보자.

요즈음 "바꿔야 산다!"며 혁신과 창조를 부르짖는 변화의 시대다. 하지만 변화는 쉽지 않다. 한 사람이 반대되는 두 가지 역할을 해야 하기 때문이다. 내가 바뀌어야 하는 대상이면서 동시에 바꿔야 하는 주체인 것이다. 도대체 어디서 변화의 실타래를 풀어갈 것인가? 첫째, 바꾸는 척하며 변화의 목소리가 줄어들 때까지 숨죽여 지낸다. 둘째, 자신을 내버리고 앞서가는 곳을 훔쳐보며 따라간다. 셋째, 자신을 돌아보고서 그 안에서 실마리를 찾는다. 대처하는 방식에 따라 변화가 시늉으로 그칠 수도 있고 제대로 된 개선을 낳을 수도 있다.

프로스포츠에서 모든 팀은 우승을 목표로 정규 리그를 치른다. 리그가 끝나고 나면 구단주는 내년 시즌에 더 좋은 성적 또는 우승을 거두기 위해서 재정비 계획을 세운다. 감독을 바꾸기도 하고 팀끼리 선수를 바꾸기도 하고 신인 선수를 데려오기도 한다. '내'가 변화의 시기에 서 있다면 어떻게 해야 할까? 이를 공자는 옛것과 새것의 변증법적인 관계로 풀어가고 있다.

공 선생이 들려주었다. "옛것을 익혀서 새것을 뽑아낸다면 충분히 스승이 될 만하다." (중략) 여기서 주목해야 할 것은 공 선생이 혁신과 창조의 변화를 변증법적으로 설명하는 방식이다. 그는 새것을 도입하기 위해 옛것을 철저하게 내팽개치거나 옛것과 아무런 관련이 없는 새것을 말하지 않는다. 새것은 늘 새것이 아니며 시대와 상황에 따라 옛것으로 바뀌어간다. 새것은 옛것 속에 들어 있으면서 옛것의 한계를 해결하고서 등장하는 것이다. 흔히 새것 하면 옛것을 철저하게 두드려 부수고 그 자리에 전혀 다른 것이 자리하는 것으로 생각하는데, 그렇다면 공자의 말은 약간 당혹스러울 수 있다.

온고지신을 유선 전화기에서 무선 전화기로, 다시 휴대폰으로 이어지는 통신의 진화와 견줘서 생각해 보자. 유선 전화로는 전화기가 있는 장소에서만 통화할 수 있

[서론에 사용되는 표현]

■ 현황 제시에 사용되는 표현

1. '지난 10년 간, 최근, 올해, 현재까지/지금까지 ~ 실정이다/상황이다.'

2. '통계에 따르면 최근 ~', '~에 대한 본격적인 논의는 ~에서 찾아볼 수 있다.'

■ 문제 제기에 사용되는 표현

3. '~가 증가하면서 여러 가지 문제가 발생한다., 현재 ~ 문제가 있다., 여러
   모로 ~ 부족하다'

■ 연구 목적 및 방법 기술에 사용되는 표현

4. '본 연구는 ~를 통해 ~를 검토함으로써 ~의 원인과 대안을 찾아보고자/
   모색해 보고자 한다.'

5. '본 연구의 목적은 ~을 논의함으로써 ~는 데에 있다.'

[본론에 사용되는 표현]

1. '본론에서는/먼저 2장에서는 ~를 살펴볼 것이다.'

2. '이어서 아래 장에서는 ~에 대해 구체적으로 논의하기로 한다.'

[결론에 사용되는 표현]

■ 본론 내용을 요약하면서 사용될 수 있는 표현

1. '이상에서, 지금까지, 이제까지, 본론에서는' 등과 같은 표현이 있다.

2. '이상의 내용을 정리하면 다음과 같다. 먼저, 다음으로, 마지막으로'와 '지
   금까지 살펴 본 내용을 요약하면 다음과 같다' 등을 사용한다.

■ 연구 성과에 사용되는 표현

3. '논의 결과/분석 결과/조사 결과/그 결과 ~' 나타났다.

4. '이상의 논의를 통해/이 연구를 통해 ~를 알 수 있었다./~라는 것을 확인
   할 수 있었다.'

5. '이 연구에서는/이 연구는/본 연구는 ~가 있음을 밝혔다/~ 는 데에 도움

을 줄 것이다./~는 점에서 그 의의가 있다.

■ 연구 한계 및 전망에 사용되는 표현

6. '그럼에도 불구하고 이 연구는 ~다는 한계를 가진다.'

7. '앞으로 ~에 대한 연구가 이루어져야 할 것이다.', '후속 연구에서는 ~에 대한 구체적인 방안을 모색해 보기를 기대한다.'

[인용 출처 표현]

■ 자신의 주장이 어떤 상황이나 기준에 근거함을 나타내는 표현으로 '-에 의하면' 이나 '-에 따르면', '그래프에서 보는 바와 같이 ~' 등이 있다.

1. 통계청의 발표에 의하면 2005년 기준 평균 수명은 남자 75세, 여자 82세로 남녀 평균 78.63세이다.

2. 조사 결과에 따르면/그래프에서 보는 바와 같이 한국어 학습자들은 대학 강의 수강과 관련하여 보고서 작성과 발표, 토론을 어려워하는 것으로 분석되었다.

[직접 인용 표현]

■ 원문을 그대로 옮겨야 할 경우 직접 인용을 한다. 단어나 핵심 어구, 3행 이내의 짧은 문장을 인용할 때에는 본문 안에서 큰 따옴표(" ")를 사용하여 표시해 준다. 이와 달리 긴 글을 인용할 때에는 새로운 단락을 만들어 위아래로 한 행을 띄고, 본문보다 안으로 들여 쓴다. 마지막으로 직접 인용한 구절이나 문장의 끝 부분에 주석을 달아 출처를 밝혀 밝힌다.

3. 언어를 배우는 학습자가 언어를 유창하기 구사하기 위해서는 언어 요소를 숙지하는 것과 함께 언어와 관련된 정보를 종합하여 해석하는 과정이 필요하다. 이와 같은 점에서 "학업 기술"의 습득은 학습자에게 매우 필요하다. 라차드 플라트(Richard, Platt & Platt, 1992)는 학업 기술에 대해 다음과 같이 정의했다.

학업 기술이란 학습자가 학문 목적으로 읽기와 쓰기, 듣기를 할때 사용하는 능력(ablities), 기술(techniques), 그리고 전략(strategies)을 의미한다. 학

생들이 텍스트를 읽을 때 텍스트에 따라 달라지는 읽기 속도, 사전 사용하
기, 텍스트로부터 단어의 뜻 유추하기, 그래프와 도표 해석하기, 노트 필기
하기와 요약하기 등이 학업 기술에 포함된다.

이러한 "학업 기술" 중에서 요약하기를 살펴보면, 요약하기는 주어진 원문
텍스트를 짧게 줄이는 것으로 텍스트에 대한 개관이라고 할 수 있다.

(연세대학교 한국어학당 편(2012), 『대학 강의 수강을 위한 한국어 쓰기-고급』)

학습활동 ❹　　　　　　　　　　　　　　　　　　　　　　*Activity*

위의 표현을 사용하여 아래의 소주제문이 가진 문제점을 간략히 서술해 보라.

주제 1: '공공장소 금연 정책'으로 인한 흡연자의 흡연 권리는 무시되어도 좋은가?

주제 2:

주제 3:

답안 쓰기

답안이란 수업 시간에 간단히 치르는 퀴즈부터 학생들을 평가하기 위한 중간, 기말고사의 문제에 대해 쓴 답이다. 실제 외국인 학생의 경우에 한국어 어휘나 표현이 서툴러 답안지를 작성하는 데 어려움뿐만 아니라 답안지의 형식과 그 의도를 몰라 정확하게 작성하지 못하는 어려움이 있다.

답안은 시험 문제의 유형에 따라 그 작성 방법 또한 달라진다. 4지선다형이 아닌 시험에서 답안은 먼저, 괄호가 포함된 문제의 괄호에 답을 쓰는 단답형, 다음으로 주어진 개념에 대해 간략히 서술하는 약술형, 그리고 마지막으로 주어진 문제에 대해 관련 지식과 더불어 그에 대한 자신의 견해를 추가하는 주관식 서술형까지 다양하다.

● 예문 1 ●

감정 표현 동작은 말 그대로 발신자의 감정 표현과 심신 상태를 손짓 언어의 상징 기호를 이용해 외부로 표출하는 동작이다. 손짓 언어 중에 가장 많은 비중을 차지하는 유형이다. 감정 표현 동작은 감정을 주관하는 눈, 코, 귀, 입, 뺨, 가슴, 배 등 감각 기관과 손동작이 함께 수반되는 복합동작의 특성을 가진다. 피부 색상이 변화해 뺨이 붉어지는 수줍음과 수치, 창피한 감정은 뺨 부위에서 동작이 이루어진다. (중략) 엉덩이에 손을 대고 어색한 표정을 지으면 분명 생리적 현상이 급하다는 메시지다.

감각 기관의 신체 부위와 결합되는 이러한 동작은 '엉엉', '쿵쿵', '두근두근', '꼬르륵' 등의 감정과 어울리는 감탄사들이 함께 사용된다.

(이노미, 「희노애락의 비밀」, 『손짓, 그 상식을 뒤엎는 이야기』, 바이북스, 2009)

위의 글은 인간이 감정을 표현할 때 언어뿐만 아니라 손짓과 행동, 피부색 등이 사용되는 것과, 그러한 상황에서 사용되는 손짓이나 행동 등이 문화권마다 차이가 있음을 구체적인 예를 통해 기술하고 있다.

연습문제 ❸

Exercise

위의 [예문 1]을 읽고, 아래 문제에 답해 보자.

[단답형]

1. [예문 1]을 읽고 아래의 괄호 속에 적당한 말을 넣어 보라.

> 슬픈 표정은 눈물이 흘러내리는 (   ) 주위에서 이루어진다. 역겨운 냄새가 날 때는
> (   ) 막는 동작으로 표현되며, 시끄러울 때는 손으로 (   ) 막아 감정을 표현하다.

[약술형]

2. [예문 1]에서 글쓴이의 주장이 무엇인지 밑줄을 긋고, 아래에 써 보라. 그리고 그러한 주장을 뒷받침하는 내용은 무엇인지 서술해 보라.

- ■ 주장:

- ■ 뒷받침 내용:

[주관식 서술형]

3. 영어 조기 교육 방법의 장·단점에 대해 기술하라.

15

학술 논문 쓰기

학술 논문은 인간, 사회, 자연 등에 대해 연구자의 독창적인 견해와 주장을 논증한 글이다.
보고서가 비교적 형식이 자유롭게 학술적인 내용을 전달하는 양식이라면, 학술 논문은 학술 담론
공동체에서 요구하는 규범적 성격을 엄격히 요구한다. 학술 논문 쓰기 학습을 통해 학술 담론
공동체에서 요구하는 규범과 학술적 태도를 이 장에서는 배운다.

1. 학술 논문의 이해
2. 학술 논문 쓰기의 방법
3. 인터넷과 소비문화: 학술 논문 쓰기의 사례

주요 개념

- 학술 논문: 졸업 논문, 학위 논문, 연구 논문 등 학문상의 연구 결과를 논증적으로 작성한 글
- 참고문헌: 학술 논문이나 서적에서 인용했거나 참조한 저서 · 논문 · 기사 등을 밝힌 목록

1. 학술 논문의 이해

학술 논문은 어떤 대상에 대해 연구자의 독창적인 견해와 주장을 체계적으로 전개한 글이다. 학술 논문은 새로운 주장을 제기하고 이를 실험, 해석, 분석, 이론 비평 등을 통해 논증한다.

학술 논문에는 새로운 학술적인 가치가 담겨 있어야 한다. 또한 학술 논문은 학문 공동체의 학술적 규범을 요구한다. 그러나 이 규범은 학술 분야에 따라 차이가 있는데, 이는 학술 논문 장르 역시 대학의 학문 공동체에서 학문 연구와 소통의 방법으로 관습적으로 개발되어 왔기 때문이다.

■ **학술 논문의 체제**

[그림 1] 학술 논문의 체제

표지에는 논문과 관련한 정보를 간략하게 싣는다. 논문의 제목, 작성 기관과 작성자, 작성 날짜 등이 실린다.

차례는 논문 분량이 많을 경우 따로 한 장을 내어 싣고, 분량이 적을 경우에는 표지에 싣기도 한다.

본문 체계는 장(章), 절(節), 항(項) 등을 수문자식, 숫자식, 장절식, 단락식 등으로 구분하여 구성한다.

참고문헌은 학술 논문에서 매우 중요한 부분이다. 특히 학위 논문의 경우 차례, 본문, 그리고 참고문헌의 체계로 되어 있는 것만 보아도 그 중요성을 알 수 있다. 참고문헌은 일반적으로 논문의 끝 부분이나 서적의 권말에 싣는다. 참고문헌에는 관계 문헌을 모두 실은 것(Bibliography)과 본문에서 참고한 문헌들만을 게재한 것(References), 해제를 덧붙인 것(Annotated Bibliography) 등이 있다.

본문 속에 인용한 글이 있다면 출처를 밝혀야 한다. 이때 본문주와 외각주 방식으로 표기하는 것이 일반적이다. 본문주는 참고한 본문에 괄호를 치고 저자 이름과 출판 연도 및 쪽수만을 표기하고, 자세한 서지는 참고문헌에 표기하는 방법이다.

각주 주석 방식은 참고한 본문에 각주(본문 아래)나 미주로 표시를 한 후, 각주나 미주에 저자 이름, 제목, 출판사, 출판 연도, 인용 쪽수의 순으로 표기하는 방법이다.

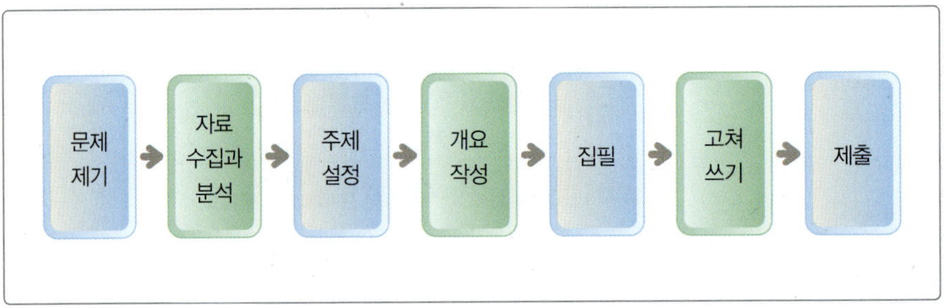

[그림 2] 학술 논문 작성 과정

┃ 연구 주제 선정에서 유의할 점 ┃

- 연구자 자신이 흥미 있고 관심 있는 연구 주제를 선택해야 한다.
- 연구자의 역량과 조건에 맞는 주제를 선택해야 한다.
- 새로운 학술적 가치를 지닌 연구 주제를 탐색해야 한다.
- 연구 주제는 쓰고자 하는 글의 성격에 맞아야 한다.
- 연구의 문제의식이 분명히 드러나는 주제를 선정해야 한다.
- 연구의 주제가 분명히 드러내기 위해서는 되도록 주제의 범위를 좁고 깊게 설정한다.

┃ 연구 주제 선정의 방법 ┃

- 다른 연구에서 사용된 방법, 원리를 새로운 대상이나 문제 해결에 적용시킨다.
- 선행 연구들의 부족한 점을 보완하거나 오류를 반증하는 연구 주제를 설정한다.
- 현상의 원인을 찾는 연구 주제를 설정한다.
- 기존의 제도나 규범의 가치를 비판하여 문제의식을 형성하고 문제 해결 방안을 모색하는 연구 주제를 설정한다.

2. 학술 논문 쓰기의 방법

학술 논문은 연구 대상이나 연구 방법의 새로움이 있어야 그 가치를 인정받을 수 있다. 학술 논문은 창의성으로 학술 담론 공동체에 의미 있는 영향을 줄 수 있어야 한다. 이러한 창의성은 다른 학자의 연구 내용을 꼼꼼히 검토하고 자신만의 새로운 문제 제기와 방법을 키워나가는 과정에서 나온다.

다음의 표는 「한국의 다문화국가 형성과 새로운 정책 모형」이라는 학술 논문의 차례이다. 학술 논문의 구성 방식을 눈여겨보도록 하자.

차 례

Ⅰ. 서론

Ⅱ. 이론적 배경

　　1. 다문화 관련 이론의 전개

　　2. 다문화주의

　　　　1) 의의

　　　　2) 다문화주의의 내용과 주요 정책

　　　　3) 다문화주의 비판

Ⅲ. 다문화국가에 대한 한국인의 행태

　　1. 다문화국가에 대한 한국인의 인식 현황

　　2. 한국인의 다문화국가에 대한 의식 및 형태와 그 해석

Ⅳ. 다문화국가와 새로운 정책 모형의 논의

　　1. 정책 모형의 제시

　　2. 정책 모형의 내용

　　　　1) 다양성 수용과 상호 인정

　　　　2) 평등한 개인으로서의 다문화 구성원

　　　　3) 다문화 규칙의 정립

　　　　　　(1) 경제적 규칙

　　　　　　(2) 정치적 규칙

Ⅴ. 결론

위의 학술 논문은 5장 체제로 구성되어 있다. 본론을 세분화하여 2장에서는 이론적 배경, 3장에서는 다문화 국가에 대한 한국인의 행태, 4장에서는 새로운 정책 모형을 제시하고 있다. 민족주의와 다문화사회라는 주제로 학술 논문의 서론, 본론, 결론 쓰기를 연습해 보자.

1) 학술 논문의 서론

학술 논문의 서론은 본문의 내용을 인도하는 기능을 한다. 서론에서는 문제와 논제가 드러나야 한다. 따라서 문제의 제기, 개념의 정의, 논제의 제시, 시사적인 논쟁 언급 등으로 시작한다.

| 서론을 쓰는 방법 |

- 연구 주제에 대한 관심과 중요성을 환기하도록 한다.
- 연구 주제에 대한 기존 입장에 대해 문제를 제기하는 방식으로 논문의 의의를 부각시킨다.
- 연구 주제와 관련하여 새로운 아이디어를 제시한다.
- 연구 주제를 논증하는 방법에 대한 간략한 소개가 있어야 한다.
- 문제 해결 방향을 간략하게 제시하고, 이를 본론과 연결시킨다.

위에서 본 학술 논문은 서론에서 한국이 다문화국가로 급속하게 전이되고 있지만 이론적 · 철학적 근거가 취약하여, 다문화 정책에 혼선을 빚고 있는 상황을 문제로 제기한다. 또한 이 문제를 해결하기 위해 본론 구성을 어떻게 하였는지를 서론에서 소개하고 있다.

● 예문 1 ●

이런 배경 하에서 본 글에서는 다문화국가로의 전이가 진행되고 있는 한국적 상황에서 적합하다고 판단되는 정책 모형을 모색하고자 한다. 이러기 위해서는 우선 다문화와 관련된 기존의 주된 철학적 · 이론적 배경을 살펴볼 것인데, 이에는 차별(배제) 모형, 동화 모형, 다문화주의 등이 있으며, 이들의 주된 내용과 문제점을 분석할 예정이다. 이와 함께 다문화적 상황에서 한국인들이 다문화 이주자를 바라보는 시각을 논의할 것이다. 즉, 한국인이 다문화 이주자들에 대하여 어떻게 바라보고 있는지의 여부와 그들의 시각이 다문화 이론의 형성 과정에 어떤 영향을 줄 것인지를 파악하고자 한다. 다문화주의를 비롯한 기존의 이론을 그대로 한국적 상황에 작용할 것인지, 아니면 새로운 정책 모형을 제시할 것인지에 대하여 심층적으로 논할 예정인데, 본 글에서는 기존 이론의 비판과 한국인의 다문화적 상황 인식을 바탕으로 새로운 다문화 정책 모형을 제시하고자 한다.

(지종화 외, 「한국의 다문화 국가 형상과 새로운 정책 모형」, 『지방정부연구』 13권 2호, 2009)

위의 예문은 다문화 정책의 혼선을 해결하기 위해서는 한국적 상황에 적합한 정책 모형을 모색해야 한다고 논제를 제기하고 있다. 그리고 이러한 논제를 해결하기 위해 어떤 방식으로 연구를 진행할 것인지를 제시하면서 서론을 마무리한다.

2) 학술 논문의 본론

학술 논문의 본론은 서론에서 제기한 문제나 논제를 구체화시키는 부분이다. 따라서 논제의 대상에 대해 다양한 관점과 사례, 논리적인 주장과 그 주장을 뒷받침할 수 있는 논거를 충분히 제시해야 한다.

┃ 본론을 쓰는 방법 ┃

- 제기하고자 하는 주장을 중심으로 글을 서술한다.
- 주장을 통하여 자신의 쟁점이 분명하게 드러나도록 한다.
- 개괄적인 논의에서 세부적인 논의로 전개한다.
- 근거 자료를 적절하게 활용하여 설득력을 높인다.
- 다른 사람과의 의견 차이를 분명히 하여 논지의 독창성을 드러낸다.
- 가능한 반론을 예상하며 자신의 주장을 전개한다.

다문화국가로서 한국 사회를 이해하기 위해서는, 일차적으로 다문화사회의 개념을 명확히 규정하고 이제까지 다문화사회를 어떤 방식으로 접근하였는지에 관한 철학적·이론적 배경을 고찰할 필요가 있을 것이다. 다음의 예문은 다문화사회의 개념 규정과 철학적·이론적 배경을 살펴 본 다음, 다문화 정책을 뒷받침했던 이론들의 문제점을 지적하는 본론의 일부분이다.

다문화주의는 그 나름의 문제점도 함께 가지고 있다. 이러한 다문화주의에 대한 비판은 주로 개인성의 문제, 사회적 갈등, 이데올로기 문제 등을 중심으로 제기되고 있다(이순태, 2007; 김범수 외, 2007; 윤진역, 2007; 황정미·김이선·최현·이동주, 2007; 장동진 역, 2005; 곽준혁, 2007).

첫째, 개인성의 문제이다. 다문화주의는 개인의 문화적 정체성에 혼란을 가져올 수 있다는 것이다. 사회적·정치적 문제의 여부를 떠나서, 다문화주의는 개인을 한 문화 집단에 귀속시켜 또 하나의 정체성을 의무적으로 강요하는 것이다. 즉, 개인이 단 하나의 문화에만 귀속되어야 한다는 배타주의적 다문화주 개념에 사로잡히게 된다는 것이다. 이러한 다문화주의는 개인을 하나의 문화적 집단에 귀속시키며, 한 가지의 정체성을 강제로 부과하고, 그 집단 안에서 개인의 정체성 변화 등을 전혀 고려하지 않는다. 이것은 개인의 고립을 조장할 위험성이 크다고 볼 수 있다.

둘째, 사회적 갈등 문제로서 다문화주의가 사회적 연대를 저해하고 나아가 사회적 갈등과 분열을 조장할 우려가 있다는 비판이다. 유럽의 경우, 유럽 이외의 지역으로부터 밀려드는 다문화 이주자들은 사회에 기여하기보다는 도움을 받는 처지에 있다는 점을 강조하여 다문화 이주자들이 주류 문화에 동화하는 과정을 방해하고 그 결과 사회적 분열을 조장할 것이라는 비판이다. 또한 현재 다문화 정책을 채택하는 국가에서 일부 나타나듯이, 다문화주의 정책이 주류 문화와 소수 문화 사이의 경계선을 획정하는 정책이 될 수 있고, 이는 오히려 문화적 게토(ghetto)를 만들어 차별을 은폐하거나 고착화 시킬 수 있다는 것이다. 즉, 국가 수준에서 다문화주의와 그에 따른 다문화적 개혁은 개인 수준의 다문화적 지식, 욕구, 인센티브 등을 감소시킬 수 있다는 것으로, 예컨대 다문화국가가 인종 민족적 소수자에게 자신들의 언어나 제도를 사용하도록 허용한 경우, 각 소수자 집단이 별도의 '병렬적 사회(parallel societies)'를 만들어 같은 국가에 거주하는 다른 인종, 민족 집단과의 상호작용이 거의 없어지는 결과가 나타날 수 있다는 주장이다.

셋째, 이데올로기와 연관된 문제로서 이는 문화와 정체성에 대한 본질적이고 근본적인 접근과 연관이 깊다. 다문화주의는 내적으로 동질성이 같은 집단이 가지고 있는 일관된 문화, 또 서로 명확히 구분되는 문화로 나누어진 사회체제를 상정하고 있다. 이는 문화적 상대주의로 나타나게 되는데, 이때 상대주의라는 것은 모든 믿음은 개별 사회에 대해 상대적인 것으로, 따라서 비교의 대상이 될 수 없다는 것을 의미한다. 그런데 이러한 형태의 문화적 상대주의가 극단적으로 되면 모든 문화에 동일한 가치를 부여하기 때문에, 모든 문화와 문화적 관행이 인정되어야 한다. 어느 문화나 가치 있고 정당하기 때문이다. 하지만 특정 문화에서 개인의 신체 중 일부를 훼손하는 것을 정당한 것이고 이는 고유의 문화로서 인정받아야 하고 당연한 것이라고 한다면, 이것은 받아들이기 어려운 주장이다.

이처럼 다문화주의가 새로운 사회적·도덕적 기준이나 이데올로기가 된다면, 다문화주의의 문제점을 비판하고 그에 대한 대안책을 제시하려는 사람은 반인륜적인 혹은 비도덕적인 사람이 되어 버릴 수 있다. 다문화주의는 민주주의와 번영을 이루면서 소수집단의 권리를 존중하고 동등화하는 데 많은 성공을 거둔 것은 사실이다. 하지만 소수집단과 다수 집단 간의 교류와 상호 작용의 수준은 더욱 저하되는 실망스런 결과가 나타난 면도 없지 않다. 가장 좋은 경우 다수 시민들은 타 집단의 생활에 대해 무지하거나 무관심하며, 최악의 경우 다른 집단에 대한 분노와 불쾌감으로 표출된다.

다문화국가의 정책이 다문화적 시민이 아니라 배타적인 시민을 만들어 내는 역설적 결과를 낳을 수 있다.

(지종화 외, 『한국의 다문화국가 형상과 새로운 정책 모형』, 『지방정부연구』 13권 2호, 2009)

위의 예문은 다문화국가의 정책이 다문화적 시민이 아니라 배타적인 시민을 만들어 내는 역설적 결과를 낳는 한계가 있음을 비판적으로 성찰하고 있다. 위의 예문은 기존의 이론이나 정책에 대한 문제점을 제기함으로써, 자연스럽게 새로운 이론이나 정책의 필요성을 도출해 내고 있다.

3) 학술 논문의 결론

학술 논문의 결론은 글의 종류와 내용에 따라 달라질 수 있다. 일반적으로 결론 쓰기는 본론에서 논의된 내용을 요약하는 방법, 서두의 내용을 환기시키는 방법, 핵심적인 주장에 대한 대안이나 전망을 제시하는 방법, 더 진행해야 하는 연구 과제를 제시하는 방법 등이 있다.

▮ 결론을 쓰는 방법 ▮

- 논문을 통하여 자신이 궁극적으로 말하고자 하는 바가 잘 반영되었는지 점검한다.
- 서론에서 설정한 논점이 일관성 있게 유지되도록 마무리한다.
- 본론에서 언급하지 않아 내용을 써서 논리적 비약에 빠지지 않도록 한다.

● 예문 3 ●

이러한 다문화주의에 대한 비판과 한국인의 다문화 이주자에 대한 태도를 바탕으로 본 논문에서는 새로운 정책모형을 제시하였는데 첫째, 다양성 수용과 상호인정, 둘째, 평등한 개인으로서의 다문화 구성원, 셋째, 다문화 규칙의 정립이 그것이다. 다문화는 특수를 인정하는 것이다. 이는 보편과 충돌할 가능성이 크다는 것을 내포하고 있다. 이러한 갈등 상황을 방지하고 갈등이 발생할 때 이를 얼마만큼 최소비용으로 해결할 것인가가 다문화국가와 관련된 여러 논점 중의 하나이다. 이러한 갈등의 가능성과 표출은 다른 나라의 사례에서 충분히 관찰하였다. 이를 방지하는 것은 서로를 평등한 하나의 개인으로서 인정하고 마음으로 다문화적, 다민족적 상황을 인식하는 것이다. 이러한 상호인정의 구체적 모습은 규칙의 정립을 통하여 나타나며, 이의 정립은 다문화국가의 사회통합으로 이어진다.

현재 한국에서 다문화적 현상 전체를 포괄하는 이론이나 모형을 찾는다는 것은 상당히 어려운 일이다. 하지만, 현 상황에서 적용할 수 있는 최선의 모형을 모색하고, 이를 다문화적 사회의 변화 상태에 맞게 융통성 있게 활용하는 것은 가능할 것이다. 문제는 계속적인 정보수집과 그에 따른 검증 작업을 거쳐 올바른 방향으로 이론이나

모형을 점검하는 것이다. 이러한 변화에의 대응과 이론의 모색은 사회 개혁의 차원에
서도 중요한 의의를 가진다. 사회적 개혁의 일환으로서 다문화국가에 대한 이론의 정
립과 정책의 개발이 필요하다는 것으로, 이러기 위해서는 일관된 논리를 형성하고 이
에 맞는 패러다임을 개발하는 것이 우선적으로 요구된다. 이러한 이론과 패러다임을
기본으로 하여 다문화 국가에 맞는 다양한 정책들을 개발할 필요가 있다.

(지종화 외, 「한국의 다문화국가 형상과 새로운 정책모형」, 『지방정부연구』 13권 2호, 2009)

[예문 3]은 학술 논문의 결론으로서, 먼저 한국적 상황에 맞는 새로운 정책모형을
제시한 본론의 내용을 압축적으로 제시하고 있다. 그리고 새로운 모형이 왜 필요한
가를 간단히 언급하고, 이 논문에서 도달한 연구 결과와 앞으로의 연구 과제를 설명
하는 것으로 글을 끝맺고 있다. 이처럼 학술 논문의 결론은 본론의 요약, 핵심적인
주장에 대한 전망, 남은 과제 제시 등 2~3가지 방법을 혼합하여 구성하기로 한다.

학습활동 ❶ *Activity*

> 민족주의와 관련된 학술 논문을 찾아 그 논문의 서론, 본론, 결론의 체제를 살펴본 후 그 내
> 용을 요약해 보자. 또한 소항목을 분류하고 구성하는 배열 방법도 살펴 보자.

학습활동 ❷ *Activity*

한국 사회의 성형 열풍의 원인을 살펴보는 학술 논문의 서론을 써 보라.

학습활동 ❸ *Activity*

'명품 현상', '소비 사회', '복지 국가' 등 주제를 하나 정해 학술 논문을 쓴다고 가정하여, 학술 논문 본론의 차례를 구성해 보라.

학습활동 ❹ *Activity*

'명품 현상', '소비 사회', '복지 국가'라는 주제로 글을 쓴다고 가정하고, 그 글의 결론을 서술해 보라.

3. 인터넷과 소비문화: 학술 논문 쓰기의 사례

최근 인터넷 쇼핑의 구매량이 백화점 쇼핑의 구매량을 추월하고 있다. 인터넷이 오늘날의 소비주의 사회를 이끄는 중요한 수단이 된 것이다. 지금까지의 소비는 재래시장, 백화점, 신촌, 홍대 앞, 대학로 등 물리적 공간에 의존하는 경향이 강하였다. 그런데 인터넷이 급속도로 확산되면서 비물리적 공간인 인터넷이 새로운 소비 수단이자 소비 공간으로 등장한 것이다.

다음 예문은 인터넷의 소비문화가 어떠한 사회적 기능과 역할을 하는지에 관해 논의하고 있는 학술 논문이다.

● **예문 4** ●

　인터넷 소비는 인터넷 공간의 전유를 통한 소비 과정이 디즈니랜드의 테마화 같은 이벤트를 만들면서 다양한 소비 현상이 일어나는 곳이다. 소비에 대한 사회학적 접근은 소비되는 물건, 즉 소비재를 어떻게 사용하고, 어떻게 전유하고, 어떻게 규정하는가 하는 질문에서 출발했다고 볼 수 있다. 이러한 것은 소비 장소보다는 소비재에 초점을 둔 소비에 주목하기 때문이다. 그러나 최근 들어 우리 주변에 소비 장소가 차이를 부르고 있는 것을 볼 수 있다. 예를 들어 커피 프랜차이즈인 '스타벅스'에서의 커피와 동네 편의점 '세븐 일레븐' 진열대의 커피는 다르다. 소비 공간의 차이가 소비 문화의 차이를 가져온다. 인터넷에서의 소비도 인터넷을 소비 공간으로서 어떻게 사용하고 어떻게 전유하고 어떻게 규정하는가에 대해 이해할 필요가 있다.

　인터넷 소비는 현실 세계의 소비와 차이가 있다. G마켓이나 옥션에서 산 소비재를 우리는 구매 사이트에 따라 차별화하진 않는다. 같은 물건을 어디서 구매한 것인가는 중요하지 않다. G마켓이나 옥션의 경우 어떤 이벤트를 만들고 테마화하느냐가 소비 행위를 이끄는 데 중요할 수 있다. 소비 행위는 인터넷 오픈마켓뿐만 아니라 포털에서도 가능하고, 개인들이 꾸민 카페나 블로그에서도 스펙터클한 이벤트와 테마화를 통해 얼마든지 발생한다. 인터넷 소비는 인터넷 공간을 다양하게 전유하는 방식에서 출발한다. 물건을 소비하는 소비재보다는 물건을 소비하는 과정에서 느끼는 인터넷 공간의 전유 방식이 소비 행위에서 더 중요하다. 디즈니랜드의 테마화를 통해 상상 세계가 현실 세계와 차이를 보이게 한다고 보드리야르는 주장했다. 상상의 세계는 주어지는 것이 아니라 만들어진다. 인터넷은 충분히 이런 세계를 만들고 있다.

인터넷은 여러 상황을 만들고 이벤트화하면서 이를 소비로 이끌고 있다. 가령 같은 옷이라도 어떤 모델에 그 옷을 입히느냐에 따라 달라진다. 옷이 예뻐서 구매하는 것이 아니라 모델이 예뻐서 소비 행위가 발생하는 인터넷 소비 사이트들이 주목을 받고 있는 것은 이들 사이트들이 소비자들의 소비 욕망을 테마화해서 꾸며 놓았기 때문이다. 핑크마티니(www.pinkmartiny.com)나 해피매니아(www.happymania.in)와 같은 사이트에서는 옷에 따라 가장 그것을 화려하게 만들어 주는 모델을 등장시키면서 소비 공간 자체를 스펙터클하게 만들고 있다. 공간적 차이에서 오는 소비 문화의 차이가 아니라 공간이 만들어 내는 이벤트의 차이가 소비문화의 차이를 만들어 낸다.

(박창호, 「소비주의 사회와 인터넷 소비의 문화지형」,
『현상과 인식』 32(3), 한국인문사회과학회, 2008)

위의 글에서 필자는 인터넷 소비문화를 후기자본주의 소비 문화와 변별하기 위해 '스펙터클'이란 개념으로 설명하고 있다. 이러한 결론을 도출하기 위해, 이 학술 논문은 몇 단계로 논의를 구성하고 있다.

우선 이 글의 서론에서 인터넷이 주도하는 오늘날과 같은 사회에서도 교환가치가 여전히 중요한 것인가라는 문제의식을 제기하고 있다. 본론에서는 이 문제의식을 구체적으로 해명하기 위해, 일단 전근대 사회, 근대 사회, 탈근대 사회의 소비 문화 특성과 유형을 살펴보았다. 다음으로 인터넷 소비와 소비 원리가 합리성보다는 비합리성에 기반한 소비로 변화되고 있음을 밝히고 있다. 그리고 소비 주체, 소비 대상, 소비 과정, 소비 수단이라는 네 가지 차원에서 인터넷 소비를 파악하고 있다.

이처럼 학술 논문은 하나의 결론을 도출하기 위해 다양한 논거들을 단계적으로 고찰하는 것이다.

[예문 4]를 읽고 아래의 활동을 해 보자.

1. 예문의 필자는 "커피 프랜차이즈인 '스타벅스'에서의 커피와 동네 편의점, '세븐 일레븐' 진열대의 커피는 다르다."라고 주장한다. 두 공간의 차이가 커피 소비에 어떤 영향을 주는지 설명해 보자.

2. 인터넷 쇼핑몰은 소비 대상을 이벤트화하고 스펙터클하게 꾸며 놓는다. 이러한 소비 문화가 우리 생활에 어떤 변화를 주는지에 대해 토론해 보자.

연습문제 ❶ *Exercise*

'디지털 시대의 소비 문화'를 화제로 삼아 학술 논문의 개요를 구성해 보라.

연습문제 ❷

Exercise

각자 전공 분야의 학술 논문을 찾아 읽어 보고, 인용과 참고문헌의 작성 방법을 검토해 보자.

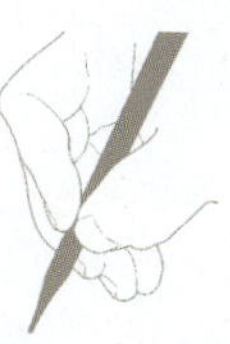

찾아 보기

(ㄱ ~ ㅎ)

INDEX

찾아보기

COLLEGE WRITING FOR FOREIGN STUDENTS · INDEX

유학생을 위한 한국어 대학 글쓰기
College Writing for Foreign Students

초판 발행   2013년 9월 30일
6쇄 발행   2023년 8월 31일

지 은 이   김성수 외

펴 낸 이   박찬익
펴 낸 곳   (주)박이정

주   소   경기도 하남시 조정대로45 미사센텀비즈 8층 F827호
전   화   031)792-1195
팩   스   02)928-4683
홈페이지   www.pijbook.com
이 메 일   pijbook@naver.com
등   록   2014년 8월 22일 제2020-000029호

ISBN 978-89-6292-442-8 03710
*책 값은 뒤표지에 있습니다.